高等学校应用型特色规划教材

数字出版基础操作教程

唐乘花　主　编

张　波　周蔡敏　袁　超　副主编

清华大学出版社
北　京

内容简介

本书凝聚了编写团队多年的教学积累和精华，坚持以"学"为中心的教学理念、提出探索问题、引导学生自主学习为出发点而编写。全书内容涉及数字出版信息采集、文本编辑加工、数字技术以及数字出版运营等方面，共分七个项目、十八个任务、七个实训。为了帮助师生更好地使用教材，特别在每个项目的结构中设计了"项目情境描述""学习目标""学习任务""课后练习"，对该项目的学习内容所对应的工作岗位能力进行了描述，并对该项目提出学习目标要求、做出课时分配建议，教材篇幅、案例、操作任务完全能够在教学课时内完成。每个任务均包含了"教学准备""案例导入""知识嵌入"和"课堂演练"几部分，为教学提供了大量实用素材，尤其是"课堂演练"更好地巩固了对应任务的知识和操作技能。全书共设计七个独具特色的"项目实训实践"，每个项目实训实践均对应一个项目学习内容，同时又是对该项目内容的综合运用，且七个"项目实训实践"之间具有内在逻辑递升关系，充分体现了学生认知由浅入深的规律，也体现了学生动手能力由单项到综合的提升规律。

本书适合普通高等院校(含高职院校)出版发行、新闻采编、编辑学、数字出版、数字媒体艺术、网络新媒体等专业作为基础教材使用，也可供从事数字出版工作的相关人员使用。

本书封面贴有清华大学出版社防伪标签，无标签者不得销售。
版权所有，侵权必究。举报：010-62782989，beiqinquan@tup.tsinghua.edu.cn。

图书在版编目(CIP)数据

数字出版基础操作教程/唐乘花主编. --北京：清华大学出版社，2016（2023.7重印）
高等学校应用型特色规划教材
ISBN 978-7-302-42383-6

Ⅰ. ①数… Ⅱ. ①唐… Ⅲ. ①电子出版物—出版工作—高等职业教育—教材 Ⅳ. ①G237.6

中国版本图书馆 CIP 数据核字(2015)第 296356 号

责任编辑：陈冬梅
封面设计：杨玉兰
责任校对：周剑云
责任印制：曹婉颖

出版发行：清华大学出版社
网　　址：http://www.tup.com.cn，http://www.wqbook.com
地　　址：北京清华大学学研大厦 A 座　　　邮　编：100084
社 总 机：010-83470000　　　　　　　　　邮　购：010-62786544
投稿与读者服务：010-62776969，c-service@tup.tsinghua.edu.cn
质量反馈：010-62772015，zhiliang@tup.tsinghua.edu.cn

印 装 者：涿州市般润文化传播有限公司
经　　销：全国新华书店
开　　本：185mm×260mm　　印　张：15.5　　字　数：372 千字
版　　次：2016 年 2 月第 1 版　　　　　　　印　次：2023 年 7 月第 4 次印刷
印　　数：3201～3400
定　　价：48.00 元

产品编号：061874-02

高等学校应用型特色规划教材
出版传媒系列丛书编委会名单

主　任： 唐乘花

副主任： 章忆文　陆卫民　袁　超　张　波

编委会成员：

唐乘花　章忆文　陆卫民　张彦青　李玉萍

王谷香　刘为民　陆　文　张　波　陈　琦

余　福　周蔡敏　赵艳辉　袁　超　曾红宇

本书编委会名单

主　编： 唐乘花

副主编： 张　波　周蔡敏　袁　超

编写人员(排名不分先后)：

刘为民　陆　文　张　波　余　福　杨钰莹

欧继花　周蔡敏　赵艳辉　唐乘花　袁　超

前　　言

"数字出版基础"是编辑出版、数字出版、数字媒体艺术、新闻采编、网络新媒体等专业的必修课之一，也是一门从事数字出版相关专业学习必需的专业基础课。本课程主要介绍数字出版的基本概念和类型、数字出版基础应用技术(文本信息采集与编辑、图表图片的制作、多媒体素材采集与制作、版式设计与排版等技术)、数字出版运营等知识，为后续开设的"数字信息采集与处理"、"新媒体制作技术"、"出版物新媒体营销"、"排版与版式设计"、"网络编辑"、"网络书店经营实务"等课程作铺垫，着重培养学生多媒体素材采集与处理、数字出版物制作技术和创意策划、运营推广等基础能力，为培养适应数字时代发展、从事数字媒体开发与网络传播的应用型人才打下基础。

本教材是作者与其教学团队五年多来开设"数字出版基础"课程的教学和研究成果。教材的编写框架来自数字出版工作流程的推导，内容上覆盖了从事数字出版基础工作岗位所需要的知识和技能。内容的定位为数字出版基础层面的知识和技能。内容呈现方式符合学生的认知规律，主要体现在由易到难、理论与实践相结合、学习与操作相结合、知识与演练相结合；信息量合理，按72教学课时规划，每个"学习任务"对应完整的教学课时；教材内容实用、好用，完全满足教学的需要，直接采用教材内容可以作为授课内容。全书内容涉及数字出版信息采集、文本编辑加工、数字技术以及数字出版运营等方面，共分七个项目、十八个任务、七个实训，项目一"认识数字出版"，项目二"文本信息的采集与编辑"，项目三"图表与图片的编辑处理"，项目四"版式设计与排版"，项目五"多媒体素材制作与处理"，项目六"数字出版物的内容生成、策划与运营"，项目七"电子书、电子杂志的制作"。为了帮助师生更好地使用教材，特别在每个项目的结构中设计了"项目情境描述""学习目标""学习任务""课后练习"，对该项目的学习内容所对应的工作岗位能力进行描述，并对该项目提出学习目标要求、做出课时分配建议，教材篇幅、案例、操作任务完全能够在教学课时完成。每个"任务"均包含了"教学准备""案例导入""知识嵌入"和"课堂演练"几部分，充分考虑学生的学习特点，抓住"案例—知识—演练"三者之间的内在联系，促进学生对专业知识和职业技能的掌握。"教学准备""案例导入""知识嵌入"为教学提供了大量实用的素材，同时"课堂演练"更好地巩固了对应任务的知识和操作技能。全书共设计七个独具特色的"项目实训实践"，每个"项目实训实践"均对应一个项目学习内容，同时又是对该项目内容的综合运用，且七个"项目实训实践"之间具有内在逻辑递升关系，充分体现了学生认知由浅入深的规律，也体现了学生动手能力由单项到综合的提升规律。

本教材的特点归纳如下。

1. 新颖性

突破了其他数字出版教材或强调理论知识的系统性，或注重技术的基础性，本教材紧密结合数字出版工作岗位对学生知识技能的要求，项目知识内容涵盖数字出版领域工作流程，从低到高形成知识体系和能力体系。

2. 实用性

全书按 72 课时设计编写内容，所编写的"任务"对应完整的教学课时；每一个编写"任务"的课时计划都在以往的教学中实践过，完全可行；教材中提供大量的原创案例、演练和实训素材，完全满足教学的需要。

3. 操作性

本教材的知识内容讲述完全依赖案例的实际操作步骤而进行，"课堂演练""课后练习""项目实训实践"等操作性内容具有原创性。各项目中的"课堂演练"由易到难形成实践操作体系，通过"项目实训实践"本项目所学内容的巩固和实践，让学生熟悉数字出版各流程操作，且全书的实训实践项目具有逻辑递升性，全部项目实训实践项目串起来，基本上完成了数字出版的基础技术操作技能。

4. 针对性

本教材主要针对应用型本科院校、高职传媒类院校新闻采编与制作专业、网络与新媒体传播专业的特点，充分考虑学生就业去向，基于传统出版社数字化转型和数字出版企业对数字出版人才的需要，着重培养学生解决实际问题的能力。

本教材编写成员有来自业界的出版专家和院校教师，将教学成果和数字出版经验融入教材编写之中。在教材编写中强调学生的"做中学"，强调学生对知识的主动探索、主动发现和对所学知识意义的主动建构。本教材内容分为三个层次：第一个层次是提示性内容，第二个层次是主体内容，第三个层次是实践性内容。

在第一个层次的提示性内容中，我们设计有"项目情境描述""学习目标""学习任务"等内容。我们针对每一个项目，在"项目情境描述"中将本项目学习目标化解在对工作岗位、岗位要求的阐述中；"学习目标"针对课程学习的重点、难点提出知识和能力要求；"学习任务"对该项目的学习内容进行了整体布局和课时分配安排。每一个任务开始部分的"教学准备"明确了教学环境和必要的准备；"案例导入"围绕相关问题进行探究，引导学生自发建构学习平台，实现自主学习。这些提示性的内容一方面可以帮助学习者得到研究问题的思路和方法，另一方面也有助于学生在学习过程中更快、更准确地将当前学习内容与原有的知识建立联系，使课程的学习体现出累积性、目标指引等特征。

第二个层次是教材主体内容"知识嵌入"，教材的主体内容主要完成学生知识技能目标、过程方法目标、情感态度和价值观目标，将学习者必备知识和技能、课程教学内容嵌入到该任务的情境中，供学生探究参考。这些知识具有内在的逻辑主线关系，由简单到复杂，逐步建构学习者关于数字出版的知识和专业技能体系。

第三个层次是教材的实践性内容。我们通过"课堂演练""项目实训实践""课后练习"帮助学生巩固所学内容，提升实际动手操作能力，拓展解决问题的其他思路，师生也可以仿照这些材料去拓展新的知识和新的任务。

本教材的编写由教材编写委员会成员共同完成。其中，唐乘花担任全书主编工作，负责拟定提纲、编写体例和样章，负责全书的统稿、审稿和修改工作，并执笔撰写项目一、项目二、项目三、项目六和项目七(任务 2)；张波执笔项目四和项目七(任务 1)；周蔡敏执笔项目五；陆文参与项目一的编写，袁超参与项目三的编写，余福参与项目六的编写。全书操作步骤的验证由杨钰莹、赵艳辉完成，并负责部分制图工作。

本课程建设和教材的编写过程中，得到来自业界的好友刘为民、余福的大力支持。同时，在编写过程中参考了大量的著述和文献，我们一并表示感谢。

我们这一新尝试，需要在教学实践中不断地加以完善和提高，编者真诚地希望广大教师和读者对本教材提出宝贵意见。

编　者

目　　录

项目一　认识数字出版 1

　任务 1　什么是数字出版 2
　　【教学准备】 2
　　【案例导入】 2
　　【知识嵌入】 3
　　　一、数字出版 3
　　　二、数字化转型 5
　　【课堂演练】 8
　任务 2　数字出版物 8
　　【案例导入】 8
　　【知识嵌入】 9
　　　一、数字出版物形态 9
　　　二、传统出版与数字出版的共存关系 16
　　【课堂演练】 17
　项目实训实践　区域内数字出版现状大调查 18
　课后练习 20

项目二　文本信息的采集与编辑 21

　任务 1　文本信息的采集 22
　　【教学准备】 22
　　【案例导入】 22
　　【知识嵌入】 23
　　　一、文本与文本信息 23
　　　二、文本信息采集 25
　　　三、文本信息的融合 27
　　【课堂演练】 29
　任务 2　文本信息的审读、整合与内容编辑 29
　　【教学准备】 29
　　【案例导入】 29
　　【知识嵌入】 30
　　　一、文本信息的审读 30

　　　二、文本信息的整合 32
　　　三、文本信息的内容编辑加工 33
　　【课堂演练】 38
　任务 3　使用 Word 2007 编辑文本 39
　　【教学准备】 39
　　【案例导入】 39
　　【知识嵌入】 40
　　　一、认识 Word 排版软件 40
　　　二、利用 Word 2007 排版 44
　　【课堂演练】 54
　项目实训实践　网络日志的编创与发布 54
　课后练习 56

项目三　图表与图片的编辑处理 57

　任务 1　图表的制作 58
　　【教学准备】 58
　　【案例导入】 58
　　【知识嵌入】 59
　　　一、Excel 图表的主要类型 59
　　　二、Excel 图表的制作与编辑 65
　　【课堂演练】 73
　任务 2　图片的处理 74
　　【教学准备】 74
　　【案例导入】 74
　　【知识嵌入】 75
　　　一、几个基本概念 75
　　　二、Photoshop 的基本操作与使用 79
　　【课堂演练】 88
　项目实训实践　图片的合成处理 88
　课后练习 93

项目四　版式设计与排版 94

　任务 1　认识版式设计与排版 95
　　【教学准备】 95
　　【案例导入】 95

【知识嵌入】..................................96
　　一、版式设计..................................96
　　二、排版与桌面出版系统..................98
　　【课堂演练】................................101
任务 2　方正飞腾的安装与基本工具的应用..................................101
　　【教学准备】................................101
　　【案例导入】................................102
　　【知识嵌入】................................102
　　一、认识方正飞腾排版软件..........102
　　二、方正飞腾 4.1 的界面及主要工具基本应用..................................105
　　【课堂演练】................................108
任务 3　方正飞腾的文字处理..........108
　　【教学准备】................................108
　　【案例导入】................................108
　　【知识嵌入】................................109
　　一、方正飞腾的界面布局..............109
　　二、排入文字..................................109
　　三、方正飞腾的文字块处理..........111
　　四、方正飞腾文字的处理..............116
　　【课堂演练】................................121
任务 4　方正飞腾的图文组合排版..........121
　　【教学准备】................................121
　　【案例导入】................................122
　　【知识嵌入】................................122
　　一、文字块的排版..........................122
　　二、图文混排..................................127
　　【课堂演练】................................129
项目实训实践　报纸版式设计与排版..........130
课后练习..................................137

项目五　多媒体素材制作与处理..........138

任务 1　音频素材制作与处理..........139
　　【教学准备】................................139
　　【案例导入】................................139
　　【知识嵌入】................................139
　　一、音频及音频素材获取的方法..........139
　　二、利用 Windows 系统录制和编辑音频文件..................................142

　　三、利用 Adobe Audition 处理音频..146
　　【课堂演练】................................155
任务 2　视频素材制作与处理..........155
　　【教学准备】................................155
　　【案例导入】................................155
　　【知识嵌入】................................157
　　一、视频素材..................................157
　　二、Video Studio 会声会影视频采集、处理..160
　　【课堂演练】................................173
项目实训实践　制作给定主题的视频文件..................................173
课后练习..................................174

项目六　数字出版物的内容生成、策划与运营..........177

任务 1　数字出版物的内容生成..........178
　　【教学准备】................................178
　　【案例导入】................................178
　　【知识嵌入】................................179
　　一、内容生成在数字出版中的地位..179
　　二、数字出版的内容再生与整合..........181
　　【课堂演练】................................184
任务 2　数字出版物的策划..........185
　　【教学准备】................................185
　　【案例导入】................................185
　　【知识嵌入】................................186
　　一、数字出版物选题策划常识..........186
　　二、不同类型数字出版物的选题策划..................................188
　　【课堂演练】................................192
任务 3　数字出版物的运营..........192
　　【教学准备】................................192
　　【案例导入】................................192
　　【知识嵌入】................................194
　　一、大数据时代的出版运营..........194
　　二、数字出版运营模式..................196

【课堂演练】..........................201
　　项目实训实践　尝试在网上发布小说........201
　　课后练习..................................203

项目七　电子书、电子杂志的制作..........204

　　任务 1　方正 Apabi Maker 软件的运用 205
　　　【教学准备】..........................205
　　　【案例导入】..........................205
　　　【知识嵌入】..........................205
　　　　一、Apabi Maker 的主要功能
　　　　　　和特性..........................206
　　　　二、使用 Apabi Maker 生成 CEB
　　　　　　文件............................210
　　　【课堂演练】..........................217

　　任务 2　iebook 软件的运用.................217
　　　【教学准备】..........................217
　　　【案例导入】..........................218
　　　【知识嵌入】..........................218
　　　【课堂演练】..........................229
　　项目实训实践　《我的大学生活》编创
　　　　　　　　　电子杂志..................229
　　课后练习..................................231

**《数字出版基础操作教程》课程授课计划表
(72 课时)**..................................232

参考文献..................................234

项目一 认识数字出版

【项目情境描述】

当前，数字技术的发展速度令人震惊，数字出版已成为当今出版业发展最为迅速、最具潜力的领域之一，全球出版业正经历一场深刻的数字化转型，以数字出版为代表的新业态已成为世界出版强国的战略选择。数字出版是出版业发展的方向，传统出版业的未来趋势必然离不开先进的数字技术和网络信息技术。

"数字出版"可以近似地理解为"数字化的出版"，它与传统出版不能截然分开。数字出版包括传统出版业数字化的全部过程和结果，同时也包括新兴的数字媒体，涉及的行业相当广泛，如传统出版业(出版社、图书公司、工作室在数字出版领域以内容制胜)、互联网行业(百度、腾讯、新浪、淘宝、当当网等都已经进军数字出版领域)、通信行业(中国移动、中国联通、中国电信目前都有各自的阅读基地或阅读器)、电子产品(苹果、汉王、方正、微软、三星等公司都在推出各自的应用系统或者是阅读终端)。国际上从事专业出版的跨国集团在数字化进程中均取得了明显进展，一些大型的出版集团已基本完成了数字化转型，从数字化方面获取的收益已经超过了50%。美国首先解决了版权问题，亚马逊在2007年发布的第一代Kindle电子书阅读器为数字出版开通了一个强劲的渠道。荷兰的Elsevier Science(爱思唯尔)、德国的Springer(施普林格)、英国的Pearson(培生)等出版企业总收益中的60%以上来自数字出版相关业务。我国近年来积极寻求数字化转型的途径和对策，并在盈利模式、业务转型、政策对接等方面做了许多有益的探索。目前我国的传统出版数字化转型已初见成效，如中国出版集团、人民军医出版社、知识产权出版社等，均已在数字出版领域取得不错的业绩。但从总体来看，我国传统图书的数字化转型状况仍不乐观，尚未找到一条行之有效的转型路径和清晰的盈利模式，这些问题阻碍着大多数传统出版社尤其是中小出版社的数字化进程。2011年原新闻出版总署正式发布了《新闻出版业"十二五"时期发展规划》和《数字出版"十二五"时期发展规划》，提出到2015年，"数字出版总产值要达到新闻出版总产值25%"的奋斗目标，并提出加快在数字出版领域组织一批重大工程、实施一批重大项目、研发一批重大技术、开发一批重点产品、培育一批龙头企业、打造一批知名品牌的重点任务，带动和提升新闻出版业整体实力进一步增长。

本项目将带领大家了解数字出版的起源、发展现状，分析全球数字出版的发展趋势，掌握数字出版的概念、数字出版的内涵、数字出版的特征、数字出版物的主要类型等，对数字出版有一个全面的认识，为本专业后续"信息采集与处理""网络编辑""出版物新媒体营销""新媒体制作技术""排版与版式设计""网络书店经营实务"等课程和教材内容的学习打下基础。

【学习目标】

(1) 掌握数字出版相关概念。
(2) 了解数字出版发展趋势。

(3) 熟悉数字出版物的形态。
(4) 能充分认识数字出版转型的必然性和传统出版与数字出版的共存性。

【学习任务】

任务1　什么是数字出版(建议：2课时)
任务2　数字出版物(建议：2课时)
项目实训实践　区域内数字出版现状大调查(建议：2课时)

任务1　什么是数字出版

【教学准备】

(1) 具有互联网环境的实训教室。
(2) 指定可链接的网页如下。
- 中国数字出版信息网(http://www.cdpi.cn)；
- 数字出版在线(http://www.epuber.com)；
- 中国出版网——数字出版频道(http://sz.chuban.cc)；
- 百道网(http://www.bookdao.com)。

【案例导入】

达子的数字生活

达子生活在数字时代，每天都在与数字出版打交道。在办公室，她要为公司产品制作网络广告，进行网络营销，并通过MSN、QQ与客户联系，探讨工作上的相关事宜；在家里，她通过电脑阅读新闻、看书、查看生活信息、听音乐、看电影电视剧、写日记和博客、创作小说、玩游戏、购物。当她在候机、等车、电梯里、上下班途中、餐厅等人、会议的间隙，她会不自觉地用手机浏览手机报、登录微博和微信查看朋友的留言。达子通过手机、电子阅读器订阅生活资讯和手机报，在她的iPad中不仅下载有中外名著，也包括当前最流行图书的电子版本；通过亚马逊、当当、苏宁易购、京东商城、博库等电子商城购买到自己喜欢的图书。可以说，达子生活在数字时代，网络出版物、手机出版物，已成为她生活中不可或缺的重要阅读方式。

从达子的数字生活中，你能判断出哪些属于"数字出版"吗？我们先看中国新闻出版研究院在《中国数字出版产业年度报告》中是如何对"数字出版"的概念进行界定的吧。《2005—2006年中国数字出版产业年度报告》将数字出版定位为出版活动，而非出版介质，提出："数字出版就是用数字化(二进制)的技术手段从事的出版活动。强调不论终端阅读介质是什么，只要是记录在介质上的内容是数字化的，并且记录方式是数字化的，这种出版活动就是数字出版。"《2007—2008中国数字出版产业年度报告》在进一步阐释了数字出版概念的同时，划定了数字出版的边界，"它包括传统出版数字化的全部过程和结果，同时也包括新兴的数字媒体"，并指出传统出版业的数字化和新兴的数字媒体产业已开始出现相互渗透、相互融合的趋势。原新闻出版总署《关于加快我国数字出版产业发展的若干意见(新出政发〔2010〕7号)》指出:"数字出版是指利用数字技术进行内容编辑加工,并通过网络传播数字内容产品的一种新型出版方式,其主要特征为内容生产数字化、管理过程数字化、产品形态数字化和传播渠道网络化。目前数字出版产品形态主要包括电子图书、数字报纸、数字期刊、网络原创文学、网络教育出版物、网络地图、数字音乐、网络动漫、网络游戏、数据库出版物、手机出版物(彩信、彩铃、手机报纸、手机期刊、手机小说、手机游戏)等。数字出版产品的传播途径主要包括有线互联网、无线通信网和卫星网络等。"

通过权威部门对数字出版的内涵及外延的相关界定,数字出版的范围更加明晰,概念更加清楚了。现在你能区别达子的数字生活中哪些属于数字出版了吗?

【知识嵌入】

一、数字出版

1. 数字出版的概念

1978年4月,厄查特在卢森堡"科技出版的未来"研讨会上首次提出了"电子出版"(Electronic Publishing)的概念,并将电子出版定义为利用电子手段创建、管理、传播出版物的过程。三十多年来,随着数字技术在出版领域的广泛应用,数字出版的内涵不断扩大,其概念也伴随着技术的进步而不断地深化。

目前,业界对数字出版缺乏权威的定义,有人认为数字出版就是电子读物或网络出版,也有人认为传统出版业中任何一个环节的数字化都叫数字出版。相关文献对于数字出版的定义主要有以下几种。

(1) 数字出版,就是指从编辑加工、制作生产到发行传播的过程中的所有信息都以二进制代码的形式存储于光、磁、电等介质,必须借助计算机或类似设备来使用或传递信息的出版。

(2) 数字出版是指以互联网为流通渠道、以数字内容为流通介质、以网上支付为主要交易手段的出版和发行方式。

(3) 中国出版科学研究所数字出版研究室主任张立提出"数字出版是指用数字化的技术从事的出版活动"。因此,广义上说,只要是用二进制技术手段对出版的任何环节进行的操作,都是数字出版的一部分。它包括原创作品的数字化、编辑加工的数字化、印刷复制的数字化、发行销售的数字化和阅读消费的数字化。这也是目前使用比较多的定义。

(4) 有学者在此基础上总结出数字出版包含两层含义:一是指在传统出版过程中采用数字技术,即出版流程中的各个环节采用数字化的工艺、技术和设备,但最终的产品依旧是平面的、单媒体的、以纸为媒介的印刷物;第二层含义也就是完全意义上的数字出版,是指在出版的整个过程中,从编辑、制作到发行,所有信息都以数字形式存储于光、磁等介质中,信息的处理与传递必须借助计算机等数字设备来进行的一种出版形式。

在数字技术与出版业联姻的过程中,不同出版物形态的出现和出版工艺的变迁是显示数字出版不断发展的两个标志性的因素。与数字出版相关的概念有激光排版、磁盘记录、光盘刻录、计算机直接制版、数码印刷、桌面出版、电子出版、网络出版、手机出版、按需出版(Print On Demand，POD)、网络传播、全媒体出版。

2. 数字出版的流程

数字出版活动的参与者有内容提供商、平台营运商、终端设备制造商等各方。

数字出版产品的形成是一个复杂的过程，虽因产品不同具体环节有所差异，但大致说来都历经前期策划、立项、需求分析、设计实现、数据处理、系统测试、试运行、正式上线运行、后期维护等阶段。

(1) 前期策划。前期策划是数字出版编辑策划人员、市场营销人员根据调研结果明确数字产品的市场定位、选择原始出版资源等。数字出版编辑、技术开发人员做好项目规划、确定设计重点等，详细阐述项目的背景、目标、可行性、必要性、主要内容、设计重点、预算等，形成项目可行性报告供讨论和决策。

(2) 需求分析。策划人员从开发、使用、传播等角度探讨项目的整体建设，广泛收集各类用户反馈的信息，进行综合分析；对产品的类型、产品表现形式、产品定价、产品结算方式等进行详细分析，并注重资源运用的分析，为将来的数据加工做好准备，形成项目需求说明书。

(3) 设计实现。技术人员、策划人员对产品进行总体设计、系统设计、编码设计、网页设计等，总体规划项目开发进度、商讨系统结构、研讨技术难点等，并参与单元测试，及时指出软件中的偏差，便于技术开发人员及时修正程序，确保软件开发的质量。

(4) 数据处理。数字出版产品是以内容为核心的，并对内容进行深度加工，如 OCR 识别、拆分、标注、校对、转换、重组等数据加工处理。数据处理是数字出版产品研发中最基础和最重要的一环，其步骤多、工作量大，包括确定数据加工的类型和次序、各类数据实际需要加工的属性、进行数据加工与处理、进行数据检查等。对于不同的内容资源可采取不同的加工方法，如文字类内容一般情况下采取双层 PDF 数字化；图片类内容做成条目数据以供检索、拆分、切割；音视频内容可添加文字性内容增强可读性等；文字、图片形式内容可采用语音、动画等加工方法。数据处理遵循"一次制作，多重利用"的原则，使经过加工的资源能适应多种不同的用途。

(5) 系统测试。主要是站在用户的角度对系统做功能性、非功能性的验证，包括性能测试、压力测试、容量测试、安全测试、恢复性测试等，对界面、功能和数据进行全面细致的测试，发现并解决问题，以便对系统进行完善和更新。

(6) 试运行。广泛吸取各类用户的意见和建议并进行整理，及时根据反馈意见调整系统，保证产品功能的完善和运行的稳定。

(7) 后期维护。用户的类型和需求是多样的、变化的。产品成形往往能够满足用户的一般和现在的需求，其后期维护和改进不可忽视。数字化内容必须用不同的媒体形式进行包装转化，以软件、手机或互联网站的形式呈现给用户，最大限度地推向市场和占领市场，这样才能获得最大化收益。

3. 数字出版的特征

数字出版的本质在于内容的信息化，在于内容的深度加工、分类与整合，而不是内容的简单电子化和屏幕化。数字化是数字出版的基因成分，信息与数字的统一，从根本上转变了出版和媒体的形态。

与传统出版相比，数字出版具有信息多维化、内容个性化、阅读交互化、著述平民化、对象大众化、传播全球化等特点。

(1) 信息多维化。数字出版传播的信息，通过具有不同形态的数字出版物表现出来，如数字图书、数字杂志和数字期刊、音像电子杂志、动漫、音频、视频等，可以同时调动读者的视、听、嗅、味、触等感官，真正做到"有声有色"，达到多维化。除了表现形式多维化，读者在信息的选择上也变得越来越多维，数字出版物的导航、互联网提供门户、网上搜索、通过关键词查询，均为读者提供多维化的信息选择途径。

(2) 内容个性化。为读者提供个性化主动服务，是数字出版的重要特征。数字出版可以将一本书的内容按每个知识点实现碎片化拆分，读者可以在众多的碎片化知识中组合自己的阅读需要。出版单位通过内容管理系统，能够主动把读者个性化需要的相关服务内容链接，应不同读者的要求将知识重新组合，每一位读者便能在出版单位的资源库中得到相关的内容服务。很多网站要求用户登录时注册个人信息和阅读需要，然后根据用户注册信息来定位内容，在大众传播的过程中增加了读者的个性化服务。如中国知网，可以为读者创造个性化数字图书馆，以充分满足读者的个性化内容需要。

(3) 阅读交互化。数字出版的阅读交互性体现在三个方面：一是数字出版物具有检索、拷贝、打印等多种功能；二是读者可以自由地根据自己的需要调整阅读过程，甚至对媒体提供的一切信息加以重组和利用；三是出版物发行数字化使得数字出版物不仅从出版单位向读者的单向流动，读者与作者、读者与出版单位可以基于互联网双向、多向交流，为读者提供深层次的交互式阅读服务。随着虚拟现实技术、人工智能技术引入数字媒体出版，阅读的交互化将更上一个新的台阶。

(4) 著述平民化。任何时代的出版业，都离不开作者的著作。印刷出版物的传播，对于作者的文化水平有一定的要求，著述成了少数知识分子和精英的舞台。数字出版具有自出版和交互的特点，博客、网络日志、微博、微信等新媒体技术兴起，使得著述平民化成为可能，数字出版正在改变传统出版领域作者是为数不多的知识分子或精英人士这种状况，使出版成为众人之事。数字时代，每个人都可以让文章上网"发表"，虽无出版之名，却有出版之实。

(5) 传播全球化。数字出版不仅改变了作品的表现形式、作者的出版方式、读者的阅读方式，还因其与传统出版的发行和储运不同，使得数字出版传播全球化。比如，只要上线，读者阅读、下载就不受国家和地域的限制。作者对内容的发布和传播，也不受国家和地域的限制。

二、数字化转型

数字出版是出版业发展的方向，将超越传统出版并成为出版的主流，已成为出版业毋庸置疑的共识。新闻出版业作为文化产业的重要组成部分，在加快我国经济发展方式转变的大背景下，积极发展数字出版，推进出版业的数字化转型，以数字技术推动发展方式转变，提高新闻出版创新能力和传播能力，对于提升我国文化竞争力、转变发展方式、推动出版业可持续发展具有重要意义。

传统出版业向数字化转型，并不是抛开原有的一切，也不是简单的内容数字化，而是找到有效的手段和途径，将传统出版业与数字出版业互相融合，在融合过程中将两者的优势充分发挥出来。当然，"传统出版向数字出版转型"和"一个个具体的传统出版社转型为数字出版企业",这二者之间有联系,但不是一回事。极端地说,即使现有的传统出版社全体坚决不介入数字出版领域,也无法阻止数字出版超越传统出版的步伐。出版的本质属性是人类文化的传播和沉淀。由于信息技术的产生和飞速发展已影响到人类生产、生活,人类获取知识、传播信息、积淀文化有了更高效、快捷、低成本的新方式,所以出版方式转型进入数字出版是历史的必然。中国政府从政策、资金引导等方面也在大力倡导,促进这一转型。但目前大多数传统出版企业对转型依然持彷徨、观望的态度,观念、资金、技术、人才、管理、盈利等客观要素是困住其转型的主要原因。任何企业,盈利都是第一目标,数字出版虽然拥有令人眼红的盈利前景,但目前并没有令人信服的盈利模式。一件明摆着缺乏盈利模式的事项,很难让企业投入进去。

1. 观念和理念上的转型

传统出版行业应该树立起科学的、合乎时代发展的现代出版理念,坚持以"内容为王"的原则,树立"读者中心论"的理念,积极主动地转变与完善编辑理念。数字出版虽然凭借技术为出版业及相关行业带来一系列的变革,如为出版物的制作、存储和发行、读者阅读的方式和环境带来了变化,但有些是技术所不能改变的。数字出版是出版业的手段而不是目的。无论是传统出版还是数字出版,归根结底都是以内容为基础的文化产业。内容是出版业的生命之源,且在数字时代,传统出版单位将越来越倚重内容,越来越彰显内容出版资源源头的魅力。但仅仅是借助技术手段对原有内容资源的重复出版,不是数字出版的真正含义。所以,传统出版业需要在内容上进行"双重增量"——数量与质量。因此我们必须意识到传统出版业的生产能力是构成其核心竞争力的重要因素,因而提高内容的数字化水平,占领内容产业制高点是传统出版应对数字转型的战略之一。无论传统出版还是数字出版,其目的都是为了得到读者的青睐,都是以读者为中心,追求为其提供更为优秀的出版产品和服务。为此,对于传统出版人来说,应转变思维模式,在坚持文化创新方向不变、为读者服务宗旨不变的"两不变"的基础上由平面思维走向立体思维,让数字出版弥补传统出版的缺陷,完成传统出版所不能完成的任务。事实上,从产业链角度看,传统出版业过度集中在内容源头一端,在整个产业链中扮演的角色主要是出版内容的提供商,离内容价值最终实现端的距离较远,在整合整个产业链中处于劣势,存在被技术提供商和作者越过的危机。

2. 出版流程再造

数字出版本质上是出版流程的再造。出版流程再造是指传统出版单位采用企业全流程管理软件,实现从选题的申报、组稿计划的提出,到来稿的登记、编辑加工、校对、审批,再到稿件的发排、发布,生成纸质媒体、光介质媒体、网络媒体等的全业务环节的数字化管理。通过出版流程再造,出版单位将实现对内容资源的数字化加工和生产的统筹运用,把非结构化的信息制作成图书、报刊、光盘、网页等产品,供用户以各种媒体形式进行阅读、检索、查询、分析和共享,实现真正意义上的跨媒体出版。出版流程再造后,内容编辑成为真正的出版主体。出版单位将通过内容解构与重塑形成以内容为核心的业务管理模式。目前,大多数传统出版单位都根据各自的业务特点,在不同程度上采用了数字化解决方案。不过只有少数单位按照数字化发展和市场导向的目标,重组业务流程。从出版的生产流程看,出版业的数字化转型不仅仅是介质的变化,更是生产方式、流通方式、销售方式(特别是消费方式)的变化。传统的出版方式由于出版时间、流通方式、生产和销售成本等原因,无法满足读者需求的多样性和个性化。传统出版业必须从内容加工的数字环境、加工技术、工艺流程、质量控制等方面下功夫,解决资源再造和产品转型的问题,实现从内容提供商—产品(服务)提供商—平台运营商的转型。数字转型即为运用数字化技术手段对传统出版所实行的产业升级和业务再造,以实现传统出版产品形态向数字出版产品形态的过渡。

3. 产业模式转变

当前我国数字出版产业模式主要有内容产品主导型(以传统出版机构为代表的内容和服务提供商)、知识增值服务主导型(以新兴的IT企业为代表的内容集成商)、版权营运主导型(以数字出版运营为代表的新媒体企业)、"内容+终端"主导型(以技术提供商为代表的终端设备提供商)几种形式。如内容提供商把原有图书内容信息颗粒化、碎片化、结构化,形成数字内容仓库,提供可供消费者选择的匹配内容,多介质覆盖受众,形成一次处理、多次开发、滚动使用、多点赢利的运营模式。出版业已从过去单一的、平面的纸质出版向多元的、立体的纸质出版与数字出版共存、并行的方向发展。数字出版产品同传统出版一样,虽然也是以内容为中心,但数字出版的内容生产流程与传统出版生产流程完全不同,在数字出版素材和内容的创作、联结、集成、再创造过程中,编辑工作既扩大到写作范畴,又扩展到产品设计、排版设计与技术应用领域。编辑根据不同层次的产品形态进行深度加工,如识别、拆分、标注、校对、格式转换、内容整合等,均涉及产品设计与技术应用。

目前,传统出版企业做数字出版转型的方式主要有:①把纸介质图书数字化→把电子版权有偿转让给电子阅读器硬件商(如汉王等),获取利益;②把纸介质图书数字化→把电子版权有偿转让给数字销售商(比如北大方正、中文在线等),获取利益;③把纸介质图书数字化→把电子版权有偿转让给门户网站,供读者付费下载或在线阅读,从而获取利益;④把纸介质图书数字化→把电子版权有偿转让给电子书店(比如当当),获取利益。

4. 人才结构转型

数字出版技术和媒介融合态势对编辑工作带来了新的变化,对编辑人才也提出了新的要求。出版转型背景下"一体两翼"编辑人才是基于出版行业的使命和历史特殊性以及数字出版对编辑人才的要求而提出的,即编辑人才应以社会责任感为主体,以传统的案头工作、策划、统筹、推广、营销为一翼,以数字化制作、传播、经营、管理为另一翼,协同发展,具备复合型素质和能力。数字时代的编辑应善于从门户网站、图书网站、专业网站、学校网站、网上社区、博客、微博等渠道收集、理解、分析和运用来自社会、经济、文化、教育、生活等各个方面的信息,为选题策划提供依据。编辑应该具备信息分类和筛选、信息梳理和编排的能力,针对不同用户和读者提供序化信息,让读者尽快找到跟自己最相关的信息,方便消费者使用。出版物立体式开发已突破了传统的单一媒体界限和传统思维,实现了多媒体间的融合,要求编辑不仅能够处理文字、图片等印刷媒体内容,还应该熟练处理音频、视频、动画等多媒体内容。传统出版内容并非可以直接"平移"到数字出版,内容通过整合、再生成和传播来实现增值,并以此创新和设计内容产品。这就意味着,编辑应成为数字内容的深度加工者、知识生产过程中的设计组织者,引领传统的单一、平面、静态的内容生产方式向复杂、交互、立体、跨媒体的知识生产转变。

5. 营销策略转型

在数字时代，纸质出版物的营销，需要借助网络营销，数字出版物(如手机报、数据库、程序包、App 软件)同样需要借助网络进行营销。数字出版只有从战略层面上调整营销手段，以价值创新为突破口，以组合创新为主线，在共建数字出版营销平台的基础上寻求个性化营销，才能取得可持续发展的竞争优势。目前来看，不少传统出版企业虽然有数字化基础设施建设，然而这些数字化基础设施主要起管理作用，并没有充分利用数字技术改变产业模式创造利润。事实上，很多传统出版单位还只是停留在将传统出版媒体内容照搬到新媒体的层面上，有的只是加入相对简单的信息检索和读者参与功能，而很少考虑受众的消费习惯与消费偏好。然而，随着时代的发展，受众已不只是满足于信息的简单获取，还期望得到更多人性化的服务。

【课堂演练】

(1) 请查找一下你所熟悉的出版社，在面对传统出版向数字出版转型的过程中，分析这家出版社是如何做的。

(2) 推荐阅读中国出版网上 2012 年 6 月 26 日文章："出版业，究竟是不是夕阳产业？"(网址：http://www.chuban.cc/mtsd/201206/t20120626_124509.html)，并请展开讨论。

(3) 请密切关注数字出版相关网站、博客、微博，以了解国内外数字出版资讯，如中国数字出版信息网、数字出版在线、世界出版网、中国出版网—数字频道、百道网等。

任务 2 数字出版物

【案例导入】

带你逛逛数字出版物超市

数字出版物超市(http://mall.cnki.net/)是中国知网面向海内外读者提供杂志(期刊)、图书、工具书、报纸、会议论文、学位论文全文的在线阅读和下载服务的大型、全天开放的知识超市，如图 1-1 所示。数字出版物超市所有书刊皆为电子书刊，数字出版物超市定义的网络服务内容包括文字、软件、声音、图片、录像、图表、广告中的全部内容，电子邮件的全部内容，数字出版物超市为用户提供的其他信息。只有成为数字出版物超市的正式会员，才能享受超市提供的购买、阅读、在线编辑、下载和打印服务，如图 1-2 所示。数字出版物超市所有书刊除特殊情况外售出后不予退换。

注册成为中国知网会员，可通过网上银行、支付宝、神州行卡、财付通、网汇通、手机短信等方式进行在线支付，或通过购买中国知网发行的各种面值的中国知网会员卡，购买数字出版物。阅读数字出版物超市中的电子书、期刊，需要安装 CAJViewer 阅读器。安装成功后，即可享有对各种出版物的翻页、放大、全屏阅读、阅读编辑等超值服务。

图 1-1　中国知网数字出版物超市首页

在线编辑可以完成文字和图片的选择与复制，保存到文档中；也可以对文字进行标注，如高亮、下划线、删除线、添加为知识元链接、添加为链接等。数字出版物超市中的杂志、图书、工具书等出版物不但能在线阅读，而且支持下载到本地电脑的功能。购买出版物成功后，登录"我的数字书房"，点击"下载"按钮即可将出版物下载到本地电脑。中国知网数字出版物超市所售刊物，均可在线阅读、编辑和打印。

图 1-2　会员可以享受中国知网数字出版超市提供的多种服务

【知识嵌入】

一、数字出版物形态

数字出版物的产品形态主要包括电子图书、数字报纸、数字期刊、网络原创文学、网络教育出版物、网络地图、数字音乐、网络动漫、网络游戏、数据库出版物、手机出版物(彩信、彩铃、手机报纸、手机期刊、手机小说、手机游戏)等。下面主要介绍电子图书、数字报纸、手机出版物、数据库、自媒体等几种主要的数字出版物形态。

1. 电子图书(electric Book，eBook)

电子图书是数字出版物的主要类型之一。电子图书的概念也是随着数字出版的发展而变化的，目前没有统一的定义，但比较流行的说法是以电子方式在互联网上出版、发行并通过阅读终端进行下载阅读的数字化书籍。电子图书需要特定的读取设备，信息量大且图文声像具备，便于检索复制，传播便利、迅速且没有地域和时间的限制，成本较低，价格也低，占用空间小，节约印刷耗材且不存在短缺或绝版的问题等。笼统地讲，电子图书有三个组成部分，分别是电子文档、电子图书阅读器和电子阅读软件。电子图书阅读器用于承载电子文档，电子文档是电子图书的主要内容，阅读软件用于阅读不同格式的电子文档内容。它们都是 eBook 的重要组成部分，都是制约和影响 eBook 发展的关键因素，但通常说的 eBook 是专指作为信息内容的电子文档，而非阅读器或者阅读软件，如图 1-3 所示。

图 1-3　装有 iBook2 的平板电脑 iPad 电子教科书

电子文档是电子图书的内容，是 eBook 提供的内容信息。它把文字、字体、字形、格式、颜色、图形图像、超文本链接、声音等信息通过专门的软件，按照特定的格式和需求，制作成相应的电子文档。这些 eBook 文档占用计算机磁盘通常比较小，非常易于网络传输，而且与操作系统无关，可以跨系统平台浏览。电子图书除了可以通过诸如 Everybook、RocketBook 之类的电子阅读器阅读之外，毫无疑问地也可以在计算机、平板电脑、手机或者类似设备上阅读。电子图书阅读器是用来阅读电子图书的各种硬件的统称，它包括桌面上的个人计算机(PC)、个人手持设备(PDA)、专门的电子设备、平板电脑、手机等，如表1-1 所示。随着 eBook 的推广和移动互联网的普及，用于阅读电子图书的阅读器将从专门电子设备向手机发展。然而，由于电子图书有一定的格式，并不是所有计算机都可以阅读，必须是那些装有相应阅读软件的计算机或手机才能实现对电子图书内容的展示，这些软件就是 eBook 阅读软件，如表 1-2 所示。电子图书阅读器软件是用来将电子图书文档中的文件、图片、影像等信息识别并以相应方式呈现出来的应用软件。

表 1-1 近几年推出的阅读器

开发公司	阅读器名称	主要特点	推出时间
亚马逊	Kindle	重量轻、续航时间长(可达两周以上)，电子墨水技术(E-ink)接近于实体纸书的阅读体验，小巧的外观和大内存，书库中的电子图书分类更为细致，品种丰富，开创"终端+内容"的销售模式。但电子墨水技术刷新速度较慢，分辨率不高，颜色显示单一，与iPad的五光十色简直无法相比	2007年11月
苹果公司	iPad	配备四核图形处理器的A5X芯片，保持平稳与流畅；10小时电池使用时间，宽大、亮丽的Retina显示屏，色彩饱和。自带的应用程序iBook书库中就已经有超过70万种图书，而这个数字还在不断攀升中，另外13类应用程序涉及阅读类的程序至少也有三四类；可以让图片发声、变化的内容，只有在iPad的视频、声音和极强的人机互动支持环境下才能得以完美地实现。多媒体娱乐式的阅读方式呈几何倍数开始流行开来	2007年
盛大	Bambook	卓越的性能、时尚的外观、丰富的内容。外观采用铝镁合金中框架和防滚架设计，机身线条典雅流畅，犹如一本书的大小，捧在手中轻薄、便捷，便于随身携带。配置6英寸，分辨率600×800，16灰阶电子墨水屏	2010年9月
汉王科技	汉王系列电纸书	E-ink电子纸屏幕技术；支持TXT、HTML、CHM文本格式；具有书籍阅读、版式切换、字体缩放、书签等阅读功能	2009年
辽宁出版集团	掌上书房	第一代电子书的代表作。第一代"掌上书房"生产了3000台	2000年

表 1-2 常用电子图书阅读器软件

开发公司	阅读器软件名称	支持格式	主要功能
苹果公司	iBook	全面支持彩色阅读	苹果公司在网上电子书商店iBookstore上推出超过100种插图书籍，其中包括儿童读物、摄影和烹饪图书。在苹果电子书商店下载，并在iPad、iPhone与iTouch上阅读
微软公司	Microsoft Reader	支持LIT文件格式	具备显示和注释显示的"工具"以及"词典"、"图书资料室"、"版权保护"的功能。读者可设置合适的字体和字号，并对选中的内容使用喜爱的颜色，也可加注释、图画标记、下划线等，并建立这些操作的检索表，以便于查询，还可以每次复制不超过一页的内容用于其他用途

续表

开发公司	阅读器软件名称	支持格式	主要功能
Adobe公司	Acrobat Reader	支持 PDF 文件格式；支持多平台应用，如 Windows、Linux 等	能为用户提供文件的组织、显示、打印等功能，它还提供独特的个人书库(Personalized Library)功能，读者可以从书名、主题、作者等角度分类整理下载的电子书；能将印刷版图片高质量地还原出来，接近印刷书籍的阅读效果，尤其适合插图多的电子书，如少儿读物、旅游图册、食谱等包含大量图片的出版物，保持色彩精美，读者可允许在屏幕上阅读或打印 PDF 文件
	Adobe Reader for iOS	支持 PDF 档案、口令保护的 PDF 文件和 Adobe 生命周期版权管理的 PDF 文件，并支持许多互动功能	能够让用户从电子邮件、网站或者任何支持 iOS 系统"内部打开"功能的应用程序中查看 PDF 文件。用户能够搜索文本、书签页、选择以滚动模式查看页、放大和缩小文本尺寸、从查看的文件中选择和复制文本。文件可以直接从 iOS 设备打印，与其他具有 PDF 功能的应用程序共享或者作为电子邮件的附件发出。这个应用软件兼容 iPad、iPhone，第三代和以后版本的 iTouch。这个软件能够在运行 iOS 4.2.5 或者以上版本软件的设备上运行
北大方正	北大方正	支持 CEB\PDF\HTML\TXT 和 OEB 等格式文件	具有版面操作(字体放大、缩小)、界面旋转、界面的最大(小)化及显示隐藏书简、页面笔记功能(划线、加亮、圈注、书简、批注等)、翻页功能、个人图书馆管理(图书分类、排序等)、可方便地查找全文和部分复制；常用的中英文电子词典软件可以通过屏幕取词进行翻译；图书转借或赠送、按需检索查询书籍、续订书目，以及加入动画、语音等多媒体功能
超星公司	SSReader	SSReader 所显示的是以 PDG 格式存储的图片，而不是文本，可以将 PDG 格式转换为 TXT 格式的文本保存	有 Internet、书籍阅读、书籍下载三个窗口；具有翻页(自动滚屏、手动翻页或到指定页)、放大镜(固定区域放大或是可变区域放大)功能；图书浏览下载方便，实现了图像文档的 Web 方式浏览，可以同时下载浏览，自动下载下一页，并且采用了多线程浏览技术，保证阅读速度；具有书简管理器、书目查找、建立本地图书馆、远程浏览等功能

2．数字报纸

新闻出版总署数字报业实验室给出了数字报纸的标准定义：多媒体数字报纸是利用基

于互联网的新媒体技术和传输手段，对纸质报纸的内容和版面进行数字化改造与拓展的新型报纸。因此，通常的理解是：数字报纸是以数字化的方式、传统报纸的版式样态，通过互联网或电子报纸等数字载体出版发布的报纸。按照内容可以分为三类：一类是传统报纸的电子版，没有做任何改动，直接将纸版报纸转化为电子版，呈现给读者的是纸版报纸的原版原式，如图1-4所示。另一类是在传统报纸提供的信息内容的基础上进一步加工，如添加声音、动画元素，将传统报纸改造成多媒体数字报纸后发行，如图1-5所示。还有一类是独立采编制作，或综合多家传统报纸的信息精华，最终以报纸版面形态出版，如图1-6所示。

数字报纸融合了网络阅读新闻的方便与快捷，同时又保持纸质报纸原有版式。因此，它具有再现报纸版面，查找快捷，互动性强，无限量、无地域快速发行，图文声像组合呈现等特点。它以报纸的形态进行聚合发布，以此来区别于传统报纸将单条稿件以网页形式发布。数字报纸借助数字信息技术从选题、采访、编辑，到录入、印制、发行乃至订户管理来对传统报纸进行数字化改造。

一般而言，数字报纸目前包括互联网数字报、手机报、电子报等几种类型。

图1-4 《中国经营报》(电子版)

图1-5 《人民日报》(多媒体数字报)

图1-6 《人民日报》(综合版)

3. 手机出版物

手机出版物按内容可分为手机彩信、手机音乐、手机报纸、手机期刊、手机小说、手机游戏、手机电视等；按获取形式可分为无线互联网络手机出版物、有线互联网络手机出版物和内置手机芯片出版物等。

手机出版是手机出版服务提供者使用文字、图片、音频、视频等表现形态，将自己创作或他人创作的作品经过选择和编辑加工制作成数字化出版物，通过无线网络、有线互联网或内嵌在手机载体上，供用户利用手机或类似的移动终端阅读、使用或者下载的传播行为。

手机具有全覆盖性、付费便捷性、音画媒体性、主动获取性、存储高容量性和个性化、参与性、互动性和成本低廉等特点。手机媒体打破了时间、空间和电脑设备终端的限制，可以随时随地接收文字、图片、声音、视频等多媒体信息，实现了用户与信息的同步。手机媒体的便捷性、互动性、及时性，给传媒业带来了巨大的影响，尤其在"碎片化阅读"时代，手机出版物为读者提供了极大的便捷性，可以说手机出版改变了读者的阅读行为。

4. 数据库

简单地说，数据库是"按照数据结构来组织、存储和管理数据的仓库"。

J. Martin 给数据库下了一个比较完整的定义：数据库是存储在一起的相关数据的集合，这些数据是结构化的，无有害的或不必要的冗余，并为多种应用服务。数据的存储独立于使用它的程序，对数据库插入新数据、修改和检索原有数据均能按一种公用的和可控制的方式进行。当某个系统中存在结构上完全分开的若干个数据库时，则该系统包含一个"数据库集合"。

数字出版模式多种多样，并不断创新发展。在专业领域，知识数据库是一种"古老"而持久的模式。可以说，在数字出版的概念产生之前就已经有了知识数据库的实践。而且在今后的很长时间内，知识数据库恐怕仍然是数字出版最重要的形式之一。专业知识数据库出版主要有以下几种盈利模式。

(1) 机构用户模式。机构用户就是本专业领域的政府机关、企事业单位、社会团体等。机构用户(特别是高等院校和大型图书馆)的支付能力相对较强，是专业知识数据库的最主要的销售对象。机构用户销售的一般方式是机构支付服务费(通常以年为单位计算)、成员免费使用，并采用 IP 限制、并发限制等控制手段。清华同方的 CNKI 曾采用过销售镜像服务器的方式，但目前这种方式已不再是主流。

(2) 个人用户模式。个人用户模式就是针对个人销售一段时间内全部或部分数据库使用权的经营模式。在产品设计时，个人用户的使用时间可以较机构用户短一些，如一个季度起计。个人用户是专业知识数据库销售的补充方式。随着用户阅读习惯的日益成熟，个人用户的比重呈逐步增长的趋势。

(3) 平台合作模式。目前处于成熟经营状态的数据库产品有很多，部分数据库之间存在合作关系。平台合作模式就是出版商之间通过相互开放检索接口，实现共享数据、方便用户使用、扩大各自市场的合作方式，例如，Elsevier 与 Wolters Kluwer、清华同方的合作。元数据标准是实现平台合作的重要基础之一。

(4) 广告模式。广告模式为大家所熟知，在此不多赘述。需要提出一点，专业知识数据库非常适合按照用户注册信息、用户浏览记录、内容详细分类等与广告内容的相关性来动态投放广告，使广告投放更加精准，实现广告收益最大化。

5. 博客、微博、微信等自媒体

简单地说，博客、微博、微信等作为自媒体，能够简易、迅速、便捷地发布自己的心得，及时、有效、轻松地与他人进行交流，属于广义数字出版范畴。

(1) 博客(Blog)。博客是网络日志的缩写，是由某个人或某个组织所单独拥有的使用RSS、TAG 等 Web 2.0 应用技术的网页。它通常是由以多媒体嵌入和超链接作为重要表达方式且经常更新的日志所构成，这些张贴的日志在网页上依照逆时针顺序排列。博客主要有独立博客和托管博客两种(独立博客主页，即拥有独立域名和使用自己的服务器空间的博客主页；托管博客主页，即在专门的博客托管服务网站或频道注册拥有的个人主页)。博客是一个网站，它为每个人提供了一个信息发布、知识交流的传播平台，博客使用者可以很方便地使用文字、链接、影像、图片建立起自己个性化的网络世界。博客是一种"零进入门槛"的网上个人出版方式，出版者与作者合二为一，与读者处于平等地位，可实现对等交流，传者与受者的角色可以相互转化。传播意义上的"把关人"概念将不复存在，取而代之的是在网络环境下需要重新界定的多层级的把关。正是因为在其出版的过程中把关人的缺失，没有传统媒体的审批和监管体系，因此很容易出现类似隐私披露、谩骂与虚假信息发布等问题。

(2) 微博。微博即微博客(MicroBlog)的简称，是一种基于用户关系的信息分享、传播以及获取平台，用户可以通过 Web、WAP 以及各种客户端组建个人社区，以每次不超过 140 字的文字更新信息，并实现即时分享。国际上最知名的微博网站是 Twitter，目前 Twitter 的独立访问用户已达 3200 万人。2009 年 8 月，中国最大的门户网站新浪网推出新浪微博内测版，成为门户网站中第一家提供微博服务的网站，微博正式进入中文上网主流人群的视野。2010 年，微博在中国得到了井喷式的发展。据易观智库研究显示，2010 年中国微博市场注册用户数量达到 7500 万人，至 2012 年 2 月 23 日，工信部发布数据表明，我国微博注册用户超 5 亿人，微博迅速发展。近年来，随着微信的出现，统计数据表明，微博用户规模连续三次在 CNNIC(中国互联网络信息中心)的报告中出现下滑，至 2015 年 2 月 3 日 CNNIC 发布的《第 35 次中国互联网络发展状况统计报告》显示，截至 2014 年 12 月，我国微博用户规模为 2.49 亿人，较 2013 年底减少 3194 万人。

(3) 微信。微信是腾讯公司于 2011 年 1 月 21 日推出的一款支持 S60 v3、S60 v5、Windows Phone、Android 以及 iPhone 平台的类 Kik 免费即时通信服务应用程序。微信用户可以通过智能手机客户端与好友分享文字与图片及视频，并支持分组聊天和语音、视频对讲功能的智能型手机聊天软件。微信软件本身完全免费，使用任何功能都不会收取费用。微信用户可以通过微信与好友进行文字或图片消息的传送。2012 年 8 月 23 日，微信公众平台正式上线。每个微信公众账号都可看作是一个基于微信公众平台的自媒体，尽管传播质量良莠不齐、传播内容各有不同，但它们都以图文为主要呈现形式、以用户主动订阅为获取渠道、以定时推送为日常运作模式，没有"评论"等庞杂信息。尤其是来自传统媒体的职业精英主办的优秀微信自媒体具有很强的传播力和影响力，如《21 世纪经济报道》上海新闻中心总监左志坚主办的"拇指阅读",曾为《南方周末》的名记、现为《博客天下》主编助理陈鸣主办的"滤镜菲林"等。

二、传统出版与数字出版的共存关系

目前,我国出版业已进入传统出版和数字出版共存的时代,数字出版发展势头强劲,发展速度远高于传统出版。从市场情况看,数字出版有着巨大的市场空间和众多的消费群体。中国互联网络信息中心(CNNIC)2015年7月23日发布《第36次中国互联网络发展状况调查统计报告》显示,截至2015年6月,我国网民规模达6.68亿人,半年共计新增网民1894万人。手机网民规模达5.94亿人,较2014年12月增加3679万人,我国网民中使用手机上网的人群占比由2014年12月的85.8%上升至88.9%,手机作为网民主要上网终端的趋势进一步明显。第11次全国国民阅读调查结果显示:2013年,我国成人人均阅读图书4.77本,较2012年增加了0.38本;2013年我国成人电子书阅读率为19.2%,较2012年上升了2.2个百分点,人均电子书阅读量为2.48本,比2012年增长了0.13本。2013年有44.4%的成人进行过网络在线阅读,较2012年增加11.8个百分点;41.9%的成人进行过手机阅读,较2012年增加10.7个百分点。中青年群体是数字化阅读的主力,92.6%的数字阅读者为18~49周岁的人群。

当今社会电子技术迅速发展,出版业正在进行一场巨大的科技变革,但是传统出版业如果进行一系列的变革,则会在不久的将来与数字出版并驾齐驱,共同发展。依托于数字技术和网络技术的数字出版无论在内容上还是在形式都延伸和扩展了传统出版业,不仅大大丰富了出版物的内容和形式,也改变了传统出版物的生产方式和消费理念。现阶段,传统出版与数字出版将呈现共存的局面。

1. 正确认识到数字出版的优势

从我国图书市场目前的书籍销量来看,大多数学术类书籍销量低于500册。传统出版业应该认识到学术类的书籍不能受限于销售机会,可以通过eBook的形式扩大销量。电子书的按需出版、永不绝版和零库存等优势既能满足读者需要,又降低了出版成本,保证了学术书籍的持续发展,因此电子书的出版形式受到了越来越多传统出版社的欢迎。数字出版的按需出版,可以联机将图书印装成册,形成完整的按需印书解决方案,既体现数字出版的快捷性,也体现传统出版的个性化服务。传统出版社一定要广泛积累数字出版实践经验,加强团队整体素质提升,提高自身竞争能力。

2. 传统出版存在的长期性

从造纸技术出现到活字印刷,出版活动经历了漫长的历史演变。就图书出版的历史而言,也经历相当漫长的发展,其载体发生了多次变化,先后把陶、甲骨、青铜器、皿、石、玉、竹简、木牍、缣帛等作为书写材料,并一直延续了千百年之久。有了纸作为书写材料后,图书的出版和流通速度大大加快。随着雕版印刷发明,特别是活字印刷的出现,使图书出版跨入新的发展时期,但活字印刷的出版并非一下子取代雕版印刷,存在一段并存和互补过程。同样,当今的数字出版也不可能一下子替代传统出版。历史经验告诉我们,只有当一种出版形态的使用价值完全消亡时,它才会自行消亡,传统出版有其生存的价值,就有其长期性。电脑可以一时胜过书籍，但是永远无法替代书籍。受传统阅读影响，在大众群体中，从报纸和杂志中获取资讯和信息的人占很大比例。新形态的媒体与传统的文本，应该是相互并存而不是替代。文化的东西不消失，传统出版就不会消失。另外，藏书的嗜好，也延续传统出版的存在。

3. 传统出版与数字出版相互促进

虽然数字出版对传统出版是极大的冲击，也是极大的竞争，但这正是一种机遇。随着新媒体的增多，迫使传统出版单位也慎重挑选有价值的图书出版。同时也利于传统出版更新，如降低印刷材料费、使装帧精美等。

根据人们的不同需求，纸质出版物永远具有一定比例的市场占有率，不可能被市场完全淘汰。因此，数字出版完全替代传统出版绝对不可能，基本替代也不可能，纸介媒体永远有生命力。传统出版物有继续存在的空间。数字出版也具有一定的狭隘性，不可能完全替代传统出版而独立存在，传统出版与数字出版是相互依存、相互促进的关系。从传统出版来看，首先，应打通存在于传统媒体之间的壁垒，强强联合，实现内容资源之间的互动、互用以及互补。其次，应该打破传统出版与数字出版之间的界限，完成纸介媒体与数字媒体之间的对接与延伸，以促进传统出版技术与现代出版技术的相互发展，打造全方位、综合性的服务格局。最后，不断推出新的产品以及新的服务，努力拓展产品种类和服务形式，争取创造传统出版业新的市场份额。

4. 传统出版要寻求新资源，谋求新发展

数字出版模式的产生不仅给整个出版行业带来了技术上及阅读方式上的巨大改变，而且给整个出版行业也带来了一场经营理念的重大变革。由于我国的出版者还没有看到数字出版模式在未来强大的发展潜力，他们仍然把纸质出版物作为主要的利润来源。从我国目前出版行业的发展现状来看，我国的数字出版还处于初步发展的阶段，同其他发达国家相比还有较大的差距。经营者的思想观念滞后导致了传统出版业技术的落后，一方面出版编辑人员缺乏数字出版的业务技能，另一方面阅读器、网上支付等网络商业模式的运用还不够成熟。

当今，数字出版崭露头角的新时代，传统出版要顺应形势，改变传统出版理念和出版方式，改变单一的内容供应商的角色，加大数字出版的实践力度，培养专业技能人才，积累各项新资源与新信息，根据市场发展需求拓展出版种类和出版形式，通过寻找新的资源形式，谋求新的发展渠道。例如，传统出版可以通过研究成功的数字出版物，从中挖掘可供利用的版权资源以及作者资源，并根据市场实际需求，拓展纸介媒体的资源信息，吸引广大公众的眼球；传统出版还可以向数字出版商供应具有连续性的读物，用于培养自身的品牌优势；也可以在现有的资源基础上，拓展多媒体内容的开发与利用，经过长时间的积累，建成一定规模的数字资源库。

【课堂演练】

(1) 请以《第一次的亲密接触》为线索，通过查找资料，分析网络出版与传统出版是如何互动的。

(2) 请分别下载电子书、数字报纸等数字出版物，并分析其商业模式。
(3) 请对比分析目前国内大型数字出版商常用的阅读器以及支持的文件格式。

项目实训实践　区域内数字出版现状大调查

1. 实训名称
××省传统出版转型与数字出版现状分析。

2. 实训目的
(1) 能够运用《出版物市场调查与分析》课程所学知识，制订调查方案。
(2) 能够针对调查目的的需要设计调查方法。
(3) 能够顺利进行市场调查。
(4) 能够分析调查数据并撰写调查报告。

3. 实训内容
(1) 以"××省传统出版转型与数字出版现状分析"为调查课题，制订调查方案。
(2) 以"××省传统出版转型与数字出版现状分析"为调查课题，制订调查问卷。
(3) 以"××省传统出版转型与数字出版现状分析"为调查课题，开展调查。
(4) 收集整理调查资料，运用二手资料，完成调查分析报告。

4. 实训步骤
第一步：以小组为单位，制订调查方案。调查方案的主要内容有：确定调查目的、确定调查的对象和调查单位(调查对象是指依据调查的任务和目的，确定本次调查的范围及需要调查的那些现象的总体。调查单位是指所要调查的现象总体所组成的个体，也就是调查对象中所要调查的具体单位，即我们在调查中要进行调查研究的一个个具体的承担者)、调查内容和调查表(把调查目的转化为调查内容，是把已经确定了的调查目的进行概念化和具体化，把调查内容转化为调查表)、调查方式和方法(采访法、问卷调查法)、调查项目定价与预算、数据分析方案、其他内容(包括确定调查时间：工作筹备阶段时间、调查实施时间、调查报告完成时间，安排调查进度，确定提交报告的方式，调查人员的分工、协作和组织等)。

第二步：以"××省传统出版转型与数字出版现状分析"为调查课题，设计和制定调查问卷。调查问卷的特点①确定每个对象阅读时收到的信息一样；②确保匿名；③间接。调查问卷通常包括前言(说明信：调查的目的与意义、关于匿名的承诺、填写要求、调查者的身份)、主体(问题表：问题、回答方式、回答的指导语；指导语：做记号的说明、答案数目的说明、填写答案要求的说明、关于答案是用于哪些被调查者的说明)、结语(可省略，对被调查者表示感谢，以及不要漏填、复核的请求)等部分。

问卷设计的问题有事实问题和态度问题两种类型。
① 事实问题——事实材料。如校园面积、教师人数、使用者教材版本等；实际行为，如上课，老师有多少次提问。

② 态度问题——对于行为或事件的意见、看法、体会等。如你认为上课讨论是有效的方法吗？

问题一般是来自于调查的主题，通过假设、提炼概念、设计变项、针对变项列出问题，再对问题进行筛选。问题的编制要注意合理性，即是否为课题研究必须了解的、调查对象是否为课题所覆盖、问题的范围是否具有研究性和有效性、问题对于全部调查者是否普遍适用、提问的形式是否适合被调查者等。问题的编制还要注意科学，即一事一问避免双重问题、问题中性不带倾向性问题明确，尽量不使用专业词汇和生僻词汇。问题的编制还要注意艺术性，防止引起反感、厌倦、顾虑。问题通常按时间顺序、理解顺序、内容顺序、类别顺序进行排列。回答问题的方式有封闭型(提供单选、多选、等级式、排序式、矩阵式、后续式的备选答案，只能选择其中的答案)、半封闭型(提供备选，若找不到符合实际的备选答案，则在最后一个答案后列明"其他——"填上被调查者自拟的答案)、开放型(被调查者自拟答案，数据整理难，但可获得被调查者的更多观点)。

第三步，以"××省传统出版转型与数字出版现状分析"为调查课题，开展调查。以小组为单位组织实施调查计划(调查成员分工、调查的工作步骤；制作问卷、审核问卷、印制问卷等其他备用物品；发放调查问卷；回收问卷；对问卷调查结果进行分析)等。

第四步，收集整理调查资料，并运用二手资料完成调查分析报告。调查报告一般由标题和正文两部分组成。标题可以有两种写法，一种是规范化的标题格式，即"发文主题"加"文种"，基本格式为"××关于××××的调查报告"、"关于××××的调查报告"、"××××调查"等。另一种是自由式标题，包括陈述式、提问式和正副题结合使用3种。正文一般分前言、主体、结尾3部分。

调查报告的前言有几种写法：第一种是写明调查的起因或目的、时间和地点、对象或范围、经过与方法，以及人员组成等调查本身的情况，从中引出中心问题或基本结论来；第二种是写明调查对象的历史背景、大致发展经过、现实状况、主要成绩、突出问题等基本情况，进而提出中心问题或主要观点来；第三种是开门见山，直接概括出调查的结果，如肯定做法、指出问题、提示影响、说明中心内容等。前言起到画龙点睛的作用，要精练概括，直切主题。

调查报告的主体是调查报告最主要的部分，应该详细叙述调查研究的基本情况、做法、经验，以及分析调查研究所得材料中得出的各种具体认识、观点和基本结论。调查报告的结尾可以提出解决问题的方法、对策或下一步改进工作的建议，或总结全文的主要观点，进一步深化主题，或提出问题，引发人们的进一步思考，或展望前景，发出鼓舞和号召。

第五步，制作PPT，在全班进行汇报陈述。

5. 实训要求

(1) 以小组为单位上交一份详细的调查方案。方案要求具体，人员分工协作，调查和访问对象要有全局性和代表性。

(2) 以小组为单位上交一份调查分析报告。分析报告撰写要符合格式规范要求，调查报告要来自调查资料。

(3) 调查方案和调查分析报告文本质量要高，文字差错率不高于万分之二。

(4) 以小组为单位，制作PPT，并在全班进行汇报。

6. 考核标准

项 目	考核标准		
	优秀(90~100分)	良好(80~90分)	合格(60~80分)
考核标准 (100分制)	调查方法恰当，问卷设计与制作优质；分析报告逻辑性强、主题明确、编校质量高	调查方法恰当，问卷设计与制作良好；分析报告符合逻辑、主题明确、编校质量较高	能及时完成调查，及时上交调查分析报告，无重大编校质量差错
自评分			
教师评分			

注：未参与实训项目，在当次实训成绩中计0分。

课 后 练 习

1. 概念拓展题：请查找并理解以下概念的含义：

激光排版、磁盘记录、光盘刻录、计算机直接制版、数码印刷、桌面出版、电子出版、网络出版、按需出版(Print On Demand，POD)、网络传播、全媒体出版

2. 校园调查题：请设计一份调查问卷，并要求证：贵校同学中阅读传统出版物和数字出版物的比例。

3. 调查分析题：查找最新一年中国数字出版相关资料，对中国数字出版的现状进行分析，并写出一份分析报告。

4. 知识拓展题：请详细了解网络游戏的类型，并探讨网络游戏作为数字出版物形态在出版中所担负的社会责任。

项目二　文本信息的采集与编辑

【项目情境描述】

无论是从事网络编辑，还是编创网络日志，都要运用到文本信息。数字出版物的出版大体包括确定主题、采集与选择素材(含文本信息、多媒体素材)、审读和修改内容、设计版面、制作作品等流程。在互联网时代，文本信息不再是一种稀缺资源，海量的文本信息使人们变得无所适从，而从海量的信息中提取有意义的文本信息，成为互联网时代的一种生存法则。文本信息的采集、编辑与加工即是数字开放时代撰写文字材料最常用的手段，对于网络工作者来说，文本信息的采集与编辑加工更是一种最基本的技能，它是数字出版内容制作环节的中心工作，贯穿于数字出版全流程。比如，网络编辑每天可能要从各种媒体搜索一些资源信息，要对文本信息进行审读、整合、修改和内容加工，提高文本信息的内容质量。目前电脑上普遍安装的是 Microsoft Office Word 2007 应用程序，要求用户能熟练地使用 Word 2007 文字处理软件中的导入文本、选定文本内容、删除、移动和复制文本、查找和替换、撤销和恢复等基本编辑操作，并对文档进行版面设计、样式设置、字符格式设置、段落格式设置、边框和底纹设置、纵横混排、制作个性化文字效果、图文混排、页面背景设置、页眉和页脚设置、设置目录、插入图表和编辑图表，以及运用 Word 2007 为图片添加水印，提供规范、符合读者阅读审美需求的文本信息，最终进行文本信息的发布。

本项目将带领大家掌握文本信息采集、文本内容审读与编辑、文档排版与设计、内容发布的相关知识，并完成按主题要求采集文本信息、审读整合文本信息、使用编辑软件进行形式编辑，最后发布文本信息的一系列实训任务，为将来从事数字出版内容的结构化管理、标引和分类管理、资源管理加工和内容生成等相关岗位打下基础，并为本专业后续"信息采集与处理""网络编辑""出版物新媒体营销""新媒体制作技术""网络书店经营实务"等课程和教材内容的学习打下基础。

【学习目标】

(1) 掌握文本信息采集的方法。
(2) 熟悉文本信息采集的原则。
(3) 能对所采集的文本信息进行内容编辑加工。
(4) 能运用文字处理软件对所采集文本信息进行形式编辑。

【学习任务】

任务1　文本信息的采集(建议：2课时)
任务2　文本信息的审读、整合与内容编辑(建议：2课时)
任务3　使用 Word 2007 编辑文本(建议：4课时)
项目实训实践　网络日志的编创与发布(建议：2课时)

任务1　文本信息的采集

【教学准备】

(1) 具有互联网环境的实训教室。
(2) 指定可链接的网页如下。

- 穷游：http://www.qyer.com；
- 途牛旅游：http://www.tuniu.com；
- 去哪儿：http://www.qunar.com；
- 蚂蜂窝：http://www.mafengwo.cn；
- 艺龙旅行：http://hotel.elong.com；
- 驴妈妈旅游网：http://www.lvmama.com；
- 携程网：http://www.ctrip.com；
- 乐途旅游：http://www.lotour.com；
- 百度旅游：http://lvyou.baidu.com。

【案例导入】

基于主题的文本信息采集

在大数据时代，互联网上不缺乏信息，而你需要的有价值的信息往往被淹没在海量的信息中，并且关键信息都是以半结构化或自由文本形式存在于大量的HTML网页中，很难直接加以利用。因此，文本信息采集与整合成为了关键能力。信息采集过程中对采集的页面进行主题相关性判断的过程常被称为页面过滤，其实质就是一个文本主题分类的过程。传统的信息采集方法已不能满足人们日益增长的个性化需求，因此基于主题的Web信息采集技术应运而生。

Web信息采集(Web Crawling)，是指通过Web页面之间的链接关系、从Web上自动地获取页面信息，随着链接不断向所需要的Web页面扩展的过程。基于主题的Web信息采集(Focused Crawling)，它主要是指选择性地搜寻那些与预先定义好的主题集相关页面的采集行为。实现这一过程主要是由Web信息采集器(Web Crawler)来完成。它主要是指这样一个程序，从一个初始的URL集出发，将这些URL全部放入到一个有序的待采集队列里。而采集器从这个队列里按顺序取出URL，通过Web上的协议，获取URL所指向的页面，并从这些已获取的页面中提取出新的URL，将它们继续放入到待采集队列里，再重复上述过程，直到采集器根据自己的策略停止采集。有些采集器还要将采集到的页面数据和相关处理结果存储、索引并在此基础上对内容进行语义分析。

乐思网络信息采集系统的主要目标就是解决网络信息的采集问题，其网络信息采集服务目前居于国际领先水平。乐思文本采集系统的主要功能为：根据用户自定义的任务配置，批量而精确地抽取目标文本文件中的内容，将其转化为结构化的记录，并保存在本地数据库中。特别适用于网络博客、RSS/ATOM 文章采集，XML、Text/CSV 内容采集，任意格式 XML 采集，自定义结构文本内容采集等，如图 2-1 所示。

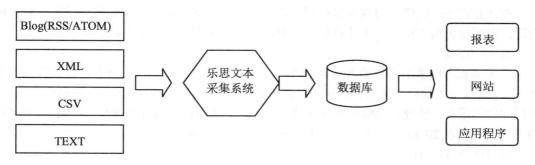

图 2-1 乐思网络信息采集系统工作流程示意图

乐思文本信息采集系统支持远程 HTTP 或者 FTP 服务器上的文本文件内容抽取、本地文本文件内容抽取，并支持常用*.TXT、*.CSV、*.XML、*.HTM 的文件格式和任意后缀名的文本文件。其运行环境为 Windows XP/NT/2000/2003 操作系统，主要应用于网络实时数据的抽取、本地特殊格式数据的抽取，可以做到每天定时抽取目标网站的新闻 RSS 聚合或者 Blog 聚合中的信息(标题、作者、内容等)到数据库中，轻松整合不同来源的网络新闻与网络日志。

【知识嵌入】

一、文本与文本信息

1. 什么是文本和文本信息

文本，是指书面语言的表现形式，是文字、字母、数字和各种功能符号的集合。在现实生活中，人们对事情的讲述、逻辑的推理、数学公式的表述等都主要用文字和数字来准确地表达。从文学的角度求说，通常是具有完整、系统含义的一个句子或多个句子的组合。一个文本可以是一个句子、一个段落或者一篇文章。文本是信息资源的一种主要表现形式，日常生活中所接触到的信息有 80%左右以文本形式存在。

数字出版范畴所说的"文本"一词来自英文 text，是计算机的一种文档类型。该类文档主要用于记载和储存文字信息，而不是图像、声音和格式化数据。常见的文本文档的扩展名有.txt、.doc、.docx、.wps 等，这就是我们所说的文本信息。

2. 文本信息的特点

在数字出版中文本信息作为重要的基本素材被广泛应用，它具有文本信息表达清楚、计算机处理方便、存储容易、传输快捷等优势。具体来说有以下几个特点。

1) 编码形式简单

在计算机中，西文字符最常用的编码是 ASCII 码，即 American Standard Code For Information Interchange(美国文本信息交换标准代码)。它用 7 位二进制数进行编码，可以表示 2^7 即 128 个字符，其中包括数字字符 0～9、大小写英文字符、运算符号、标点符号、标识符号和一些控制符号。这些字符种类大致能够满足各种计算机语言、西方文字、常见命令的需要。一个 ASCII 码字符在内存中占一个字节。

在计算机中，汉字字符也是以编码形式处理的，汉字输入用输入编码，汉字存储用机内码，汉字输出用字型码。在计算机中存储时，一个汉字占 2 个字节。

2) 存储容易

文本信息可以采用多种输入编码录入、光电技术或语音识别技术输入、键盘输入等多种方式获取。录入的西文字符和汉字在计算机中都是以一个或两个字节的二进制编码表示，占用的空间很小，处理和存储都非常方便，所生成的文本格式文件也很小。一篇 10 万字的纯中文文本仅占 200kB 左右的空间，移动和传输都很容易。

3) 表现形式多样

数字出版物中的文字可以处理为多姿多彩的艺术形式。各种文字处理软件都具有较强的处理功能，通过对文本字体、字号、颜色、字形(如加粗、斜体、底纹、下划线、方框、上标、下标等)、字间距、对齐等设置，能将文本设置成多种多样的形式，使文本在数字出版物中变得丰富多彩。文本除了自身所能完成的表述功能外，还可以配合其他媒体共同完成对事件的描述，如为图片添加说明、为视频添加字幕、为声音解说配上文字注释等，提高数字出版物的表现能力，具有其他媒体不可替代的重要作用。

4) 超文本链接

在计算机应用系统中，可用文本设置超链接，突破传统文本信息表示的线性和顺序结构。我们在数字出版物中常见的文章标题、导航菜单、按钮中的文本都可以建立对应的超链接，用户可通过点击超链接选择自己需要的文本信息，使得应用非常方便。

3. 文本格式

当使用不同的文本编辑软件编辑文本时，系统通常会采用默认的文本文件格式来保存文档。不同的文字处理软件生成的文本格式各不相同，如 Word 默认文档格式为 DOC，当然该软件还支持另外一些流行的文本文件格式。常见的文本格式如表 2-1 所示。

表 2-1 常见的文本格式、特点及其应用

文本格式	特点	常见应用
TXT	纯 ASCII 码文本文件。纯文本文件除了换行和回车外，不包括任何有关文字字体、大小、颜色、位置等格式化文本信息	Windows 系统的"记事本"就是支持 TXT 文本编辑和存储的文字工具程序。所有的文字编辑软件和多媒体集成工具软件均可直接使用 TXT 文本格式文件
WRI	即文本文件(Write)，它是字处理 write.exe 生成的文件，用 Windows 自带的 write.exe 即可	Windows 系统下的写字板应用程序所支持的文件格式
DOC	文本中包含不同的字符格式和段落格式	Microsoft Word 字处理软件所使用的默认文件格式
WPS	文本中包含特有的换行和排版文本信息	金山中文字处理软件的格式，通常只在 WPS 编辑软件中使用

续表

文本格式	特 点	常见应用
RTF	包含文字、图片和热字(超文本)等多种媒体的文档	在 Authorware 6.0/7.0 中就可以直接对 RTF 格式文档进行编辑，在 Microsoft Word 字处理软件中也能将文档保存为 RTF 文件格式
PDF	可以嵌入字体、图像和其他文件，并可包含一个或多个可缩放的页面图片	由 Adobe Systems 创建的、为了在标准纸张上进行打印而设计的可供存储和编辑打印出版的文件格式，很容易在多种计算机平台上被用户浏览和打印，在万维网、印刷物和电子图书阅读器中广泛应用
HTML	一种标记语言，添加了许多特殊的标识性元素，它不是一种十分有效的文本信息储格式，对于某个指定的内容，即便只是纯文字内容,也需要比其他格式更多的存储空间	被使用于当前绝大多数网页中，它可以利用纯文本编辑器或程序编辑器通过手工编写生成，或者 HTML 生成应用软件自动格式化

二、文本信息采集

文本信息采集是指将非结构化的文本信息从海量的文本信息载体(如书籍、网页等)中抽取出来保存到结构化的数据库的过程。文本信息采集是文本信息得以利用的第一步，也是关键的一步。文本信息采集工作直接关系到数字出版中整个内容制作工作的质量。

1. 文本信息采集的原则

文本信息采集首先需要考虑文本信息采集对象选择的原则，一般需要根据出版物形式、知识主题表达的深度、知识覆盖面的广度以及数据总量等要求，进一步明确并细化采集对象。文本信息采集要遵循以下几个原则。

1) 导向性与先进性原则

导向性主要是指所采集的文本内容信息对象要有正确的政治观点和舆论导向，对于涉及意识形态领域的数字出版内容更应该注重导向性原则，在文本信息采集时要把好第一道关。如果在采集文本信息的过程中忽视导向性或把关不严，使得含有政治问题的作品或偏离主流价值观的内容通过出版或传播环节流向社会，不仅会造成恶劣的政治影响，还会给党和国家、出版主体造成严重损失。因此，在采集文本信息时首先要作政治导向分析，在未得出结论前的内容文本信息绝对不能进入采编环节。

先进性主要是考察所采集的文本内容信息对象与文化、科学、技术等领域发展的主流方向是否一致，文本信息的内容是否反映主流文化成果、主流学术思想和主流技术方向。

2) 权威性与学术性原则

权威性主要是指所采集的文本信息的可信度，主要从文本信息来源考察。一般来说，从权威文本信息源中获取的文本信息可信度较高，比如外部链接多的门户网站、域名规范的网站，其页面质量和文本信息质量要高，可信度要高。从原始源中获取的文本信息其可信度要高于从再生源中获取的文本信息，比如采集各学科领域的研究成果文本信息，其原始源是国内外本学科领域的核心期刊、学报和专业期刊，这些文本信息要比其他转载的再生源信息权威性高。

学术性是指所采集的文本信息对象的学术质量，主要从文本信息作者本人的学术造诣以及其学术研究方向两个方面来考察。比如，一个来自学科研究核心机构、代表本专业主流方向的研究成果，其学术价值和内容的可靠性都能得到较好的保障。

3) 可靠性原则

可靠性是指文本信息内容本身的可信度，不仅与文本信息来源相关，而且与发布者相关。比如，同样为包含产品技术参数、功能的文本信息，如果是来自企业自主发布的，其内容的真实性、公正性和可靠性会明显低于具有专业资质的第三方发布的，又如国家技术质量监督总局发布的产品质量文本信息，就要比企业网站发布的产品信息更可靠。对所采集的文本信息仅分析文本信息源的可靠性还不够，还要根据文本信息自身的特性来考察，即使是权威机构发布的文本信息，也要考察其是否代表学科重点研究方向和学术主流方向。

2. 文本信息采集的方法

与媒体素材相比，文本信息的采集更方便、处理更容易。文本信息采集的方法主要有以下几类。

1) 键盘输入

文本信息的键盘输入法是指利用键盘直接输入或按照一定的编码规则来输入文本。这是最早采用的，也是现在计算机最常采用的文字输入方法。其中，英文字符可以直接从键盘输入，无须编码。汉字则必须根据汉字的读音或基本结构用数字或英文字符编码来完成，常用的有拼音输入法、五笔字型输入法等。

键盘输入文本的优点是方便快捷、易修改和处理，不需要附加其他文本采集录入设备。但使用键盘输入文本通常需要理解和记忆键盘对应的字母、数字或对应的中文输入法编码规则，因此输入速度难以提高。

2) 联机手写识别输入

手写输入法是一种用特制的感应书写笔在与计算机接口相连的手写板上书写文字来完成文本输入的方法。手写板结构中使用电阻或电磁来感应专用笔在书写运动中的坐标轨迹，通过计算机文字识别软件所捕捉到笔迹之间的位置关系和时间关系来识别出书写的文字，并把相应的文字显示在文字录入窗口。这种方法符合人们用笔写字的习惯，只要将手写板接入计算机，在手写板上按平常的习惯写字，电脑就能将其识别并显示出来。比如汉王公司的汉王笔、北大方正的如意笔、摩托罗拉公司的慧笔、台湾蒙恬公司的蒙恬笔、清华紫光笔等都能完成文本信息的采集。

联机手写识别输入的优点是使用者不需要专门训练学习就可以即写即得，并且识别率较高，其录入速度取决于书写速度。但不同的字体和潦草的字迹会影响识别系统的识别率。

3) 语音输入

语音输入法是利用语音识别技术将声音信息直接转换成文本的一种输入方法。操作时只需要向计算机发出一个个简单的声音命令即可。首先对着话筒说"开始→程序→Microsoft Office Word"，就可以启动 Microsoft Word，然后开始朗读，计算机在语音识别软件的控制下自动记录语音并写出相对应的文本。目前，语音识别技术整合较好的软件有 IBM 公司的 VIA Voice，国内推出的 Dutty ++语音识别系统、天信语音识别系统、世音通语音识别系统等均被广泛使用。

语音输入法的优点是可以快捷、自然地完成文本录入，可减轻用户使用键盘输入的疲劳。但是，语音识别软件不是一个完善的非特定人识别系统，构建的语音识别系统是与说话者的语音、语调和节奏等声音特征相关，使用前需经过反复训练，使计算机熟悉和识别说话者，即便如此，错字率仍然比较高，特别是一些未经训练的专业名词及生僻字。

4) 扫描仪+OCR 识别输入

OCR 是光学字符识别技术的英文缩写。扫描仪+OCR 识别输入就是将印刷品类纸张上的文字以图像的方式扫描到计算机中，再用 OCR 软件将图像中的文字识别并转换为文本格式的文件。扫描仪本身并不具有文字识别功能，它只能将文本信息扫描到计算机中以图片的方式保存，文字识别则由 OCR 软件处理完成。在实际办公中，批量文字的录入工作往往采用扫描转换的方法来提高文本信息采集速度。被扫描的原稿印刷质量越高，识别的准确率就越高。如果原稿的纸张较薄，透射过来的纸张背面的图形、文字则会干扰识别效果。在各类型扫描仪中，平板式扫描仪由于扫描精度高、速度快而被广泛运用于家庭和办公室环境中。OCR 软件种类比较多，如清华 TH-OCR、汉王 OCR、尚书 OCR、蒙恬识别王、丹青中英文辨识软件等都具有较高的声誉。一些数码相机也提供了 Text(文字)拍摄功能，可以被当作移动的扫描仪使用。

5) 从互联网上获取文本

文本信息也可以从互联网上采集。互联网上有可供免费下载的文本信息，也有付费文本信息。从互联网上免费获取文本信息的方法有两种：①直接复制互联网 HTML 页面上的文本信息，将其粘贴到文字处理软件(如 Word)中；②将互联网上其他格式的文本文件(如 PDF、CAJ)格式的文件下载保存(注意：对有些如 PDF、CAJ 格式的文件，出于版权的考虑，保存好的文本文件只能阅读，不支持直接选择工具栏中的"文字选择工具"选取文字后复制他用)。

从互联网上采集文本信息还可以通过一定的技术手段，基于主题选择性地搜寻那些与预先定义好的主题集相关的页面的文本信息。实现这一过程主要是由 Web 信息采集器(Web Crawler)来完成的。它主要是指这样一个程序，从一个初始的 URL 集出发，将这些 URL 全部放入到一个有序的待采集队列里。根据自定义的任务配置，批量而精确地抽取目标文本文件中的内容，转化为结构化的记录，保存在本地数据库中。例如，乐思网络信息采集系统的主要目标就是解决网络信息的采集问题，其网络信息采集服务目前居于国际领先水平。

三、文本信息的融合

采集文本信息，通常是在某一范围内离散的、多元的、异构的、分散的信息资源，但要考虑如何通过逻辑的或物理的方式组织为一个整体，才能有利于再次利用和服务。

从文本信息资源内容上来看，通常存在着以下问题：①内容交叉重复，影响用户对信息的选择与获取；②存在冗余信息，存在大量使用价值不高的信息，从而干扰用户对信息的获取；③信息资源大部分是孤立存在的，知识关联程度低，无法体现科学知识的内在联系；④信息资源系统大多为二次文献，且二次文献和一次文献之间缺少链接关系，用户难以获得全文。因此，文本信息融合显得特别重要。

1. 基于信息抽取的文本信息融合

文本信息融合处理有助于信息分析人员从内容庞杂的海量电子文本中快速、准确地获取有价值的信息。文本信息融合是指：如果N个文本描述同一事件A，则将N个文本的特征信息按照单文本事件模板(包括时间、地点、人物、关键词及频率分布等)的结构进行同类项合并后，得到的结果作为事件A的完整描述，以事件模板的形式进行展示。与单个文本中抽取到的关键信息相比，多个文本得到的事件关键信息更为完整、准确、贴近事实。

1) 文本信息抽取

判断文本集合中哪些文本在描述同一事件，通过对比标题相似度、对比关键词相似度、对比单文本事件模板填充结果相似度等方法选取重要短语、实体等关键信息组成能够标识该文本的特征向量。

2) 交叉打分印证

假设有A、B两篇文本，经过文本内容预处理、短语合成、命名实体探测、关键信息抽取等过程，分别得到A、B文本的特征向量。得到了A、B文本的标题以及A、B文本的句子集合，将A文本的特征向量映射到B文本的标题、句子，按照加权打分的方式，得出A文本特征向量在B文本标题、句子中的分值。A文本特征向量在A文本标题、句子中本身也有一个按照同样标准打分的分值，两者相比得到一个比值。对B文本的特征向量进行同样的打分过程，最后也得到一个比值。如果两个比值都达到一个阈值，则认为A、B文本反映同一事件，最后，对A、B文本的特征信息进行去重、互补、填写到统一的事件模板中，这样反映出的主题将是完整的、准确的。文本信息融合的技术思路如图2-2所示。

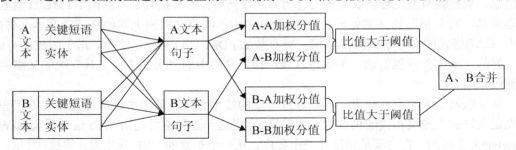

图2-2　文本信息融合技术思路

基于信息抽取的文本信息融合方法，在抽取出单文本关键信息的基础上，通过充分利用关键信息与文句的内在联系，完成不同文主题一致性判别，从而实现相同主题的多文关键信息融合。

2. 基于主题的文本信息融合

一般是以某一主题来采集文本信息，主题越明确，内涵越小，外延越大，覆盖面越广，文本信息挖掘的层次越深，主题的完整性越强。在知识体系中的对位越准确、结构性的关联越丰富，同一主题或同类主题的有效信息量越大，则采集水平越高。

基于主题的文本信息融合，不是简单地由同一主题独立文本组成多文档集合的物理结构。它是借助相关技术软件，对设定的主题进行文本信息融合，对相似文档集合进行加工整理，将这些文档重要的、全面的信息直接提供给用户，以免除人们在获得有效信息的同时所受冗余信息的困扰。多文档文摘是一种文本压缩技术，它将同一主题的文档进行汇总和整理，将多文档集合中的多次重复信息一次出现在文摘中，其他与主题相关的信息根据重要性及压缩比依次进行抽取。与传统的方法相比，具有以下优点：多文档集合以子主题的形式表示，使文摘内容具有更好的平衡性；对子主题进行比较和排序，按压缩比进行文摘句的优化抽取，将重要信息抽取出来，使得到的多文档文摘包含的信息简洁全面；多文档集合子主题形式的提出为多文档文摘的深入研究奠定了基础。

【课堂演练】

假如你是某旅游网站编辑，网站将要为即将来临的"五四"青年节策划一期旅游专题。请你参考穷游、途牛旅游、去哪儿、蚂蜂窝、艺龙旅行、驴妈妈旅游网、携程网、乐途旅游、百度旅游等旅游网站，以"五四结伴走起"为主题，制订基于该主题的文本信息采集原则和思路，并采集不少于 5 篇的文本信息，保存为 TXT 格式。

任务 2　文本信息的审读、整合与内容编辑

【教学准备】

(1) 具有互联网环境的实训教室。
(2) 指定可链接的网页：http://www.hntgov.com/(湖南自助游网)。
(3) 下发"马尔代夫旅游日记 5：吃货心得"文本信息，以供学生进行内容编辑加工。

【案例导入】

马尔代夫旅游日记 5：吃货心得

——节选自驴妈妈旅游资讯

(本文地址为：http://maldives.tt-ly.com/youji/176012.shtml)

对于吃货来说，所有食物都有一个共同的名字——好吃的。

我呢，就是一吃货，所以对于岛上的好吃的特别用心。

马尔代夫酒店提供的餐饮分为三种：BB(Breakfast Board)、HB(Half Board)和 FB(Full Board)，分别指的是只含早餐、半餐(早餐和中餐或早餐和晚餐)以及全餐。从经济角度考虑，我选择的是半餐(早餐和晚餐)，计划早餐晚些吃、晚餐早些吃，中午或半下午饿不住了就吃吃从餐厅顺出来的苹果或橘子，再不行就叫 room service。

满月岛喜来登酒店的自助餐厅叫 Feast(盛宴)，开放时间为：早餐 6:30—9:30；午餐 12:30—14:30；晚餐 18:30—22:00。

早餐非常丰盛，鲜榨的橙汁，现煮的黑咖啡，花样繁多的面包和甜点，清甜爽口的热带水果。不过却没有想象中的各式海鲜，只有一种 smoked fish(熏鱼)，而且每天早上都一样。厨师会在现场根据个人口味制作 omelette、waffle 等小吃，只需要告知需要以及桌号即可;或是挨桌请大家品尝一些新做的点心，味道都很好。我啊，每天都饥肠辘辘直奔餐厅，

一开始是顾不上给那些美味拍照，再加上那么多服务生在旁边，也实在不好意思举着相机对着每样食物咔嚓，所以只用手机在餐厅的照片来了两张而已。

在餐厅，便便还闹过两个笑话。我为了锻炼他的英语，逼他自个和厨师沟通要吃什么。我教他的是："I need an omelette with onions, green pepper, ham, mushroom and double cheese. I also need a fresh waffle."（我需要一个包了洋葱、青椒、火腿、蘑菇和双倍奶酪的煎蛋，还需要一块新鲜的华夫饼）。走过大厅，他直接略去我要的煎蛋部分，问厨师："I need a flesh wolf."（我需要一块狼肉）。吓死厨师了。另一个特可笑的事是，便便非常爱吃水果，我强迫他每吃一样水果前必须说出这种水果的英文单词(我像不像带小孩?)。

思考：这篇网络文章中有哪些问题，你能看出来吗？如果你是编辑，你会如何对内容进行编辑加工？

【知识嵌入】

一、文本信息的审读

不是任何采集到的文本信息都可以直接作为素材资源用于数字出版，不真实、不准确、无来源或来源不明的文本信息，会构成严重的文本信息污染。这些海量的垃圾文本信息极大地浪费了宝贵的文本信息存储和传输资源，严重阻碍了数字出版产业的发展。

文本信息审读又称为"审稿"，它是在文本信息采集归类以后的一项工作任务。审稿是文本信息编辑中重要的一环，也是文本信息修改的前提。

文本信息有自己的特点：①文本信息以一种原生态的形式出现，篇幅短小，一般不讲究传统写作的形式，存在有意用生造词和网络流行语现象；②作者群体大、素质相对较低，"把关人"缺失或把关力度不够，导致文本信息质量不高；③过分关注文本信息的时效性和上传速度，难以保证文本信息的质量。

1. 文本信息审读的原则

审读是正确判断文本信息质量和价值的重要一步，也是做好文本信息内容编辑加工的前提。对采集的文本信息的审读主要在于判定其价值(哪怕只是一些思想的火花)，指明其从形式到内容的不足，为下一步改稿工作做准备。

一般来讲，审读文本信息应该遵循以下原则。

1) 整体性原则

整体审查应符合编辑加工中先定框架后定细节的原则，总体框架合格，细节的精雕细刻才有基础；总体框架不定，最终可能全盘否定，白费工夫。仔细审读所采集的文本信息，从整体的角度对内容价值进行审查，着重审查内容是否符合选题思路、内容的舆论是否存在导向性问题、内容的逻辑结构是否合理、内容的来源是否权威，以及内容的水平。

2) 多角度原则

多角度原则就是运用"发散性思维"，分析文本信息，列出2~5个观点，考查文本信息是否紧扣主题，有哪些角度可能存在问题。比如作者水平、文本来源、内容与主题的统一、文字和数字等的规范、版权以及文本信息所反映的环境等。

3) 筛选性原则

所采集的文本信息很可能包含着许多迷惑信息、多余信息。因此，必须从总体去概括文本信息的"寓意"，筛选出有价值的内容，对冗长多余的内容直接删除以免陷入误区，也给后续的编辑加工减少工作量。

2. 文本信息审读的方法

审读文本信息有以下几种方法。

1) 一般审读与重点审读

所谓一般审读是指通读文本信息，在通读基础上进行审查。审读者首先要读，读懂、读透，深入了解语言文字上所表达的思想，然后才可以根据编辑出版工作标准和审读者积累的业务经验，从导向角度作出准确而中肯的判断。采集的文本信息离不开社会大背景，其内涵与外延都有很丰富的内容，包括社会环境、学科发展、事实的真伪、观点的分寸等都需要首先做一般审读才能做出判断，并力求一次性把审读意见全部提完，避免反复。

所谓重点审读是指根据数字出版的需要对某类文本信息、或根据主题设计的需要着重对文本信息某些方面进行慎重和反复读，以便分清主次，抓住要领。例如，对网络文学作品要加大对低俗、色情内容的审读把关力度，推崇积极、正面、文学水平较高的文本内容；而对于学术性内容应该在思想性和学术水平质量上作出正确判断。对于需要重点审读的内容，不能过于简单空疏，要认真钻研，不怕琐细，由此提出的建设性意见和处理方案才公正合理和明确妥善。

2) 综合审读与解剖审读

综合审读通常是指采用辩证思维既要坚持原则和标准又要从灵活变通和圆润的角度来综合把关文本信息的质量。比如，对文本信息的逻辑结构、主要观点、知识范畴等，都需要通过联想、知识迁移、对比分析等方法综合提取相关信息进行文本信息质量的评判。

解剖审读是在综合审读的基础上，把文本信息依据某个标准进行分类肢解，对所肢解的文本信息，比如按逻辑关系将文本分成若干段，对每一段进行审读；还比如把文本分为文字和图表进行严谨缜密的思考和逻辑推理，以判断文本信息内容中某些指标的变化趋势、结构、比例、特点等是否存在问题。

3) 整体内容审读与局部内容审读

在审读过程中，要处理好整体内容和局部内容的关系。整体内容问题属于"硬伤"，局部内容问题属于"软病"。"硬伤"是指思想观念、语言文字上有明显的违背正确导向的问题，或是属于超越出版范畴和违背出版规定的，必须及时指明并坚决要求改正。"软病"就是从文本或文字本身看，所表达的思想情感不清晰，或存在逻辑关系层次不清、错别字、人名地名有误等纯技术性问题，应及时指出，这也是审读的义务。

当然，无论哪种审读方法，必须注重文本信息的版权保护，尊重原创知识产权。审读通常要撰写审读报告，表达审读者对初审工作的书面意见，包括文本信息的基本情况、文本的优缺点和对文本的处理意见等几部分。审读报告的目的是为了复审或终审时能比较具体而又概括地了解文本信息的全貌。

二、文本信息的整合

文本信息的整合是信息资源优化组合的一种存在状态，是依据一定的需要，对各个相对独立的文本信息中的数据对象、功能结构及其互动关系进行融合、类聚和重组，重新结合为一个新的有机整体，以提高信息传播效率，实现文本信息增值的一种较高层次的编辑手段。文本信息整合能够满足受众渴望原创内容的需求，使数字媒体文本信息增值，实现数字媒体新价值。

1. 文本信息整合的类型

文本信息整合是写作者常用的一种方法。把来自不同渠道的不同文本信息整合在一份文本信息中，也是数字出版编辑利用来自网络的海量文本信息；将多个媒体(既有传统的又有网络的)发布的相关文本信息围绕某主题汇合而成为新文本信息的一种编辑手段。在数字出版内容编辑中，通过文本信息整合往往能够弥补原创性内容的不足。

1) 单文本信息整合

单文本信息整合有单渠道文本信息和多渠道文本信息整合两种类型，二者的相同点在于都是基于原文本信息提供者的文本信息(原稿)进行，不同点在于文本信息渠道有单一渠道和多渠道之分。

单渠道文本信息整合指整合者纯粹利用原文本信息提供者的文本信息和自身知识储备对文本信息进行删减、融合、加工改造。多渠道文本信息整合指整合者利用信息提供者的原文本信息、自身知识储备以及其他渠道来源的同类文本信息对原文本信息进行删减、融合、加工改造。多渠道文本信息整合中仍然包含更多的创造性成分，一般人难以看出整合的痕迹。随着数字出版技术的发展，多渠道文本信息整合在编辑工作中越来越普遍。无论是运用多渠道文本信息进行创作还是编辑，都要注意整合的适度，避免引起版权纠纷。

2) 多文本信息整合

多文本信息整合指整合者利用多个文本信息和自身知识储备，依据某个主题或专题对文本信息进行删减、融合、加工改造，继而获得一个基于某个主题的新文本信息。它与单文本信息整合相比，文本信息来源渠道较多元化，并非基于某一个原文本信息内容，而是基于某一个主题的需要对多个文本信息内容进行取舍，其整合力度也远远大于单文本信息整合力度。

3) 专题文本信息整合

专题文本信息整合是指围绕一个中心话题组织多篇文本信息，依规模(如文本信息的数量)、重视的程度(文本信息内容的价值)、组织的复杂程度(文本信息的形态)又可分为小专题与大专题。小专题往往需要整合的文本信息数量少、内容价值较单一、以文字或图片为主，其他文本信息形态为辅。大专题强调表现力、突出主题、吸引受众，更加注重多种文本信息形态的综合运用，需要整合更多的文本信息、更多元的价值和更复杂的文本形态，以文字为主，其他文本信息形态为辅。

专题文本信息的整合体现了数字媒体的编辑思路和管理水平，标志着数字媒体需要花费人力物力，需要从单一文本信息的内容到形式，从单一文本信息、单一文本形态到多篇文本信息、多种文本形态的整合，以获得符合受众需求的原创效果。

2. 文本信息整合的方法

1) 分解文本信息

分解文本信息是在篇幅较长、信息含量较多且文本信息显露各自相对独立的两个或多个主题情况下采取的一种文本信息拆分编辑手段。分解不是简单的删减，有时甚至还需增补相关文字、提炼主题，提醒受众注意分篇文本信息与综合文本信息的关系，以满足人们对数字出版物快速浏览、"浅阅读"的需要，使得原来一个长篇幅的文本分解成相对独立、文本信息主题单一、头绪简单、篇幅短小的多个文本。

分解文本信息的整合方法运用十分普遍，常见的各网站开设的专题新闻栏目，往往从不同视角对同一新闻事件进行报道，许多专题报道其实就是综合报道的分解。

2) 生成文本信息

生成文本信息是新媒体互动的产物，是编辑在与读者、网友互动中挖掘其感兴趣的话题，从引导网友所提供的话题、短句等文本信息中进行整理、加工、适度采写。这类文本信息是从受众中来(对读者、网友文本信息进行加工)又到受众中去(把加工好的文本信息加以传播)，通常会受到读者的喜欢。对这类文本信息进行整合必须注意做到：①题材要确定，必须围绕数字媒体中心工作组织文本信息，必须是受众感兴趣的话题；②注意文本信息的导向性，网友提供的文本(表现为发帖)虽然热烈和积极，但可能包含着某些网民的情绪，编辑在整合文本信息时要注意引导目标受众理性分析社会热点问题。

3) 超链接

通过超链接技术手段将相关文本信息内容进行整合，以丰富文本信息内容、扩展文本信息外延、满足受众全方位掌握文本信息的需要。

超链接整合的操作流程，一般要通过"关键词"搜索在网上找到相关文本信息，并依据相关度大小对其进行排列，通过超链接的方式延伸报道，或丰富新闻背景、相关知识、相关新闻等内容。值得注意的是，在网上通过搜索引擎得到的结果往往较多，而链接量有限，因此，在整合文本信息时需要对搜索结果加以选择，筛选其中具有代表性观点和内容的文章依次排列，以突出所编文本信息的主题。

整合文本信息时，不能篡改事实，引用他人观点不能断章取义，避免重形式轻内容，切忌把文本信息结构变得不伦不类，无助于编辑意图的表达，丧失了应有的表现力。

三、文本信息的内容编辑加工

采集的文本信息可能存在政治性错误、知识性错误和事实性错误，也存在一定的语法错误、错别字以及数字、符号和行文格式使用不规范等问题。因此，文本信息发布之前必须经过修改。针对文本信息存在问题的不同，对文本信息的修改可以分为绝对性修改(即文本存在着观点、事实、知识性等方面的错误)和相对性修改(即文本本身没有太大缺陷，但在篇幅、角度等方面与文本要求有一定的距离)。具体编辑手段包括文本改正和增补，文本改正是指用正确的内容代替原有的错误内容，对于无法替代的可以直接删除；增补是指对于文本中所缺乏的一些信息内容进行补充，如交代故事背景、补充解释概念等。

1. 修改政治性错误

文本信息中的政治性错误，一般指的是在国家性质方面与中央、国家的信念价值观不一致等方面的错误。政治性错误造成的社会危害大影响深远，在文本信息内容编辑工作中要坚决杜绝此类错误。为此，编辑要加强自身的政治思想修养，提高自身的业务素质，自觉地做好传播导向工作。概括起来，文本信息中的政治性错误主要有以下三种情形。

(1) 政治观点错误。

政治观点错误涉及党和国家的方针、政策、民族、宗教等诸多方面。比如，在论述国家的方针、政策时，杜绝曲解和片面理解。当论及民族问题和宗教的渊源、发展、派别、现状等情况时，务必言出有据，字字落实。文本中不应有大民族主义、地方民族主义以及民族分裂主义的言论，不应出现宣扬宗教教义、教规，特别是宣传邪教的文字，应坚决杜绝。

(2) 政治导向错误。

政治导向错误涉及思想道德、理想信念以及外文中的政治观点等诸多方面。在文本的字里行间应渗透民族教育、爱国教育、理想信念和文明行为规范教育的正确导向，要坚决删除与社会主义道德观、共产主义理想信念相违背的内容。如网络新闻中出现的赌博和压岁钱数额比较的题目，对青少年颓废心理和自杀倾向论述过多的文字，渲染暴力、血腥的文字，都应删除。还要注意插图中人物的形象是否得体，切忌将正面人物丑化。对散布在外文、繁体原文或译文中的带有西方政治观点和违背我国基本国情并破坏中华民族感情的文字进行删改，问题严重的要全文撤换。如台湾一些作家写的繁体文章，做简体转换时务必要注意其作文时的政治立场。

(3) 国名(地名)、人名、重大事件等错误。

涉及我国领土主权的国界与地名、党政机构名称及国家领导人姓名和职务、一些国际组织的提法、港澳台的提法，以及重要人物、事件的时间和史实等，务必要尊重权威出处，符合出版规范。比如，凡是带国界的地图，均以权威出版社（中国地图出版社）出版的最新版地图和教材中的地图为准，不要出现遗漏或国家边境线不清等错误；在行文中提到我国的台湾地区、香港特别行政区、澳门特别行政区时，不能将它们与我国和其他国家相提并论；使用"北朝鲜"（英文 North Korea）来称呼"朝鲜民主主义共和国"也是不允许的。

2. 修改知识性错误

文本信息中出现知识性错误的原因，一是由于原作者或编辑对相关的科学知识缺乏，二是错用文字所致。在文本信息内容编辑加工中要尽可能少犯甚至不犯知识性错误。编辑遇到自己不理解的知识要敢于质疑，要勤于查阅工具书、相关书籍或请教专家。

3. 修改事实性错误

文本信息中涉及的事实可能是不真实的，甚至完全是捏造的(如假新闻)。常见的有事实有误、年代有误、数据有误等。造成文本信息中内容失实可能存在主观想象、夸大事实、捕风捉影、东拼西凑、无中生有等。

分析和调查是发现并改正事实性错误的两种行之有效的方法。利用文本信息提供的事实(特别是文本中的细节)、编辑自身的文本信息积累、作者的写作条件等进行推理分析，以便发现其中不合逻辑的地方。对存疑的事实采用多种办法进行核对，如与作者或其他相关人员取得联系，求证事实真相。

4. 修改语法错误

文本信息中的语法错误即病句。辨析病句常用的方法有：语感审读法、紧缩法、造句类比法、逻辑意义分析法。常见的病句形式有语序不当、搭配不当、成分残缺与多余、结构混乱、表意不明、不合逻辑、句式杂糅、指代不明、用词错误等。

1) 语序不当

语序不当主要表现在定语和中心语的位置颠倒、定语放在状语的位置上、状语放在定语的位置上、多层定语语序不当、多层状语语序不当。

例句1：我国目前数字出版人才的培养，还不能完全适应市场需要(定语和中心语的位置颠倒，应将"数字出版人才的培养"改为"培养的数字出版人才")；

例句2：广大考生表现出无比的复习迎考的热情(定语放在状语的位置上，应将"无比的"调至"热情"前)；

例句3：我们应该发挥广大青年的充分的作用(把状语放在定语的位置上，应将"充分"调至"发挥"前，并删掉一个"的")；

例句4：省博物馆展出了几千年前刚出土的文物(多层定语语序不当，应将"几千年前"调至"文物"前，后加"的")；

例句5：我们再也不是任意被列强欺侮的国家了(多层状语语序不当，应将"任意"调至"欺侮"之前)。

2) 搭配不当

句子中的搭配不当表现为主谓搭配不当、动宾搭配不当、修饰语和中心语搭配不当、主宾搭配不当和关联词语搭配不当等几种情形。

例句1：他的革命精神时刻浮现在我眼前(主谓搭配不当，"精神"与"浮现"不能构成主谓关系，可将"精神"改为"形象")；

例句2：纪念三八节的到来(动宾搭配不当，"纪念"的只能是"三八节"，不能是"到来")；

例句3：我们严肃地研究了游客的建议，又虚心地征求了专家们的意见(修饰语和中心语搭配不当，"严肃"不能修饰"研究"，可以改为"认真"、"慎重"等)；

例句4：我们坚信，有这么一天，中国的出版业将成为发达的国家(主宾搭配不当，应将"国家"改为"产业")；

例句5：既然你来了，我也该走了(关联词语搭配不当，"既然"和"也"不能搭配使用，应将"也"改为"就")。

3) 成分残缺与多余

在句子结构中缺少成分，尤其是在一些长句中，作者顾此失彼。有时，句子存在一些让人感觉多余或者用词画蛇添足的句子成分，妨碍句意表达。

例句1：由于她这样好的成绩，得到了老师和同学们的赞扬(缺主语，应改为：由于这样好的成绩，她得到了老师和同学们的赞扬)；

例句2：旧社会，劳动人民吃不饱、穿不暖的生活(缺谓语，在"吃"前加"过着")；

例句3：他们胸怀祖国，放眼世界，大力发扬了敢拼敢搏，终于夺得了冠军(缺宾语，

应在"敢搏"后加"精神");

例句4：一开春，小麦就长得很好，获得了可喜的收获(缺少必要的附加成分，应在"获得"前加"夏季"以限制时间);

例句5：这次学术会，收获很大，时间并不长(关联词语残缺，应在"时间"前加"尽管"一词);

例句6：我们的革命前辈，为了人民的利益，他们流了多少血，献出了多少宝贵的生命(主语多余，前边有了主语"革命前辈"，因而"他们"不必要有);

例句7：考生们正在努力复习，迎接高考的到来(谓语多余，迎接的是高考，而不是到来，故应删去"的到来";

例句8：今天，我来到扬州瘦西湖的地方，游览了白塔、钓鱼台和五亭桥等风景点(宾语多余，"的地方"应去掉);

例句9：在这篇文章中，为精简字数，我们不得不略加删改一些(附加成分多余，"一些"与前"略加"重复，可以删掉一个)。

4) 结构混乱

结构混乱包含句式杂糅和语句杂糅两种情况。同一个意思可以选择不同的句式或语句来表达，但每次只能选择一种，不能同时使用两种或两种以上句式或语句表达，那样会造成句子结构的混乱。

例句1：你不认真学习，那怎么可能有好成绩是可想而知的(句式杂糅，把反问句和判断句式糅在一起，破坏了句子结构和语气的完整。如果用反问句，应是"那怎么会有好的成绩呢"？如果用判断句，应是"成绩不好是可想而知的");

例句2：上海文艺出版社出版的《生存》，作者是一位蛰居海外二十多年的加拿大籍华裔作者之手(语句杂糅，是主谓谓语句和动词谓语句杂糅而成，要去掉句末的"作者之手")。

5) 表意不明

表意不明包含指代不明和句子歧义两种情形。

例句1：有人主张接受，有人反对，他同意这种主张(指代不明，这种主张到底是指接受，还是反对，交代不清);

例句2：妹妹找不到爸爸妈妈心里很着急(句子歧义，究竟是妹妹心里着急呢？还是爸爸妈妈心里着急呢？或是妈妈心里着急呢？)。

6) 不合逻辑

不合逻辑是文本信息中经常出现的一类问题，往往造成语句或句意前后矛盾。这是由作者不经意间所犯逻辑错误引起的。

例句1：他是在这次50年不遇的冰雪灾害中多少个死难者中幸免的一个(自相矛盾，既然幸免，自然是没有死，不能说是死难中的一个);

例句2：从事业的发展上看，还缺乏各项科学专家和各项人才(范围不清，各项人才包括科学家，不宜并列，应说"各学科的专家和其他人才");

例句3：我两次看见他从这个工厂走出来，我才知道这个热心帮助病人的老人原来是个工人(强加因果，凭两次看见老人从工厂里走出来就断定他是工人，理由不充分);

例句4：几年来，他无时无刻不忘搜集、整理民歌，积累了大量的资料(否定失当，无时无刻即任何时候都，句子表述刚好相反)。

7) 用词错误等

因作者对某些词的误解而造成这些词的误用。

例句1：紫薇餐厅明天开始营业，消息传出，社区居民口耳相传。

该句中"口耳相传"好像是"互相传递消息"，其实指"口说耳听地往下传授"，这就是作者对熟语"口耳相传"理解有误造成的，该词在"有许多非物质文化遗产是靠口耳相传一代代保留下来的"中使用正确。

例句2：上级两袖清风，下级就会廉洁自律；领导带头苦干，群众自会不甘人后。如此上行下效，社会风气就会逐步好转。

例句中"上行下效"意指"上面的人或长辈怎么做，下面的人就学着怎样做"。多指不好的事情，用在此句中感情色彩有误。

5. 修改错别字

错别字是错字和别字的总称。因时效性强、数量庞大、相对运营成本低、把关人角色缺失等原因，错别字在数字出版物的文本信息中出现的频率相当高。通常错别字表现为偏旁部首错误、同音不同义错误或由于输入文本时联想词选择错误。改正文本信息中的错别字，是文本信息修改的主要任务之一。这需要编辑勤用字典和词典，对于成语及常见短语中的同音字要加以辨认，也需要平时的积累，不断积累业务经验，识别由于不同文本采集方法所造成的常见错别字情形。例如，相形见拙（"拙"应为"绌"）、穿流不息（"穿"应为"川"）、原形必露（"必"应为"毕"）、鬼计多端（"鬼"应为"诡"）、暴殓天物（"殓"应该为"殄"）。

6. 修改标点符号使用错误

标点符号是点号和标号的合称。点号主要表示说话时的停顿和语气，有句号、逗号、问号、叹号、顿号、分号和冒号7种。标号主要标明语句的性质和作用，常见的有引号、括号、省略号、破折号、着重号、连接号、书名号、间隔号和专名号9种。

标点符号不是文字，也不涉及语法，但在写作中它们的重要作用不能被忽略。正确使用标点符号能传情达意、统一规范，使所编文本信息获得更好的传播效果，是编辑义不容辞的责任。改正文本信息中标点符号错误也是编辑文本信息的一项重要内容。

例句1：我们曾去过六、七个这样的购物中心，看到有二、三十位老人买这种健身器材(概数之间不需要使用顿号)；

例句2：全国人大常委会颁布了禁毒条例，对制造、贩卖、运输、非法持有毒品、非法种植罂粟、大麻等毒品原植物，引诱、教唆他人吸食、注射毒品等，都做了严厉的处罚规定(文中引用的法律条款应该使用书名号)。

7. 修改单位和数字使用的错误

单位和数字的使用有严格的规范。单位使用必须依据国家标准，详见国家技术监督局发布的《GB3100~3102—93 量和单位》。在文本中使用单位的常见错误有：按规定已经停止使用的非法定单位仍在使用，单位名称表述不规范。

例句：实验从13 h 3 min 25 s开始(应该修改为：实验从13时3分25秒开始)。比赛用时12:15:30(应修改为：比赛用时12 h 15 min 30 s)。

数字常常与相应的计量单位结合起来，用来表示事物量的大小、多少，对事物的量具有规定性。数字既有阿拉伯数字，也有汉字数字可以采用，还有罗马文数字(不常用)，详见国家技术监督局发布的《GB/T15835—95 数字用法》。阿拉伯数字使用的总体原则是：物理量量值必须用阿拉伯数字，并正确使用法定计量单位。计数与计量以及统计表中的数值，正负数以及小数、百分数、分数、比例也必须采用阿拉伯数字。

例句 1：一幢建筑物的高度为 30 m。

例句 2：今天的气温为 25℃等。

例句 3：78% 、4/5 、1∶200 等。

凡是可以使用阿拉伯数字而且又很得体的地方，均应使用阿拉伯数字。

例句 1：2014 年 12 月 5 日 13 点 15 分 20 秒。

例句 2：每日吃 3 次，每次吃 3 片。

例句 3：中国人民解放军 8341 部队。

对于定型的词、词组、成语、惯用语、缩略语或具有修辞色彩的词语作为语素的数字，成语、惯用语、缩略语涉及的数字的，具有修饰和限制特定的词、词组作用的等修辞色彩的数字语素，相邻的两个数字并列连用表示概数和带有"几"字的约数等情形，都必须使用汉字数字。例如：三叶虫、十滴水、十一届三中全会、三番五次、一把手、三教九流、第一次、红四方面军、三五个、七八天、十五六岁等。

对于中国的干支纪年方式和夏历月日、清代及清代以前的历史纪年、各民族的非公历纪年，以及特定事件、特定节日和特殊意义的词组，可采用汉字数字。例如：甲午年三月十四日、正月初一等；嘉靖八年；藏历阳木龙年三月十五日；五四青年节。

8. 修改行文格式及其他问题

行文格式本无所谓对错，它只是文本信息一种约定俗成的外在形式。问题在于格式一旦在读者心目中形成，任何不统一都会影响阅读效果和传播效果。

其他问题包括文本信息中出现图文不符、表格数据有误、时间地点人物的不准确表述、地点人物译名的不统一。例如，对采集的文本进行修改时，往往要修改"昨日""今日""本市"等表述时间和地点不确切错误。涉及国外人名地名时应使用通用译名，如"达·芬奇"不能译成"达文奇"；"新加坡"不能译成"星加坡"(港台称法)；"新西兰"不能译成"纽西兰"等。

【课堂演练】

(1) 阅读案例"马尔代夫旅游日记 5：吃货心得"中文本信息，撰写审读意见。

(2) 找出下列各组成语中的错别字并加以修改。

① 天罗地网　　鹬蚌相争　　不屈不桡　　温情脉脉

② 画龙点睛　　滥竽充数　　再接再励　　诡计多端

③ 沧海一粟　　穿流不息　　源远流长　　老奸巨猾

④ 凤毛鳞角　　湍湍不安　　相形见绌　　力能扛鼎

(3) 请挑出下列各句的语病并加以修改。

① 我们应该发挥广大青年的充分的作用，让他们在亚太市长峰会期间各显其能，使来

宾们从中感受到重庆青年的友好。

② 一位优秀的有 20 多年教学经验的我们学校的语文教师，调到北京去了。

③ 他清楚地记得，一周前，一个人背着一个黑色的皮包，从这条小路匆匆地走进村子，径直走进了王明那有些破败的小院。

④ 奥斯特洛夫斯基的《钢铁是怎样炼成的》对于中国青年是不陌生的。

⑤ 今后的路该怎么走，他们在探索着，他们在判断着，他们在寻找着，他们在思考着。

(4) 审读、修改任务 1 中课堂演练所采集的 5 篇 TXT 格式文档，将它们按照主题要求整合成一篇文档，字数 1000～1500 字，图片 3～5 幅。

任务 3　使用 Word 2007 编辑文本

【教学准备】

(1) 多媒体网络教室。

(2) 安装 Windows 系统及 Office 2007。

【案例导入】

Word 2007 正逐步走入我们的工作和生活

在很多人眼里，漂亮的版式设计通常只有专业照排和印刷厂利用专业的排版印刷工具才能完成。其实，对文本信息进行形式编辑(即排版)，可以借助办公文字处理软件来完成。当前普遍应用的文字处理软件有基于 Windows 平台的 Microsoft Word 中文处理软件、WPS Office 金山文字处理软件和台湾友立(Ulead)公司推出的 COOL 3D 三维文字制作软件。借助这些文字处理软件及相关的输入输出设备，通过简单的操作也能够达到专业出版的排版设计要求。

Microsoft Word 是 Microsoft Office 的重要组件，它提供了良好的图形用户操作界面，具有强大的编辑排版功能和图文混排功能，可以方便地编辑文档、生成表格，插入图片、动画和声音，可以生成 Web 文档。其操作实现了"所见即所得"的编辑效果。Word 2007 正逐步走入我们的日常工作和生活。与 Word 2003 相比，Word 2007 最明显的变化就是取消了传统的菜单操作方式，以各种功能区取代，每个功能区根据功能的不同又分为若干个组，包含各项排版功能。

如果我们排版时需要在页面的外侧留白、在正文与留白的交界处需要添加分割线(见图 2-3)等，如使用 Word 2007 能完成吗？

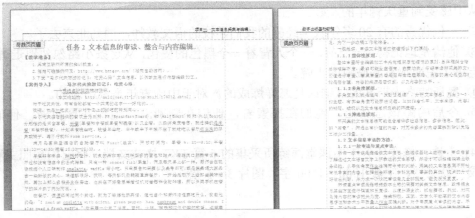

图 2-3　Word 排版的效果图

【知识嵌入】

运用 Word 2007 对文本信息进行形式编辑加工处理，包括新建文本、获取文本内容、版面设置、文本内容排版、设置文字效果、添加图片和表格、设置页面、保存并输出文本等流程。

一、认识 Word 排版软件

1. word 工作界面

Word 的启动速度快，操作界面友好，功能较为齐全，在系统可靠性、多媒体支持、网络协作及程序易用性等方面都比较完善。剪辑管理器让用户能更方便地管理自己的多媒体剪辑；手写输入、语音控制等功能将冲击传统的输入方式，使 Word 成为一个真正的现代化办公工具，如图 2-4 所示。

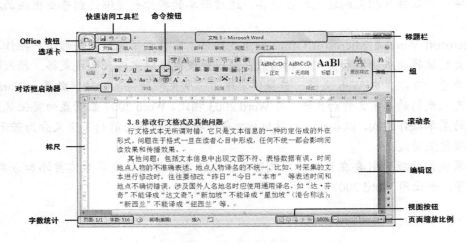

图 2-4　Word 2007 应用程序主界面

1) 功能区介绍

在 Word 2007 窗口上方看起来像菜单的名称其实是功能区的名称，每个功能区的选项卡根据功能的不同又分为若干个组，拥有各项排版功能。

"开始"功能区中包括"剪贴板"、"字体"、"段落"、"样式"和"编辑"5 个组，该功能区主要对文档进行文字编辑和格式设置。"插入"功能区包括"页"、"表格"、"插图"、"链接"、"页眉和页脚"、"文本"、"符号"和"特殊符号"几个组，主要在 Word 2007 文档中插入各种元素。"页面布局"功能区包括"主题"、"页面设置"、"稿纸"、"页面背景"、"段落"、"排列"几个组，用于设置文档页面样式。"引用"功能区包括"目录"、"脚注"、"引文与书目"、"题注"、"索引"和"引文目录"几个组，用于实现在 Word 2007 文档中插入目录等比较高级的功能。"邮件"功能区包括"创建"、"开始邮件合并"、"编写和插入域"、"预览结果"和"完成"几个组，专门用于在 Word 2007 文档中进行邮件合并方面的操作。"审阅"功能区包括"校对"、"中文简繁转换"、"批注"、"修订"、"更改"、"比较"和"保护"几个组，主要用于对文档进行校对和修订等操作，适用于多人协作处理长文档。"视图"功能区包括"文档视图"、"显示/隐藏"、"显示比例"、"窗口"和"宏"几个组，主要用于设置操作窗口的视图类型，以方便操作。"加载项"功能区包括菜单命令和工具栏命令两个组，加载项可以为 Word 2007 安装附加属性，如自定义的工具栏或其他命令扩展，也可以在 Word 2007 中添加或删除加载项。

2) 常用工作要素介绍

(1) 开本。开本是指将整张纸裁开成为若干等分的份数，用来表明书本的大小。在以往的一段时间里，我国使用了一种与国际通用标准不一致的旧开本标准，随着出版标准与国际标准接轨，现在出版社一般都采用国际通用的开本标准制作书籍，如表 2-2 所示。

表 2-2　书籍出版常用开本新旧标准尺寸规格对照表

新开本标准	旧开本标准
A4　210×297 mm	16 开　189×260 mm
A5　148×210 mm	32 开　130×185 mm
A6　105×144 mm	64 开　90×128 mm

(2) 扉页。扉页是指在封面之后的第一页，印着书名、著者、出版单位等信息。

(3) 版心。版心是指放置正文和图片等内容的中间部分，也就是排版范围。

(4) 版面。版面是指每一页上的文字、插图等的排列方式。

(5) 页眉和页脚。页眉是指在每一页正文顶端出现的相对固定的文字、图片或符号。页脚则是出现在每一页底端的有关信息，如页码、页数、日期等。页眉可以设置成全部一样，也可以设置成奇偶页不同。

2. 基本编辑操作

1) 启动 Word 2007

启动 Word 2007 的方法有很多种，最常用的有以下 3 种。

(1) 使用"开始"菜单启动。单击桌面左下角的"开始"按钮，弹出"开始"菜单栏，选择"所有程序"→Microsoft Office→Microsoft Office Word 应用程序,即可启动 Word 2007。

(2) 使用桌面快捷方式启动。如果在 Word 2007 的安装过程中,根据提示在桌面上建立了 Word 2007 快捷图标,用户只需双击该快捷图标,即可启动 Word 2007。

(3) 直接启动。在资源管理器中,找到要编辑的 Word 文档,直接双击此文档即可启动 Word 2007。

2) 创建 Word 2007 文档

文档就是使用 Word 2007 制作的文件,在 Word 中创建文档是进行文字处理的先决条件。启动 Word 2007 时,单击 Office 按钮,在弹出的菜单中选择"新建"命令,将弹出"新建文档"对话框。在该对话框左侧的"模板"列表框中选择"空白文档和最近使用的文档"选项、"已安装的模板"选项、"我的模板…"选项、"根据现有内容新建…"选项 4 种方式,可分别创建一个空白文档、根据"已安装的模板"新建文档、根据"我的模板"新建文档、根据"现有文档"新建文档。

3) 导入文本

启动 Word 2007 新建一个文档,并将已经录入的文字内容导入到这个新建文件中。切换到功能区的"插入"选项卡,在"文本"工具区单击"对象"右侧的下拉按钮,在弹出的下拉菜单中选择"文件中的文字"命令,打开"插入文件"对话框,如图 2-5 所示。在其中选择文件的保存位置并选定多个文件,单击"插入"按钮,则将选定文件的内容插入到新文件中。插入后可能会打乱顺序,利用剪切、粘贴的办法调整位置即可。

4) 选定文本内容

要对文本进行格式设置,或者进行删除、移动、复制等操作,首先要选定文本。选定文本一般用鼠标或者鼠标和键盘相结合的方法选取:将光标置于要选定文字的开始位置,按住鼠标左键不放并拖动鼠标到要选定文字的结束位置松开;或者将光标置于要选定文字的开始并按住 Shift 键,然后在要选定文字的结束位置单击,也可以得到同样的效果;还可以采用快捷方式进行选定,如表 2-3 所示。

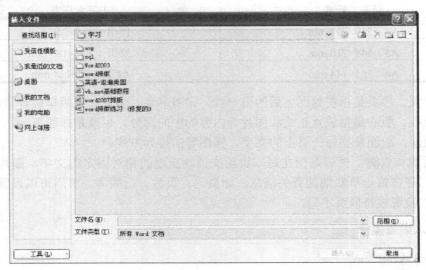

图 2-5 "插入文件"对话框

表2-3　快捷方式选定文本内容的方法

选定范围	操作方法
句	按住 Ctrl 键，单击文档中的一个地方，鼠标单击处的整个句子就被选取
一行	将鼠标移到该行左边首部，光标变成斜向右上方的箭头，单击
多行	在开始行的左边单击选中该行，按住 Shift 键，在结束行的右边单击
段落	将鼠标移到该段落左侧，待光标改变形状后双击或者在该段落中的任意位置双击鼠标
全文	将鼠标移到文档左侧，待鼠标改变形状后三击鼠标，或者按 Ctrl+A 快捷键

5) 删除、移动和复制文本

删除、移动和复制文本的方法如表2-4所示。

表2-4　删除、移动和复制文本的方法

编辑方式	操作方法和步骤
删除文本	选定要删除的文本，按 Backspace 键，或按 Delete 键
移动文本	菜单命令法：选择需要移动的文本，使用"剪切"按钮或快捷键 Ctrl+X 对文字进行剪切；使用"粘贴"按钮或快捷键 Ctrl+V 将文本粘贴到需要移动的位置 鼠标拖动法：选中要移动的文字，按住鼠标左键，拖动鼠标指针，将文本移动到要插入的位置后释放鼠标
复制文本	菜单命令法：选定要重复输入的文字，使用"复制"按钮或快捷键 Ctrl+C 对文字进行复制；使用"粘贴"按钮或快捷键 Ctrl+V 将需要重复的文本粘贴 鼠标拖动法：选定要重复输入的文字，按 Ctrl 键和鼠标左键，拖动鼠标指针，将需要重复的文本移动到要插入的位置后释放鼠标和 Ctrl 键

6) 查找和替换

利用 Word 2007 提供的查找和替换功能，可以很方便地完成查找和替换工作。

(1) 查找。利用"开始"功能区中的"查找"按钮或快捷键 Ctrl+F 打开"查找和替换"对话框，设置开始查找的位置(如文档的首部)，在"查找内容"文本框中输入要查找的文本，单击"查找下一处"按钮，即可在文档中进行查找。如果要继续查找，可以再次单击"查找下一处"按钮。若对查找有更高的要求，则单击"更多"按钮来实现。

(2) 替换。在打开的"查找和替换"对话框中设置开始替换的位置，切换到"替换"选项卡，在"查找内容"文本框中输入要替换的文本，然后在"替换为"文本框中输入新的文本，然后单击"替换"按钮。若要替换所有查找到的内容，可以单击"全部替换"按钮。

7) 撤销和恢复

(1) 撤销。单击快速访问工具栏中的"撤销"按钮或者按下 Ctrl+Z 组合键，则可取消上一次所做的操作。如果要撤销多次操作，可以单击快速访问工具栏上"撤销"按钮右边的下拉按钮，打开下拉菜单，从中选择要撤销的操作步骤。

(2) 恢复。恢复和撤销是相对应的，用于恢复被撤销的操作。单击快速访问工具栏中的"恢复"按钮或者按下 Ctrl+Y 组合键。

二、利用 Word 2007 排版

运用 Word 2007 对文本进行排版，大致包括版面设置、文本内容排版、添加图片和表格、页面设置、保存并输出文本等流程。

1. 版面设置

1) 设置开本大小

在"页面布局"功能区，单击右下角的按钮，弹出"页面设置"对话框，在"纸张大小"选项组中可设置开本大小，如图 2-6 所示。

2) 设置版心

A4 默认规格版心标准是高×宽为 24.62 厘米×14.66 厘米。改变上、下、左、右的页边距可修改版心大小。在"页边距"选项卡中将上、下、左、右的边距设置为新的值，若不需要双面打印，则在"多页"下拉列表框中选择"对称页边距"选项。如设置版心为 16.6 厘米×23.7 厘米，则将上、下边距设为 3，左、右边距设为 2.4、2.2 即可，如图 2-7 所示。

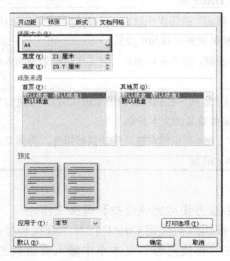

图 2-6　设置开本大小

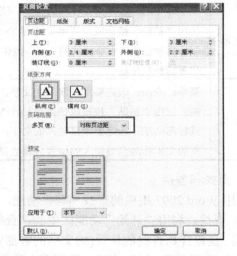

图 2-7　设置 A4 版心大小为 16.6 厘米×23.7 厘米

3) 纵横混排、合并字符、双行合一

导入的文本一般是横排文字版式。要实现纵横混排的特殊排版效果，首先需要选定文字，并设置好字体、字型、字号、颜色等，接着在"开始"功能区的"段落"组中，单击"中文版式"按钮，在弹出的下拉菜单中选择"纵横混排"命令，如图 2-8 所示。合并字符和双行合一的操作方法与纵横混排相同。

图 2-8　中文版式按钮

4) 分栏与制作跨栏标题

(1) 分栏。Word 2007 可将文档分成两栏甚至更多的栏。选定需分栏的文本或整篇文档，在"页面布局"功能区的"页面设置"组中单击"分栏"按钮，在弹出的下拉菜单中选择已经定义好的栏数，如图 2-9 所示。还可以选择"更多分栏"命令，在弹出的"分栏"对话框中做进一步的设置，如图 2-10 所示。

项目二 文本信息的采集与编辑

图2-9 "分栏"按钮

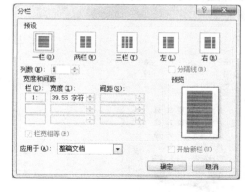

图2-10 "分栏"对话框

(2) 制作跨栏标题。对文档进行分节，每节设置不同的栏数，将标题单独作为一节只设置 1 栏(即标题不分栏)即可产生跨栏标题。将插入点移到标题下面正文的第一个字符前，标题和正文之间插入了一个"连续"类型的分节符，选定标题以下的需要分栏的文本设置分栏即可。也可以在文本设置分栏之后，选定标题文本，单击工具栏中的"分栏"按钮，在弹出的下拉菜单中选择"1 栏"(也就是不分栏)命令，完成后就成为跨栏标题了。

2. 文本内容排版

文本内容排版包括标题样式的设置和使用、字符和段落的格式化等一系列内容。

1) 设置样式

在排版过程中，许多文档对象都需要使用相同的字体、段落、边框等格式，如文章标题、章节标题、正文内容等，使用样式设置则可以快速改变文本的外观，且能保持长文档中同类对象设置的一致性。

(1) 设置标题样式。总标题的设置很简单，选中总标题后单击工具栏中"样式"右侧的下拉按钮，然后在弹出的下拉菜单中选择"标题"选项即可。

自定义标题样式的操作：切换到"开始"选项卡，在"样式"组中单击右下角的箭头，弹出"样式"工具栏，如图 2-11 所示。在其最下端单击"新建样式"按钮，弹出"根据格式设置创建新样式"对话框，如图 2-12 所示。首先，在"名称"文本框中输入标题样式名称，如"章标题"；在"样式类型"下拉列表框中选择"段落"选项，在"样式基准"下拉列表框中选择"标题 a"样式，在"后续段落样式"下拉列表框中选择"正文"样式。其次，设置字体格式和段落格式。设置完成后单击"确定"按钮。节标题、小节标题的样式设置可仿照此方法进行。

(2) 设置编号样式。若章标题是以"第 1 章××××"、"第 2 章××××"……的形式，节标题以"1.1"、"1.2"……的形式有规律地使用，这时应在标题样式中利用多级编号功能对标题进行自动编号设置。具体设置方法如下：切换到"开始"选项卡，在"段落"组中单击"多级列表"按钮，如图 2-13 所示，弹出多级列表下拉菜单，如图 2-14 所示。选择"定义新的列表样式"命令，打开"定义新列表样式"对话框，如图 2-15 所示。单击"格式"按钮，弹出"定义新多级列表"对话框，如图 2-16 所示。单击"确定"按钮，章标题编号就设置好了。节标题编号的设置方法同章标题。所有的设置结束后，单击"确定"按钮。除标题样式外,还有一些样式也需要设置,如正文样式、提示样式等,均可仿照上述过程进行。

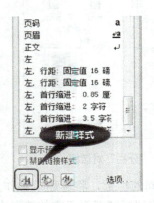

图 2-11 样式工具栏

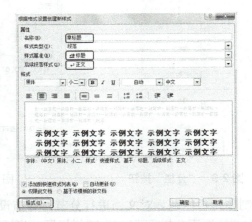

图 2-12 "根据格式设置创建新样式"对话框

图 2-13 单击"多级列表"按钮

图 2-14 多级列表下拉列表

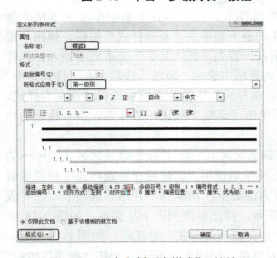

图 2-15 "定义新列表样式"对话框

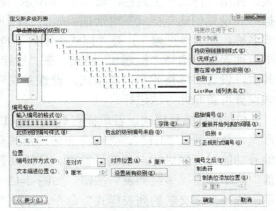

图 2-16 "定义新多级列表"对话框

(3) 应用样式。排版时必须严格按照已经自定义的标题样式、正文样式要求，在合适的位置应用这些样式。比如章标题样式应用就是将插入点置于某章标题的任意位置，单击"开始"功能区中的"样式"按钮，在弹出的列表中选择"章标题"选项即可。节标题、小节标题、正文样式等的使用方法与此相同。

2) 设置字符格式

在 Word 2007 中对字符格式的设置包括字符的字体、字形、字号、字符间距，有时还需要设置颜色、下划线、阴影、阴文、阳文、着重号、空心等字符效果。

(1) 设置字体、字形和字号。首先选定需要改变字符格式的文本，利用工具栏中的按钮设置字体、字形、字号等。如果要进行更加复杂的字体设置，则使用"开始"功能区的"字体"组，在打开的"字体"对话框中进行设置。

(2) 设置阴影等字体效果。打开 Word 2007 文档窗口，选中需要设置字体效果的文本块，然后在"开始"功能区的"字体"组中单击显示"字体"对话框的按钮，如图 2-17 所示。在"字体"对话框的"效果"选项组中显示出 Word 2007 支持的字体效果，如图 2-18 所示。选中相应效果的复选框，并单击"确定"按钮即可。

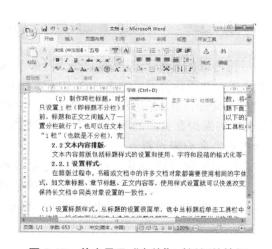

图 2-17　单击显示"字体"对话框的按钮

图 2-18　"字体"对话框

(3) 设置艺术字三维效果。在 Word 2007 文档中，艺术字的三维效果包括颜色、深度、方向、照明和表面效果等属性。打开 Word 2007 文档窗口，选中需要设置三维效果的文字或文本块；在"艺术字工具/格式"功能区中单击"三维效果"组中的"三维效果"按钮，在弹出的下拉菜单中选择合适的三维效果类型；再分别在"三维效果"菜单中指向"三维颜色"、"深度"、"方向"、"照明"、"表面效果"等选项中对文字进行颜色、深度、方向、照明和表面效果的设置。

(4) 设置上标和下标效果。字符上标和下标设置在"字体"对话框的"字体"选项卡的"效果"选项组中，如 x^3 或 A_1 就是通过上标、下标设置后出现的字符效果。比如 x^3 的设置，先按照常规方式输入字符"x"和"3"，然后选中需要将其作为上标的字符"3"，在"字体"对话框中选中"上标"复选框就可得到所需的上标效果 x^3。A_1 的设置与此类似。

3) 设置段落格式

（1）设置对齐方式。Word 2007 提供了 5 种对齐方式，分别是左对齐、右对齐、居中对齐、两端对齐和分散对齐。在"开始"功能区下的"段落"组中，可以对一个段落或几个段落进行对齐方式的设置。

（2）设置段落缩进和间距。段落缩进是指段落中各行相对于页面左右边界向内缩进的距离。在 Word 2007 中有左缩进、右缩进两种普通缩进格式，以及首行缩进、悬挂缩进两种特殊格式。"首行缩进"改变的是所选段落文本第一行的左缩进，"悬挂缩进"改变的是所选段落文本除第一行以外的所有行的左缩进。间距设置包括段间距和行距，也在"段落"对话框中相应的选项卡中进行设置。

4) 设置边框和底纹

Word 2007 中添加边框和底纹的方法有两种，分别通过"开始"选项卡的"字体"组和"段落"组中的"边框和底纹"相关工具按钮进行设置。前一种方法操作便捷，但可以设置的效果种类较少，如果对文档的边框和底纹有"样式"、"颜色"、"宽度"、"填充"、"图案"等较高要求，则应该采用第二种方法进行设置。

5) 设置项目符号和编号

在排版中为了强调某些内容之间的并列关系、顺序关系，以便使内容变得层次分明，经常要用到项目符号和编号这两种格式。

（1）添加项目符号和编号。选定需要添加项目符号或编号的若干段落，在"开始"选项卡的"段落"组中项目符号和编号工具按钮中选择一种项目符号，或者在选定区域右击，在弹出的快捷菜单中选择"项目符号"或者"编号"命令，在其下级菜单中再选择一种项目符号。使用上述方法只能使用少数几种项目符号，如果想在更多的项目符号中进行选择，可以通过"定义新项目符号"或者"定义新编号格式"命令来设置。

（2）更改和删除项目符号和编号。对已经插入的项目符号和编号，可对其进行更改和删除。更改方法与添加项目符号和编号一样，选中要更改的段落后，重新设置项目符号和编号即可。选中已经添加项目符号和编号的段落，重新单击"项目符号"按钮或者"编号"按钮即可删除。

3. 添加和编辑图片

Word 2007 可以使用多种类型的图片来增强文本的阅读效果。

1) 插入图片

Word 2007 可插入来自剪贴画、自选图形、绘制图形、艺术字以及来自文件、扫描仪或数码相机的图片等。

（1）插入图片。在"插入"功能区中，单击"图片"按钮，弹出"插入图片"对话框，在左边显示的图片存储路径位置找到要插入的图片，单击"插入"按钮，图片即可出现在 Word 的编辑界面中。样式的应用和即时预览是 Word 2007 有别于其他低版本的新功能，选中图片后可通过鼠标指向选择样式、预览图片效果等。

（2）设置图片形状。这一功能主要为图片添加一个外部轮廓。例如想为一张图片添加爱心外形，双击一张已插入到 Word 2007 编辑区中的图片，再在"图片"组中单击"图片外形"，从弹出的下拉菜单中选择"爱心"命令即可。

(3) 添加图片效果。图片效果是图片样式的深入化，双击一张图片即可调出图片工具栏，单击工具栏中的图片效果，选择一种即可。

(4) 设置图片 3D 效果。双击图片以选中图片且调出图片专用工具栏，接着单击"图片形状"，有多种自选图形供选择。右击图片，在弹出的快捷菜单中选择"设置图片格式"命令，弹出"设置图片格式"对话框，如图 2-19 所示。

单击"线条颜色"选项，切换到"线条颜色"选项设置界面，设置"颜色类型"为"渐变线"，从"预设颜色"下拉列表框中选择"熊熊火焰"。设置"类型"为"线性"，"方向"为"线性对角"，"角度"为 45°。设置"渐变光圈"为"光圈 1"。

单击"线型"切换到"线形"选项设置界面，设置线型的宽度为 5，其余选项保持默认设置即可。

单击"阴影"选项切换到"阴影"选项设置界面：在"预设"中选择"左下斜偏移"，在"颜色"中选择白色背景 1 深色 50%，设置"透明度"为 78%，"大小"为-80%，"模糊"为 30 磅，"角度"为 90°，"距离"为 23 磅。

单击"三维格式"选项切换到该选项设置界面，在"棱台"下设置"顶端"形状为"斜面"，"宽度"为 7.5 磅，"高度"为 45 磅。设置"底端"形状为"圆"，"宽度"为 6 磅，"高度"为 6 磅。在"表面效果"下选择"材料"为"亚光效果"，在"照明"下选择"对比"。其余选项保持默认即可。

单击"三维旋转"选项切换到该选项设置界面，设置 X、Y、Z 三个方面的旋转量分别为 335°、315°、0°。设置完成后，效果如图 2-20 所示。

图 2-19 "设置图片格式"对话框

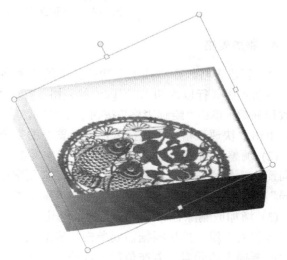

图 2-20 设置完成后的图片效果

2) 图片编辑与排版

(1) 裁剪图片。在 Word 2007 文档中，可以方便地对图片进行裁剪操作，以截取图片中需要的部分。打开 Word 2007 文档窗口，选中需要进行裁剪的图片。在"图片工具"功能区的"格式"选项卡中，单击"大小"组中的"裁剪"按钮，用鼠标拖动图片周围 8 个方向的裁剪控制柄将对图片进行相应方向的裁剪。

(2) 图片文字环绕方式。默认情况下插入到 Word 2007 文档中的图片不能自由地移动位置。通过为图片设置文字环绕方式，则可以自由移动图片的位置。打开 Word 2007 文档窗口，选中需要设置文字环绕的图片，在"图片"功能区的"格式"选项卡中单击"排列"组中的"文字环绕"按钮，并在打开的文字环绕菜单中选择合适的文字环绕形式。在"文字环绕"菜单中，有 7 种环绕形式，即四周型环绕、紧密型环绕、衬于文字下方、浮于文字上方、上下型环绕、穿越型环绕和编辑环绕顶点，如图 2-21 所示。

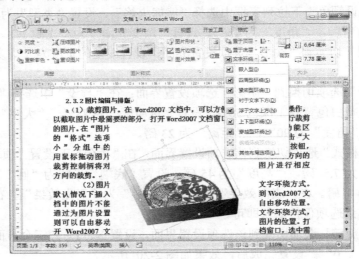

图 2-21　多种文字环绕方式供选择

4．添加表格

(1) 创建表格。在"插入"功能区下的"表格"组中，单击"表格"按钮可以插入表格，自动生成 8 行以内和 10 列以内的表格，打开"插入表格"对话框，输入要创建表格的行数和列数，单击"绘制表格"按钮手工绘制，单击"Excel 电子表格"按钮插入一个 Excel 表，单击"快速表格"按钮插入已经设置好的某个表格模板。

(2) 调整行高、列宽。将鼠标指针指向需要更改列宽或行高的框线上，直到指针变为双向箭头，然后按住鼠标左键拖动框线，直到宽度或高度满意为止。也可以在"表格工具布局"功能区下的"单元格大小"组中精确调整行高和列宽。

(3) 增加或删除行、列、单元格。选定一行或一列，选择"表格工具布局"功能区下的"行和列"组，然后根据需要单击相应的按钮。也可以通过"插入单元格"对话框选择相应的要插入的元素。若在最后一行的下面插入行，还有一种快捷方法，将插入点置于末行的最后一个单元格以外，即表格之外，按 Enter 键即可。选定需要删除的单元格、行、列或整个表格，在"行和列"组中单击"删除"按钮，即可删除相应的单元格、行、列或整个表格。

5．页面设置

1) 设置页面背景

页面背景可以设置成单色，也可设置成纹理、图片、水印、艺术边框等效果。页面效果的设置均在"页面布局"功能区下的"页面背景"组中。

(1) 设置水印背景。可以制作文字水印和图片水印两种水印背景效果。单击"水印"按钮，会列出一些现有的水印效果，选择其中一个即可。若没有合适的水印可供选择，可以单击"自定义水印"按钮，打开"水印"对话框，如图 2-22 所示。在该对话框中可选中"图片水印"或者"文字水印"单选按钮。若选中"图片水印"单选按钮，再单击"选择图片"按钮，可打开"插入图片"对话框，选择一幅图片后单击"确定"按钮，返回到"水印"对话框中，单击"确定"按钮，在文档的每一页中将出现图片水印背景，如图 2-23(a)所示。若选中"文字水印"单选按钮，然后在"文字"下拉列表框中输入所需的文字(也可选用下拉列表框中的文字)，并设置字体、字号、颜色和版式，单击"确定"按钮后，在文档每一页中就插入了文字水印的效果，如图 2-23(b)所示。

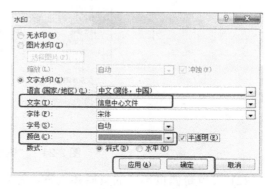

图 2-22 "水印"对话框

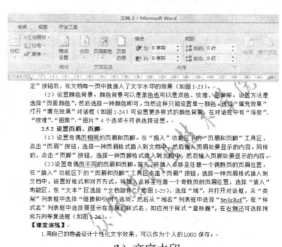

(a) 图片水印　　　　　　　　　　(b) 文字水印

图 2-23 带水印的文档

(2) 设置颜色背景。颜色背景可以是单色也可以是双色、纹理、图案等。设置方法是，选择"页面颜色"，然后选择一种颜色即可，当然这样只能设置单一颜色。选择"填充效果"将打开"填充效果"对话框，如图 2-24 所示，可设置更多样式的颜色背景，在对话框中有"渐变"、"纹理"、"图案"、"图片"4 个选项卡可供选择使用。

2) 设置页眉、页脚

(1) 设置奇偶页相同的页眉和页脚。在"插入"功能区下的"页眉和页脚"组中，单击"页眉"按钮，选择一种页眉格式插入到文档中，然后输入页眉处要显示的内容。同样，单击"页脚"按钮，选择一种页脚格式插入到文档中，然后输入页脚处要显示的内容。

图 2-24 "填充效果"对话框

(2) 设置奇偶页不同的页眉和页脚。首先，将插入点移至任意一个偶数页的页眉位置，在"插入"功能区下的"页眉和页脚"组中单击"页眉"按钮，选择一种页眉格式插入到文档中，设置好格式和对齐方式。再将插入点移至任意一个奇数页的页眉位置，在"插入"功能区的"文本"组中单击"文档部件"按钮，如图 2-25 所示，在弹出的下拉菜单中选择"域"命令，打开"域"对话框，从"类别"列表框中选择"链接和引用"按钮选项，然后从"域名"列表框中选择 StyleRef 选项，在"样式名"列表框中选择要显示在页眉的样式，如应用于样式"章标题"，在右侧还可选择各种复选框，如图 2-26 所示。

图 2-25 利用"文档部件"按钮插入域

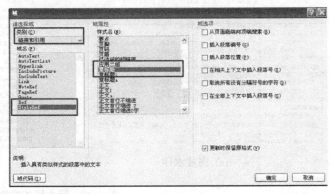

图 2-26 利用"域"对话框插入页眉

单击"域代码"按钮会出现"选项"按钮，如图 2-27 所示，打开"域选项"对话框，切换到"域专用开关"选项卡，如图 2-28 所示。从"开关"列表框中选择"\n"开关，单击"添加到域"按钮，将选择的开关选项添加到域代码文本框中。在"域选项"对话框中切换到"样式"选项卡，从"名称"列表框中找到需要显示到页眉的样式名称(如"章标题")，然后单击"确定"按钮，单击"域"对话框中的"确定"按钮将设置的域插入到奇数页页眉中，这时可以看到在奇数页页眉中自动出现了该奇数页所在的"章标题"的标题内容。

项目二　文本信息的采集与编辑

图 2-27　选择域

图 2-28　"域选项"对话框

仿照此方法，可以设置偶数页和奇数页的页脚。

3) 设置目录

当在文档中正确应用了标题样式、正文样式等之后，就可以非常方便地应用 Word 自动创建目录的功能来制作目录了。

(1) 生成文章目录。首先将插入点定位到要插入目录的位置，一般是在前言或编者按之后、正文的前面。然后在"引用"功能区下的"目录"组中单击"目录"按钮，如图 2-29 所示，选择一个目录格式套用即可。

还可以选择"插入目录"命令，打开"目录"对话框，如图 2-30 所示。单击"修改"按钮可以设置自己喜欢的目录样式。Word 2007 默认的目录显示级别为 3 级，可以在"显示级别"微调框中输入相应级别数字改变设置。"显示页码"和"页码右对齐"复选框一般要选择。这样，Word 就会根据上述设置自动创建目录并插入到文档指定位置。

图 2-29　目录按钮

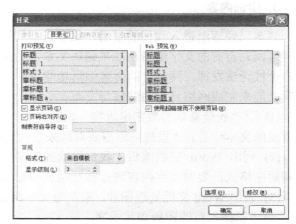

图 2-30　"目录"对话框

(2) 生成图表目录。生成图表目录的方法同生成目录的方法相似。在"引用"功能区下的"题注"组中单击"插入图表目录"按钮，在弹出的下拉菜单中选择"修改"命令即可设置自己喜欢的目录样式。与生成文章目录不同的是，图表目录没有级别设置。

53

【课堂演练】

(1) 用自己的姓名设计个性化文字效果，并作为个人的 LOGO 保存。

(2) 母亲节来临，请亲手为母亲制作一张贺卡：贺卡大小为 B5，自定义设置贺卡大小的页面(常用的贺卡为 21.5 厘米×14.5 厘米)，文字内容可以自己撰写。

(3) 将任务 2 课堂演练整合的那篇文档(字数 1000~1500 字，图片 3~5 幅)进行排版。要求设置版心为 16.6 厘米×23.7 厘米，版面大小为 A4，加花边，标题跨栏。用二号书宋体并加底纹突出显示，全部内容设置两栏，设置栏宽及间距。以自己的姓名 LOGO 作为水印添加到文档中，并修改水印的内容、式样，制作一个图片水印。以学校 LOGO 为水印。添加页码、页眉，输入"湖南大众传媒学院数字出版专业"文字或加一个小的图形作为页眉，区分奇数页与偶数页(奇数页码在右，偶数页码在左，页眉也不同)，保存特定的页眉页脚到库，以备今后调用自定义的页眉页脚。

项目实训实践　网络日志的编创与发布

1. 实训名称

以"我最喜欢的数字出版物"为题编创并发布一篇网络日志。

2. 实训目的

(1) 能够按主题要求运用搜索引擎采集文本信息。
(2) 能够对所采集的文本信息按版面要求进行整合。
(3) 掌握 TRS 等信息发布系统工具的运用方法。
(4) 能运用文本信息发布系统发布信息内容。

3. 实训内容

博客已经逐渐进入我们的生活，很多人都利用博客发表自己的观点。以往人们都是通过博客网站自有的文字编辑功能来编辑文章，由此出现的问题就是博客版式过于格式化，用户个性无法发挥，网站上的博客编辑功能不够全面。今天我们依靠 Word 2007 博客文章编辑功能来完成网络日志的编创与发布。

(1) 以"我最喜欢的数字出版物"为题编创一篇网络日志，运用搜索引擎，至少搜集 3 篇以上的文本信息，并根据主题需要对所采集的文本信息进行整合、审读和内容编辑加工。

(2) 利用 Word 文档编辑"我最喜欢的数字出版物"一文，要正确使用标题的字体字号和居中格式；要对文字内容进行首行缩进与行间距调整；需要插入页码、页眉页脚。

(3) 利用 Word 文档处理图片，采集与文字相适应的图片，并将图片缩放到不超过版面 1/3；也可以插入自选图形和艺术字。

(4) 利用博客文章编辑功能来完成网络日志的编创与发布。

4. 实训步骤

Word 博客文章的编辑功能操作步骤如下。

第一步，博客账号的建立。首先进入 Word 2007，单击左上角的 Office 按钮，在弹出的菜单栏中选择"新建(N)"命令，将弹出"新建文件"对话框。双击"新建博客文档"选项即可进入博客编辑界面。首次进入 Word 博客文档，系统会弹出"注册博客账户"提示栏。单击"立即注册"按钮，系统弹出"新建博客账户"提示栏，单击"选择博客提供商"按钮，弹出下拉菜单，用户会看到 Windows Live Spaces、Blogger、"SharePoint 博客"、"社区服务器"、TypePad 和 WordPress 几个默认的博客发布网站。下面以"Windows Live Spaces"为例介绍 Word 博客文档建立的全过程。

首先确保计算机与网络相连接，选择 Windows Live Spaces 选项，单击"下一步"按钮，系统自动弹出"新建 Windows Live Spaces"对话框，输入空间名称和机密字。需要注意的是，用户首先要有一个 Hotmail 地址，并且已用这个 Hotmail 账号申请了 Windows Live Spaces Web 的个人空间。空间名称是用户的 Windows Live Spaces Web 地址的唯一部分，如果你的空间地址是 http://ABC.spaces.live.com/，则你的空间名称是 ABC，机密字是你在空间选项中启用电子邮件发布时选择的密码。设置完成后，输入个人空间的"空间名称"和"机密字"，单击"确定"按钮，系统会自动与博客供应商连接。连接成功后，系统又弹出"图片选项"对话框，图片供应商选择"个人服务器"，系统将提示填入"上载 URL(U)"和"源载 URL(U)"。用户可以使用 Windows Live Spaces Web 网站上的图片库来存储自己博客中的图片，只要将图片正确地"上载 URL(U)"和"源载 URL(U)"填入即可。将所有的用户博客信息都填入后，单击"确定"按钮，系统会提示账户注册成功。

第二步，博客文章的编创与编辑。按主题要求采集信息、审读并编辑加工文本，利用 Word 2007 排版，为自己的博客文章添加带有标志含义的水印。使用 Word 2007 博客选项卡的功能编创博客标题和正文。

第三步，博客文章的发布。编写好博客文章之后，单击左上角的"发布"选项，系统会弹出一个连接对话框。填入"空间名称"和"机密字"，然后单击"确定"按钮，系统将进行网络检索连接。如果用户信息设定正确，屏幕上将显示"文章已经发布到 Windows Live Spaces 共享空间"。打开共享空间，你会在网络日志中看到新编辑的博客文章。

5. 实训要求

(1) 上交一篇经编辑加工、符合发布要求的文本信息(不超过 2000 字)，并同时上交所采集的原始文本信息三篇。

(2) 编辑加工后的文本信息文字差错率不高于万分之二。

(3) 标题小二号宋体、居中，文字颜色及底纹自定。

(4) 图片必须与文字相适应，画面清晰，缩放不变形。

6. 考核标准

项 目	考核标准		
	优秀(90～100 分)	良好(80～90 分)	合格(60～80 分)
考核标准 (100 分制)	主题明确，文本信息整合连贯，编校质量高；图文并茂；版式规范漂亮	主题明确，文本信息整合较连贯，编校质量高；图文并茂；版式规范	文本信息符合主题要求；上交及时、工整，图文编辑无重大编校质量差错
自评分			
教师评分			

注：未参与实训项目，在当次实训成绩中计 0 分。

课 后 练 习

1. 简答题：什么是文本信息？
2. 思考题：文本信息审读原则有哪些？
3. 选择题：

(1) 在使用 Word 时，为了选定文字，可先把光标定位在起始位置，然后按住(　　)键不放，并用鼠标单击结束位置。

    A. Ctrl   B. Alt   C. Shift   D. Esc

(2) 打开或关闭输入法都可以用(　　)快捷键来进行。

    A. Ctrl+C   B. Ctrl+P   C. Ctrl+S   D. Ctrl+空格

(3) 在拼音输入法中，"ü"是用(　　)键代替的。

    A. u   B. v

(4) 启动 Word 后，系统临时为新文档命名的是(　　)。

    A. 自动命名为"*.DOC"

    B. 系统自动以用户输入的前 8 个字符作为文件名

    C. 没有文件名

    D. 自动命名为"文档 1"或"文档 2"或"文档 3"等

(5) 在 Word 中，若输入的某个段落需要多行，在到达屏幕行尾时，(　　)来换行。

    A. 必须按回车键   B. 不用按回车键，继续输入即可

    C. 必须按空格键   D. 必须按编辑键

(6) 在下列(　　)位置，可以找到打开的 Word 文件名。

    A. 文本编辑区   B. 标题栏   C. 菜单栏   D. 工具栏

(7) 要使文字与图片重叠，在"环绕方式"框的以下选项中："四周型"、"紧密型"、"浮于文字上方"、"衬于文字下方"，正确的选择有(　　)个。

    A. 1   B. 2   C. 3   D. 4

(8) 文本框中可输入文字、(　　)、添加底纹和插入图片，根据文本框中文字的排列方向可选择(　　)或竖排。

    A. 设置格式   B. 横排   C. 添加音乐   D. 添加视频

(9) 要改变插入图片的大小，应拖动(　　)。

    A. 图片中任一位置   B. 图片的边框

    C. 图片边框上的小实心块   D. 以上都对

项目三　图表与图片的编辑处理

【项目情境描述】

在互联网时代，人们更趋向于浅阅读。浅阅读要求数字出版者提供图文并茂的数字出版内容。因此，图表与图片的编辑处理能力已成为互联网时代编辑的基本功，对图表和图片的编辑处理已成为数字出版最基础的工作，在文本信息采集与编辑、多媒体素材采集与编辑中广泛运用。为了达到更好的出版效果，常常需要将一长段的文字内容转换成各种表格形式，借助相关软件将表格中的数据转换成各种形状的图表，如柱状图、条形图等。同时，还需要为文本信息内容配上精彩和充满创意的图片。有时，为了彰显个性或版权保护，我们还要为图片或音视频添加水印。目前电脑普遍安装的是 Microsoft Office Excel 2007 软件，我们在《计算机基础》中已经学习过 Microsoft Office Excel，懂得如何利用公式来对数据进行计算，但是这些数据列表并不能明显地表现出各数据之间的关系以及数据变化的趋势。数字出版要求根据文本主题和表达需求，熟练地使用 Microsoft Office Excel 2007 软件建立图表，并对图表进行修饰，为数字出版物配制相应的图表和图形，并通过颜色、图形对象的结合把表格中大量数据之间的各种关系表现得淋漓尽致，使得这些数据更有说服力，为读者呈现丰富的图表。同时，根据文本内容的需要，熟练使用 Photoshop 软件对图片进行处理，提供形式多样、吸引读者眼球的数字出版物。

本项目将带领大家掌握图表和图片基本类型、格式等相关知识，熟悉 Microsoft Office Excel 2007 和 Photoshop 软件的基本操作，熟练运用 Microsoft Office Excel 2007 软件进行图表的制作，运用 Photoshop 软件修改和编辑图片，并通过已掌握的文本编辑加工方法和技术，为采集多媒体素材、制作电子图书和电子杂志打下基础，为本专业后续"网络编辑""出版物新媒体营销""新媒体制作技术""排版与版式设计""网络书店经营实务"等课程和教材内容的学习打下基础。

【学习目标】

(1) 掌握图表、图片制作的格式和出版要求。
(2) 能利用 Microsoft Office Excel 2007 软件制作图表。
(3) 掌握 Photoshop 处理图片的基本工具使用方法；能运用 Photoshop 软件编辑、修改图片。

【学习任务】

任务1　图表的制作(建议：4课时)
任务2　图片的处理(建议：4课时)
项目实训实践　图片的合成处理(建议：2课时)

任务 1 图表的制作

【教学准备】

(1) 多媒体网络教室。
(2) 安装 Windows 系统及 Microsoft Office 2007，安装 Photoshop 应用程序。
(3) 用 Microsoft Office Excel 制作柱状图、饼图、线柱双轴图、复合饼图等的原始数据。

【案例导入】

我们一起看世博——数据分析与图表

受全世界瞩目、首次由发展中国家举办的综合类世博会于 2010 年 5 月 1 日在上海盛大开幕，共有 246 个国家与国际组织在世博园区展现了丰富多彩的世界文明，吸引了数以万计的人前来参观。让我们一起通过数据与图表分析来重温当时的盛况吧。

截至 2010 年 5 月 23 日，入园人数累计 473.17 万人，最高峰每日入园人数 36.12 万人。5 月 18 日当天入园总人数 283 201 人，其中法国馆 40 292 人、中国馆 87 300 人、以色列馆 27 568 人、欧洲联合馆 29 100 人、沙特馆 30 811 人、英国馆 35 392 人、比利时馆 32 738 人。如表 3-1 和图 3-1 所示。

表 3-1 2010 年 5 月 18 日各场馆人流量统计　　　　　　　　　　　　　　单位：人

场　馆	人　数	场　馆	人　数
中国	87 300	法国	40 292
英国	35 392	欧洲联合	29 100
沙特	30 812	以色列	27 568
比利时	32 738		

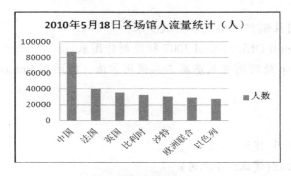

图 3-1 世博会场馆各国参观总人数统计柱状图

思考：文字、表格和图表哪种形式能更直观地展示出"世博会游园人数"？

【知识嵌入】

图表呈现的不仅只是数据的一种形象描述，更重要的是直观地表达了数据之间的数量关系、总体的结构特征以及发展变化趋势。

Microsoft Excel 是微软办公套装软件中一个重要的组成部分，它可以进行各种数据的处理、统计分析和辅助决策操作。Excel 还有强大的图形功能，对数据资料进行图表制作，在完成表格输入、统计、分析等多项工作基础上生成精美直观的图表。

一、Excel 图表的主要类型

Excel 中标准图表类型可分为常用图表和特殊图表两大类，常用图表类型有柱状图、条形图、折线图、面积图、饼图、环图、散点图、雷达图等；特殊图表有线柱双轴图、复合饼图、气泡图等。

1. Excel 常用图表

Excel 中有柱状图(柱形图)、条形图、折线图、面积图、饼图等常用图表形式，虽然表述的是同一数据信息，但其表达的效果却大不一样，如图 3-2～图 3-6 所示。

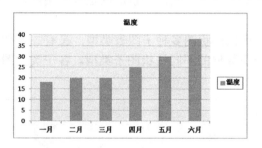

图 3-2　平均气温统计表柱状图

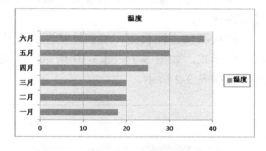

图 3-3　平均气温统计表条形图

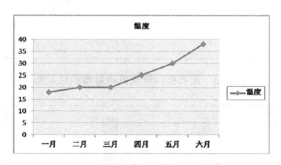

图 3-4　平均气温统计表折线图

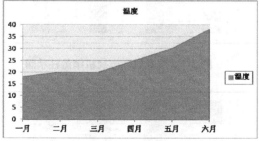

图 3-5　平均气温统计表面积图

柱状图可以不连续、分类单位清晰地显示了每月气温数据值的大小；条形图与柱状图相似，但坐标轴交换了，大多数人更习惯从左向右看时间变化、从下往上看数据量的变化；折线图的折线虽然可表示数据变化情况，但因其连续性暗示着数据点间还有点，无法完全准确地表达源数据的含义；面积图的效果与折线图类似；饼图可以直观地看出数据占总体的比例,并不适合体现具体数据值大小,无法传达数据的时间特性。从这五种图表来看,柱状图可能是这一组数据的最好选择。

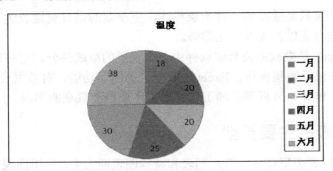

图3-6 平均气温统计表饼图

1) 柱状图与条形图

柱状图(也称柱形图)用来表示一组或几组分类项目的数值,显示各个项目之间的比较情况。一般用横轴表示分类,纵轴表示值,它主要强调各个值之间的比较而并不关心分类。比如,表示各月(季)的销量、各月(季)的降水量等,主要强调各月(季)间销量和降水量的比较。

条形图与柱状图的表示意义相似,只是柱状图为竖直条形,条形图是水平条形,二者可交换使用。

柱状图包含柱状图、堆积柱状图、百分比堆积柱状图多种子图表类型,又有二维和三维两种形式。如图3-7~图3-10所示,是同一组数据的不同柱状图子类型。各子类型图表的含义如表3-2所示。

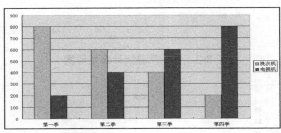

图3-7 洗衣机和电视机销量柱状图

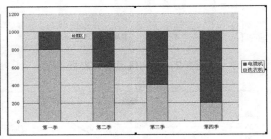

图3-8 洗衣机和电视机销量堆积柱状图

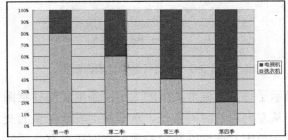

图3-9 洗衣机和电视机销量百分比堆积柱状图

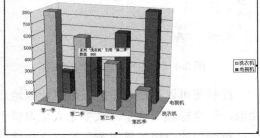

图3-10 洗衣机和电视机销量三维柱状图

表 3-2　各柱状图子类型图表的含义

类型	柱状图	堆积柱状图	百分比堆积柱状图
二维	图 3-7 除显示出电视机和洗衣机每季度的具体销量外，还告诉我们电视机的销量逐季攀升，而洗衣机的销量却逐季下降	图 3-8 显示出洗衣机和电视机每季度的总销量几乎没有变，但两种电器所占的份额已经改变了	图 3-9 没有给出电器的实际销量，而是相对百分比例
三维	图 3-10 三维柱状图主要用于显示总的趋势		

2) 折线图

折线图是将图表中各点之间用线段相继连接起来而形成的连续图形，能较直观地反映数据变化的趋势，而被广泛采用。图中各点的高度代表该点的数据值，它一般用来描述某一变量在一段时间内的变动情况，能较好地反映事物的发展趋势。折线图可以有任意多个数据系列，Excel 自动用不同颜色、线形和标志来区别这些折线，也手动定义。图 3-11 显示的是使用了两个系列(男孩、女孩)、8 个数据点的折线图。

3) 面积图

面积图又称区域图，通常用于比较一段时间内值随时间变化的程度。面积图与折线图非常相似，不过它们是依据折线下填充区域中不同颜色来区分数据。值通过由 Y 轴度量的点的高度来表示，类别标签显示在 X 轴上。面积图各子类型及含义如表 3-3。

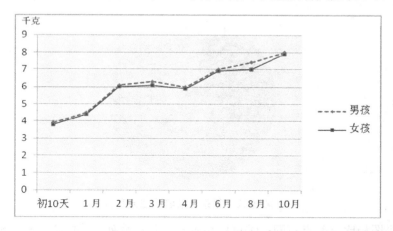

图 3-11　农村婴儿发育成长折线图

4) 饼图和环图

饼图显示了构成数据系列的项目相对于项目总和的比例大小。一个饼图可以分离出一个或多个扇区，如图 3-12 所示。当希望强调某个重要元素时，饼图就是最合适的选择。每一个饼图只能显示一个数据序列，如果有多种数据序列需要用饼图显示，就需要多张饼图或用环图。

表 3-3　面积图子类型及其含义

类　型	面积图	堆积面积图	百分比堆积面积图
二维			
三维			
含义	每个数据点的高度由它的值确定，值标签显示在 Y 轴上，每个值系列均显示为单个区域，类别标签显示在 X 轴上，类别通常与时间相关	每个区域堆积显示在直线下面的区域的顶部，最上面的直线的高度由每个类别值之和确定。值标签显示在 Y 轴上，类别标签显示在 X 轴上，类别通常与时间相关	每个数据点的高度都由与该类别所有值的总计相比的百分比确定。最上面的直线的高度始终是图表的总高度。值标签显示在 Y 轴上，Y 轴显示 0~100 的值，类别作为标签显示在 X 轴上，类别通常与时间相关

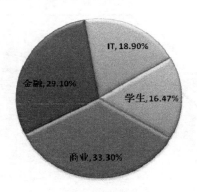

图 3-12　某杂志读者职业分布

　　环图与饼图相比有两点不同：①可以显示多个数据系列；②中心有一个洞，如图 3-13 所示。值得注意的是，多于一个系列的环图很难解释。如处于圆环外部的扇区有相对较大的尺寸而具有一定的欺骗性，因此使用环图应慎重。

　　5) XY 散点图

　　XY 散点图表示两个数据序列之间的某种相互关联性。它既可以显示多个数据系列的数值间的关系，也可以将两组数字绘制成一系列的 XY 坐标，如图 3-14 所示。

　　6) 雷达图

　　雷达图是一种"蜘蛛网式"的图形，图中的线条以相同的顺序连接所有的值，线条数取决于一个数据序列中的数据个数，每一个数据序列在雷达图上表示一个多边形，雷达图中有多个多边形。各线条之间是等角度分割，线条上数据点离开中心点的距离由它所代表的数据点的相对值决定。图 3-15 中食物 C 是覆盖了最大面积的数据系列，它代表了维生素含量最高的食品。

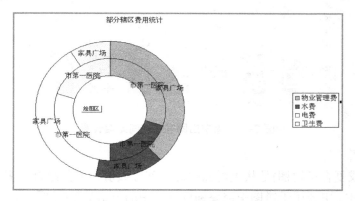

图 3-13　部分辖区费用统计环图

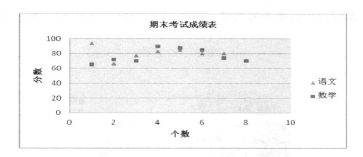

图 3-14　毕业答辩成绩表散点图

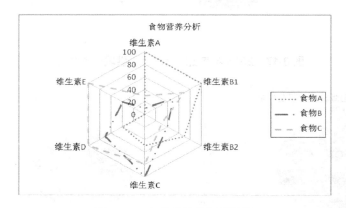

图 3-15　食物营销分析雷达图

2. Excel 特殊图表

1) 线柱双轴图

有时需要在一幅图上同时用折线和直方柱来描述数据，如图 3-16 所示，以表示随着时间变化数据值的绝对大小和同比增长率的比较。

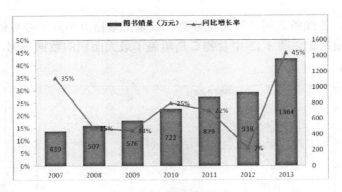

图 3-16　某书店图书销量同比增长图

2) 复合饼图

复合饼图(或复合条饼图)是从主饼图中提取部分数值,将其组合到旁边的另一个饼图(或堆积条形图)中。主要用于饼图中需要强调饼图中的一组数值(见图 3-17)或无法详尽表达的一些较小的百分比数值时。如图 3-18(a)所示,该饼图显示了某杂志的读者职业分布情况,其中小百分比数据较为密集不易看清楚,而改用复合条饼图(见图 3-18(b))就一目了然。

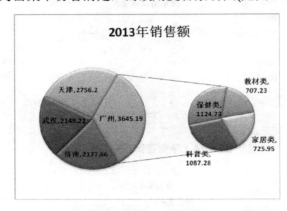

图 3-17　2013 年某出版社图书主供城市复合饼图

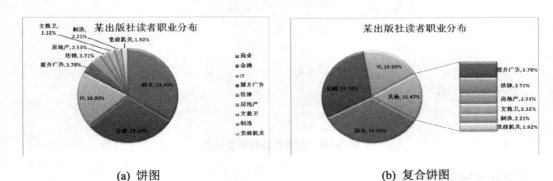

(a) 饼图　　　　　　　　　　　(b) 复合饼图

图 3-18　饼图和复合饼图

二、Excel 图表的制作与编辑

1. 图表的创建

1) 图表的组成部分

图表由图表区、绘图区、坐标轴、标题、数据系列、图例等基本组成部分构成。此外，图表还包括数据表和三维背景等特定情况下才显示的对象。Excel 默认显示的图表各组成部分可以通过设置加以修改。

用鼠标单击图表上的某个组成部分，即可选定该部分。

(1) 图表区。图表区是指图表的全部范围。Excel 默认的图表区是由白色填充区域和黑色细实线边框组成的。

(2) 绘图区。绘图区是指图表区内的图形表示的范围，即以坐标轴为边的长方形区域。

(3) 坐标轴。按位置不同可分为主坐标轴和次坐标轴。Excel 默认显示的是绘图区左边的主 Y 轴和下边的主 X 轴。

(4) 标题。标题包括图表标题和坐标轴标题。图表标题是显示在绘图区上方的类文本框，坐标轴标题是显示在坐标轴边上的类文本框。图表标题只有一个，而坐标轴标题最多允许 4 个。Excel 默认的标题是无边框的黑色文字。

(5) 数据系列。数据系列是由数据点构成的，每个数据点对应工作表中的一个单元格内的数据，数据系列对应工作表中一行或一列数据。数据系列在绘图区中表现为彩色的点、线、面等图形。

(6) 图例。图例由图例项和图例项标示组成，默认显示在绘图区右侧，为细实线边框围成的长方形。

(7) 数据表。数据表显示图表中所有数据系列的数据。对于设置了显示数据表的图表，数据表将固定显示在绘图区的下方，只有带有分类轴的图表类型才能显示数据表。如果图表中使用了数据表，一般不再使用图例。

2) 图表的创建

Excel 能快速方便地将工作表数据生成柱状图、饼图、折线图等分析图表。

使用"图表向导"创建图表时，第一步是选择图表类型。在"图表向导"对话框的"图表类型"界面中切换到"标准类型"选项卡。在"图表类型"列表框中选择任一项，则"子图表类型"列表框中将显示其多个子类型，如图 3-19 所示。

3) 图表的编辑与修改

(1) 更新图表中的数据。生成图表后，发现某个数据有误，不需要重新生成图表，直接将 Excel 表格中数据修改后按回车键确认，可以看到图表会自动更新。

图 3-19 平均气温统计表图表向导

(2) 移动图表。想让工作表看起来更美观，需要移动图表到恰当的位置。单击图表的边框，图表的四角和四边上将出现 8 个黑色的小正方形，按住鼠标不放同时移动鼠标，这时鼠标指针会变成四向箭头和虚线，继续移动鼠标可改变图表位置。

(3) 调整图表的大小。单击图表的边框，图表的四角和四边上将出现 8 个黑色的小正方形，将鼠标指针移动到某个正方形上并拖动它就可以改变图表的大小。

(4) 更换图表的类型。当生成图表后，想查看数据在不同图表类型下的显示效果，即更换当前图表的类型，可以通过单击"图表类型"对话框中的"按下不放可查看示例"按钮，预览该类图表类型得到的效果图，如图 3-20 所示。

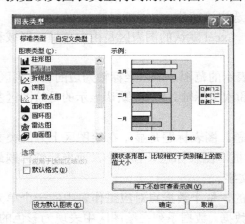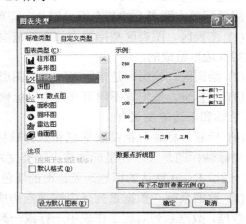

图 3-20　由条形图修改为折线图

(5) 删除图表。单击图表的边框选中，按 Delete 键即可删除。

2. 图表制作操作步骤详解

1) Excel 柱状图制作步骤详解

数据材料：现有某出版社编辑一部、编辑二部、编辑三部第四季度发稿字数统计数据，即编辑一部 10 月、11 月、12 月发稿字数分别为 150 万字、200 万字、220 万字；编辑二部 10 月、11 月、12 月发稿字数分别为 85 万字、150 万字、160 万字；编辑三部 10 月、11 月、12 月发稿字数分别为 96 万字、180 万字、230 万字。制作一个柱状图来表示该出版社各编辑部第四季度发稿字数情形。

第一步：创建 Excel 工作表，如图 3-21 所示。

	A	B	C	D	E
1		十月	十一月	十二月	
2	编辑部一	150	200	220	
3	编辑部二	85	150	160	
4	编辑部三	96	180	230	
5					
6					

图 3-21　第四季度发稿字数分析统计表

第二步：选中需要生成图表的数据区域，范围从 B1 到 D4。

第三步：单击"插入"功能区中的"柱形图"按钮，如图 3-22 所示。或者在"插入"功能区的"图表"组中单击右下角的按钮，打开"插入图表"对话框。

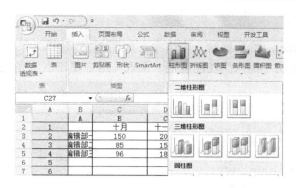

图 3-22　单击"插入"功能区中的"柱形图"按钮

第四步:默认"图表类型"为"柱形图",如图 3-23 所示,可以看到图表外观预览。直接单击"确定"按钮,将在当前工作表中得到生成的图表,如图 3-24 所示。

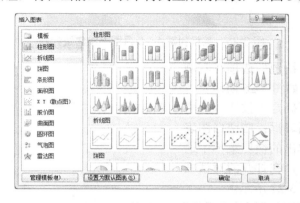

图 3-23　柱形图子图表类型

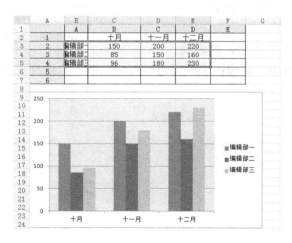

图 3-24　生成柱形图表

2) Excel 饼图制作步骤详解

数据材料:某报刊亭 2013 年 1～5 月图书销售 14 200 元,其中 1 月 2000 元、2 月 5000 元、3 月 1500 元、4 月 2600 元、5 月 3100 元。制作一个饼图来表示该报刊亭每月销售额、所占比例。

第一步：打开 Excel，将数据转入表格中，如图 3-25 所示。

第二步：在 Excel 的"插入"功能区的"图表"组中单击右下角的截取按钮，打开"插入图表"对话框。

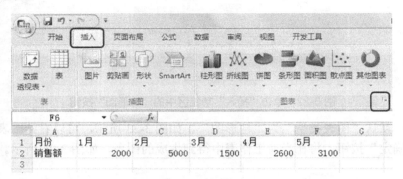

图 3-25　某报刊亭 1～5 月图书销售统计表

第三步：选择"饼图"选项在右侧选择一个图表类型，如图 3-26 所示。

第四步：单击"确定"按钮，表中会出现一个空白的图表框；在空白图表框中右击鼠标，在弹出的快捷菜单中选择"选择数据"命令，在打开的对话框中选择数据源，如图 3-27 所示。

第五步：单击图表数据区的"添加"按钮，用鼠标添加数据范围，如图 3-28 所示。

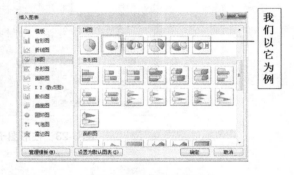

图 3-26　选择三维饼图

第六步：确定数据范围后，图表框里出现了饼图。双击图表，弹出图表编辑对话框，以调整和修改图表，如图 3-29 所示。

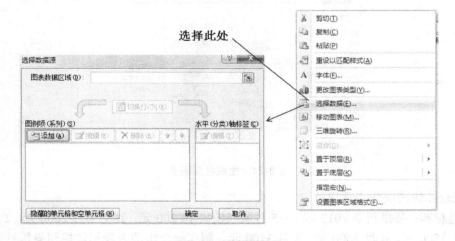

图 3-27　选择数据源

项目三　图表与图片的编辑处理

图 3-28　添加数据

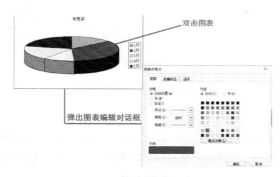

(a) 修改饼图

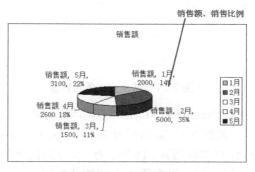

(b) 完成后的饼图

图 3-29　修改饼图

3) Excel 折线图制作步骤详解

数据材料：葡萄糖和蔗糖在不同浓度时的增殖倍数如表 3-4 所示。

表 3-4　葡萄糖和蔗糖的增殖倍数

浓度 (mmol/L)	蔗糖							葡萄糖					
	0	10	20	30	40	50	60	0	10	20	30	40	50	60
增殖倍数	0.5	1.78	1.5	1.28	1.46	1.7	1.30	0.5	1.1	1	1.38	1.5	2.13	1.49

制作一个折线图来表示葡萄糖和蔗糖浓度与增殖倍数的关系，其操作步骤如下。

第一步：与 Excel 柱状图制作步骤相同。

第二步：选中需要生成图表的数据区域，范围为 0.5～1.49；单击"常用"工具栏上的"折线图"按钮。

第三步：在生成的图表中单击鼠标右键，在弹出的快捷菜单中选择"选择数据"命令，在弹出的对话框"水平(分类)轴标签"选项组中单击"编辑"按钮，打开"轴标签"列表，选择需要生成图表的数据区域，范围为 0～60。单击"确定"按钮，如图 3-30 所示。

图 3-30　折线图分类(X)轴标签选择

第四步：在弹出的窗口中的"标题"菜单下，图表标题填写"糖浓度与增殖倍数的关系",分类(X)轴填写"糖浓度",数值Y轴填写"增殖倍数",结果如图3-31所示。

第五步：可以对基本完成的折线图进行修改，如添加图中的灰色部分、去掉与X轴平行的标线上的点、去除外边框等，如图3-32所示。

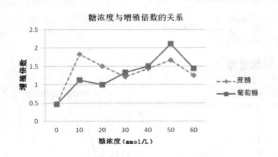

图3-31 基本完成的折线图　　　　　　图3-32 修改后的折线图

4) Excel 线柱双轴图制作步骤详解

数据材料：某出版社2009—2013年图书销售码洋分别为9422万元、10 493万元、11 795万元、13 786万元、15 781万元，分别比上年增长了7.70%、9.50%、10.10%、12.20%、8.40%。

第一步：先将需要作图的数据输入Excel，如图3-33所示。

	A	B	C
1	年份	某出版社图书销售码洋（万元）	比上年增长了（%）
2	2009	9422	7.70%
3	2010	10493	9.50%
4	2011	11795	10.10%
5	2012	13786	12.20%
6	2013	15781	8.40%

图3-33 某出版社2009~2013年图书销售码洋及同比增长率统计表

第二步：选中数据，在"插入"功能区中单击"柱形图"按钮，在弹出的下拉菜单中选择"直方图"命令，如图3-34所示。

第三步：在柱状图上单击鼠标右键，在弹出的快捷菜单中选择"设置数据系列格式"命令，如图3-35所示。

第四步：弹出"设置数据系列格式"对话框，在"系列选项"设置界面的"系列绘制在"选项组中，选中"次坐标轴"单选按钮。此时表示增长率的红色柱状图出现了，如图3-36所示。

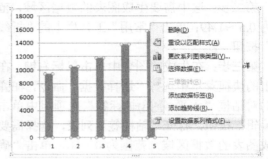

图3-34 选择柱状图　　　　　　图3-35 在柱状图上设置数据系列格式

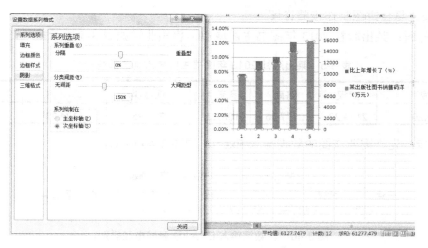

图 3-36　表示增长率的红色柱状图出现

第五步：在红色柱上单击鼠标右键，在弹出的快捷菜单中选择"更改系列图表类型"命令，如图 3-37 所示。

第六步：弹出"更改图表类型"对话框，在左侧的列表框中，选择"折线图"选项，如图 3-38 所示，单击鼠标右键，在弹出的快捷菜单中选择"添加数据标签"命令，线柱双轴图制作完成，如图 3-39 所示。

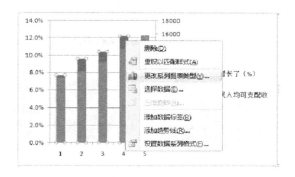

图 3-37　在红色柱上更改系列图表类型

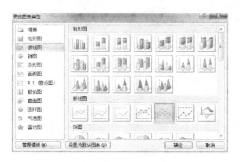

图 3-38　更改图标类型为折线图

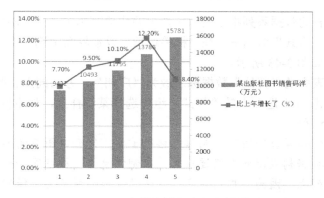

图 3-39　制作完成的线柱双轴图

5) Excel 复合饼图制作步骤详解

数据材料：某出版社 2013 年图书主供城市销售额业绩如表 3-5 所示。

表 3-5　某出版社 2013 年图书主供城市销售额统计表

天津	武汉	济南	科普类	保健类	教材类	家居类
2756.20	2149.22	2177.86	1087.28	725.95	1124.73	707.23

第一步：先将需要作图的数据输入 Excel，如图 3-40 所示。

图 3-40　将数据输入 Excel(注意城市和类别)

第二步：选择重新组合后表格中的某个单元格，如 B9 单元格，在"插入""图表"组中单击"饼图"按钮，在弹出的下拉菜单中选择"复合饼图"命令，打开"更改图表类型"对话框，如图 3-41 所示。

第三步：删除右侧的图例，右击数据系列，在弹出的快捷菜单中选择"设置数据系列格式"命令，弹出"设置数据点格式"对话框，将"第二绘图区包含最后一个"微调框的值设置为"4"，调整第二绘图区的大小，然后关闭对话框，如图 3-42 所示。

 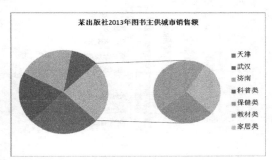

图 3-41　在饼图中选择复合饼图

第四步：在图表的数据系列中右击，在弹出的快捷菜单中选择"添加数据标签"命令。弹出"设置数据标签格式"对话框，在"标签选项"设置界面中选中"类别名称"复选框，然后关闭对话框，如图 3-43 所示。

第五步：将图表中的"其他"数据标志改为"广州"，方法同上。要进一步美化图表，可以在"图表工具/设计"选项卡的"样式"组中选择某种样式，如本例选择"样式 26"，如图 3-44 和图 3-45 所示。

友情提示：在制作复合饼图时，制作表格很重要。复合饼图中的小饼图是由大饼图中分离出来的，它的数据构成比例要经过换算，在制作表格时放在同一列数据表格中。应该把所有数据放在一列上，因为"广州"已经包含了下边的科普类、保健类、教材类、家居类四个数据，所以"广州"就不用列入数据表格中。

项目三 图表与图片的编辑处理

图 3-42 "设置数据点格式"对话框

图 3-43 设置数据标签格式

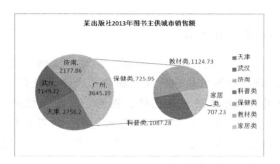

图 3-44 复合饼图初步制作完成

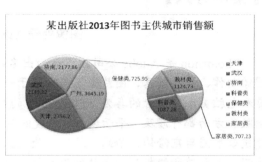

图 3-45 复合饼图制作完成

【课堂演练】

(1) 请将下面一段文字描述的内容，做成 Excel 饼图、柱状图、条形图等(要求：先制作表格，再根据表格制作图表)。

数据材料：某科技出版社，2013 年销售图书 5700 万元实洋，其中科普类图书销售额 2300 万元、医学类图书销售额 1100 万元、农业类图书销售额 760 万元、生活保健类图书销售额 1120 万元、其他类图书销售额 420 万元。

(2) 请根据下面一段文字，制作一个线柱双轴图(要求：先制作表格，再根据表格制作图表)。

数据材料：2006～2010 年，我国数字出版产业总体收入情况如下：2006 年 213 亿元，2007 年 362.42 亿元，2008 年 556.56 亿元，2009 年 799.4 亿元，2010 年 1051.79 亿元。2010 年总收入约是 2006 年的 5 倍。剔除网游、电子阅读器(硬件)收入，2006 年数字内容产业收入为 147.6 亿元，2007 年 256.72 亿元，2008 年 372.77 亿元，2009 年 533.2 亿元，2010 年 708.29 亿元。数字内容产业收入五年来一直占到当年数字出版总收入的 68%左右，2010 年约是 2006 年的 5 倍，与数字出版整体收入增长情况基本一致。

(3) 请根据下面一段文字，制作一个复合饼图(要求：先制作表格，再根据表格制作图表)。

数据材料：以女性购买图书特征为例，根据调查得出：男性购书比例为 64%，女性购

73

书比例为36%。其中女性读者中,选择生活类图书为23%,选择专业类图书为10%,选择文学休闲类图书为67%。

任务2　图片的处理

【教学准备】

(1) 多媒体网络教室。
(2) 安装Windows系统及Microsoft Office 2007,安装Photoshop应用程序。
(3) 用于Photoshop制作和处理的原始图片素材若干。

【案例导入】

图像处理利剑——Photoshop

Photoshop是Adobe公司旗下最为出名的图像处理软件之一,集图片扫描、编辑修改、图像制作、广告创意、图片输入与输出于一体的图形图像处理软件,深受广大平面设计人员和电脑美术爱好者的喜爱。Photoshop的应用领域很广泛,在图像、图形、文字、视频、出版各方面都有涉及,平面设计、修复照片、广告摄影、影像创意、艺术文字、网页制作、建筑效果图后期修饰、绘画、绘制或处理三维贴图、视觉创意、图标制作、界面设计,几乎涵盖了目前所能想到的图片处理的各种效果,如图3-46所示。

图3-46　Photoshop制作的"她在丛中笑"的图片效果

软件特点:诸多独创的全新数字图像处理引擎技术带来完美品质,人性化设计界面技术让操作直接在图片上所见即所得,多图像窗口并发处理,在多张图片批处理、相互对比、反复抠图等环节更大幅缩减操作复杂度,最人性化的众多专业抠图技术,具有高品质精品素材库,艺术合成照、蒙版照、强大抠图合成制作,支持最齐全的数码暗房效果以及最完备的调整和修复功能,趣味装饰物叠加功能,真正的艺术字效果,更丰富的整套图像处理解决方案。

面向群体:专业摄影师、图像设计师、Web设计人员;电影、视频和多媒体专业人士、三维及动画的图形设计人员;制造专业人士、医疗专业人士、建筑师和工程师、科研人员;普通家庭用户和摄影爱好者。

【知识嵌入】

一、几个基本概念

1.图片、图形及图像的区别

1) 图片

图片是图画、照片、拓片等的统称,指用点、线、符号、文字和数字等描绘事物几何特征、形态、位置及大小的一种形式。图片涵盖范围既包含位图,也包含矢量图。

(1) 位图。位图是指以点阵方式保存的图像。它由多个不同颜色的点(像素点)组成,可以在不同的软件之间转换,如各类照片。位图的缺点是文件尺寸太大,且和分辨率有关,如图 3-47 所示。

位图由许多像素点组合而成,每个像素点都包含有独立的位置、色彩等信息,由于细节描述细腻,所以应用领域广泛。主要格式有.TIFF、.PSD、.BMP、.JPEG、.GIF、.PDF 几种。

(2) 矢量图。矢量图是指利用图形的几何特性的数学模型进行描述的各种图形,是由一系列复杂的数学公式定义的线条构成。其特点是体积非常小,与分辨率无关,如图 3-48 所示。矢量图无细节,主要用于 Flash 动画制作和 CAD 绘图,主要格式有.ai。

图 3-47　位图放大后会出现锯齿现象　　　图 3-48　矢量图放大到任意程度都不会失真

2) 图形

图形是指由计算机绘制的直线、圆、矩形、曲线、图表等,图形是矢量图。图形使用专门软件将描述图形的指令转换成屏幕上的形状和颜色,适用于描述轮廓不很复杂、色彩不是很丰富的对象,如几何图形、工程图纸、CAD、3D 造型软件等。

图形的编辑通常用 Draw 程序,产生矢量图形,可对矢量图形及图元独立进行移动、缩放、旋转和扭曲等变换。主要参数是描述图元的位置、维数和形状的指令和参数。

3) 图像

图像是由数码相机、扫描仪、摄像机等输入设备捕捉到的实际的画面。图像是由像素点阵构成的位图。

在实际数字出版工作中,图片、图形和图像 3 个概念互相借用,多指除文字、符号之外的出版素材。

(1) 像素。像素是构成位图的最小单位,是图片的基本元素。

(2) 分辨率。分辨率是指单位长度内所含像素点的数量,单位为"像素每英寸"(pixel/inch,ppi),如图 3-49 所示。

 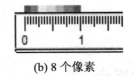

(a) 1 个像素　　　　　　　(b) 8 个像素

图 3-49　分辨率

分辨率对处理数码图像非常重要，与图像处理有关的分辨率有图像分辨率、打印机或屏幕分辨率等。图像分辨率直接影响图像的清晰度，图像分辨率越高，则图像的清晰度越高，图像占用的存储空间也越大。在显示器中每个单位长度显示的像素或点数通常被称之为显示器分辨率，以"点每英寸"(dpi)来衡量。显示器的分辨率依赖于显示器尺寸与像素设置，个人计算机显示器的典型分辨率通常为 96 dpi。与显示器分辨率类似，打印机分辨率也以"点每英寸"来衡量。如果打印机分辨率为 300～600 dpi，则图像的分辨率最好为 72～150 ppi。如果打印机的分辨率为 1200 dpi 或更高，则图像分辨率最好为 200～300 ppi。通常情况下，如果希望图像仅用于显示，可将其分辨率设置为 96 ppi(与显示器分辨率相同)；如果希望图像用于印刷输出，则应将其分辨率设置为 300 ppi 或更高。

2. 颜色模式与图像文件格式

图像处理离不开色彩处理，图像由色彩和形状两种信息组成。色彩的三要素即色相、明度、纯度(色度)。任何一个颜色或色彩都可以从这三个方面进行判断分析。色相指色彩所呈现出来的质的面貌，例如红、黄、蓝、绿等。明度指色彩的明暗深浅程度，明度高，就是说颜色亮。纯度指色相的鲜艳程度，即色彩中其他杂色所占成分的多少。

1) 颜色模式

颜色模式用来确定如何描述和重现图像的色彩。常见的颜色模型包括 HSB(色相、饱和度、亮度)、RGB(红色、绿色、蓝色)、CMYK(青色、品红、黄色、黑色)和 Lab 等。因此，相应的颜色模式也就有 RGB、CMYK、Lab 等。如图 3-50 所示的是 Photoshop 调色板的几种颜色模式表示红颜色时的数值。

(1) HSB 模式。HSB 模式以色相、饱和度、亮度与色调来表示颜色。通常情况下，色相由颜色名称标识，如红色、橙色或绿色；饱和度(又称彩度)是指颜色的强度或纯度，表示色相中灰色分量所占的比例，使用从 0(灰色)～100%(完全饱和)的百分比来度量；亮度是颜色的相对明暗程度，通常使用从 0(黑色)～100%(白色)的百分比来度量；色调是指图像的整体明暗度，图像亮部像素较多，则图像整体上看起来较为明快，反之，则图像整体上看起来较为昏暗。图像具有多个色调，通过调整不同颜色通道的色调可对图像进行细微的调整。

(2) Lab 颜色模式。Lab 颜色模式是以一个亮度分量 L(Lightness)，以及两个颜色分量 a 与 b 来表示颜色的。其中，L 的取值范围为 0～100，a 分量代表由绿色到红色的光谱变化，而 b 分量代表由蓝色到黄色的光谱变化，且 a 和 b 分量的取值范围均为-120～120。Lab 颜色模式是 Photoshop 内部的颜色模式。该模式是目前所有模式中色彩范围(称为色域)最大的颜色模式。

(3) RGB 颜色模式。利用红(Red)、绿(Green)和蓝(Blue)三种基本颜色进行颜色加法，可以配制出绝大部分肉眼能看到的颜色。彩色电视机的显像管及计算机的显示器都是以这种方式来混合出各种不同的颜色效果的，如图 3-51 所示。

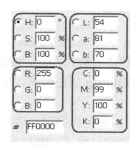

图 3-50　几种颜色模式表示红颜色的值

图 3-51　RGB 颜色模式

Photoshop 将 24 位 RGB 图像看作由三个颜色通道组成。这三个颜色通道分别为红色通道、绿色通道和蓝色通道。其中每个通道使用 8 位颜色信息，该信息由从 0~255 的亮度值来表示。如表 3-6 所示，这三个通道通过组合，可以产生 1670 余万种不同的颜色。在 Photoshop 中用户可以很方便地从不同通道对 RGB 图像进行色彩处理。

表 3-6　几种特殊颜色 RGB 亮度值

R	G	B	颜色名称	R	G	B	颜色名称
255	0	B0	红色	0	0	0	黑色
0	255	B0	绿色	255	255	255	白色
0	0	255	蓝色				

(4) CMYK 颜色模式。CMYK 颜色模式是一种用于印刷的模式，分别是指青(Cyan)、品红(Magenta)、黄(Yellow)和黑(Black)。在本质上 CMYK 模式与 RGB 颜色模式没有什么区别，只是产生色彩的原理不同。由于 RGB 颜色合成可以产生白色，因此，RGB 产生颜色的方法称为加色法。而青色(C)、品红(M)和黄色(Y)的色素在合成后可以吸收所有光线并产生黑色，因此，CMYK 产生颜色的方法称为减色法。

在 Photoshop 中，主要使用 RGB 颜色模式，因为只有在这种模式下，用户才能使用 Photoshop 软件系统提供的所有命令与滤镜。因此，用户在进行图像处理时，如果图像的颜色模式不是 RGB，则可首先将其颜色模式转换为 RGB 模式，然后进行处理。

2) 图像文件格式

(1) PSD 格式。PSD 格式是 Photoshop 默认的图像文件格式，是唯一支持所有图像模式的文件格式。PSD 格式的图像文件可以保存图像中的每一个细节，包括参考线、Alpha 通道和图层，从而为再次调整、修改图像提供可能。PSD 格式的缺点是保存的文件比较大。

(2) JPEG 格式。JPEG 格式是互联网上最常用的图像格式之一。JPEG 格式支持真彩色、CMYK、RGB 和灰度颜色模式，也可以保存图像中的路径，但不支持 Alpha 通道。JPEG 文件格式的最大优点是能够大幅度降低文件的存储空间，但图像的质量有一定的损失。在将图像文件保存为 JPEG 文件格式时，可以选择压缩的级别，级别越高，得到的图像文件越小，品质也越小。

(3) TIFF 格式。TIFF 格式是一种常用的位图图像文件格式，是为数不多的几种可以跨平台使用的图像文件格式之一，用于在不同的应用程序和不同的计算机平台之间交换文件，几乎所有的绘画、图像编辑和页面版面应用程序均支持此图像文件格式。TIFF 格式支持具有 Alpha 通道的 CMYK、RGB、Lab、索引颜色和灰度图像以及无 Alpha 通道的位图模式图像。

(4) BMP 格式。BMP 格式微软公司的专用格式，它是 DOS 和 Windows 兼容计算机上的标准 Windows 图像格式，也是 Photoshop 软件最常用的位图格式之一。BMP 格式支持 RGB、(索引颜色)Indexed Color、(灰度)Grayscale 和(位图)Bitmap 颜色模式，但不能够保存 Alpha 通道。

(5) EPS 格式。EPS 文件格式是一种跨平台的通用格式，它可以同时包含矢量图像和位图图像，并且几乎所有图像、图表和页面版面程序都支持该文件格式。BMP 格式支持 Lab、CMYK、RGB、索引颜色、双色调、灰度和位图颜色模式，但无法保存 Alpha 通道。

(6) GIF 格式。GIF 文件格式是 CompuServe 公司制定的、使用 8 位颜色并在保留图像细节(艺术线条、徽标或带文字的插图)的同时有效地压缩图像实色区域的一种文件格式。因为 GIF 文件只有 256 种颜色，因此将原来 24 位图像优化成为 8 位颜色的文件时会导致颜色信息丢失。此文件格式的最大特点是能够创建具有动画效果的图像，在 Flash 尚未出现之前，GIF 文件格式是因特网上动画文件的霸主，几乎所有动画图像均需要保存成为 GIF 文件格式。GIF 文件格式支持背景透明，因此如果需要在设置网页时使图像最佳地与背景融合，则需要将图像保存为 GIF 文件格式。

(7) PNG-8 格式。与 GIF 文件格式一样，PNG-8 文件格式可在保留图像细节(如艺术线条、徽标及带文字的插图)的同时，有效地压缩实色区域。但 PNG-8 格式的图像文件使用了比 GIF 更高级的压缩方案，因此使用此文件格式保存的同一图像比 GIF 文件小 10%～30%。

与 PNG-8 格式类似的是 PNG-24 格式，此类文件格式支持 24 位颜色。和 JPEG 格式一样，PNG-24 格式保留照片中存在的亮度和色相的显著和细微变化。PNG-24 格式与 PNG-8 格式使用相同的无损压缩方法。

PNG-24 文件格式的显著特点是支持多色阶背景透明。多色阶背景透明允许图像的透明区域具有多达 256 个色阶，所以使用此文件格式保存的图像可以非常平滑地将图像边缘与任何背景相混合，但需要注意，不是所有的浏览器都支持多色阶透明度。

(8) PDF 格式。PDF 文件格式是一种灵活的、跨平台的、跨应用程序的文件格式，使用 PDF 文件能够精确地显示并保留字体、页面版面以及矢量和位图图像。另外，PDF 文件可以包含电子文档搜索和导航功能(如电子链接)。

由于具有良好的传输及文件信息保留功能，PDF 文件格式已经成为无纸化办公的首选文件格式。如果使用 Acrobat 等软件对 PDF 文件进行注解或批复等编辑，对于异地协同作业将非常有帮助。

(9) PCX 格式。PCX 格式支持 1～24 位的图像，并可以用 PLE 方式保存文件。PCX 格式还支持 RGB、索引颜色、灰度和位图的颜色模式，但不支持 Alpha 通道。

(10) PICT 格式。PICT 格式是一种应用程序间传递文件的中间文件格式，常用于 Mac 图像和网页排版程序中。它不支持 Alpha 通道的索引颜色、灰度、位图的文件和带一个 Alpha 通道和 RGB 颜色模式的文件。这种格式对压缩具有大面积单色图像非常有效。

(11) TGA 格式：TGA 格式专用于广播电视。它广泛应用于 PC 领域，可以在 3ds Max 中生成 TGA 文件，在 Windows 平台上的 Photoshop、FreeHand、Painter 等软件里也可以将这种格式的文件打开或修改。TGA 格式支持一个 Alpha 通道 32 位 RGB 文件和不带 Alpha

通道的索引颜色、灰度、16 位或 24 位 RGB 文件。

二、Photoshop 的基本操作与使用

1. Photoshop 常用工具及使用方法

1) Photoshop 工作界面

Photoshop 的界面包含了整个绘图窗口以及在窗口中排列的菜单栏、属性栏、工具栏、参数设置面板等各个组成部分，如图 3-52 所示。

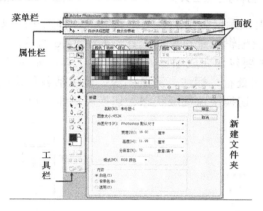

图 3-52　Photoshop 工作界面

2) Photoshop 常用工具分类

Photoshop 工具可分为 4 大类，每一类工具之间用工具隔断隔开，如图 3-53 所示。

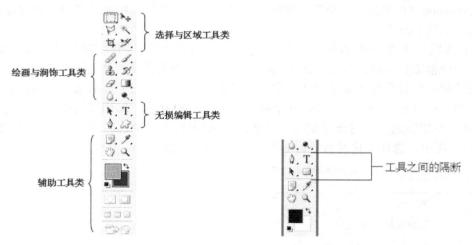

图 3-53　Photoshop 工具及工具之间的隔断

(1) 选择与区域工具类。选择与区域工具类包括选框工具、套索工具、移动工具、魔棒工具，它们主要用于对图像的部分进行选择；还有裁切工具、切片工具，它们主要将图像的部分区域划分或标注出来，如图 3-54 所示。

(2) 绘画与润饰工具类。绘画与润饰工具类包括各种画笔工具、渐变工具、填充工具

等，它们主要用于绘画；还包括修补工具、图章工具、橡皮擦工具、锐化工具、加深等各种润饰工具，主要用来对现有图片进行修复和优化，如图 3-55 所示。

图 3-54　选择与区域工具类

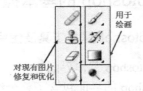

图 3-55　绘画与润饰工具类

(3) 无损编辑工具类。无损编辑工具类主要包含各种矢量工具，如路径工具、文字工具、自定义形状工具以及编辑矢量对象的工具，如图 3-56 所示。

(4) 辅助工具类：主要包含完成项目的各种辅助工具，如注释工具、吸管和标尺工具、缩放和抓手工具等，用来查看、标注、测量图像；还包括各种切换工具，主要用于切换，比如切换前景和背景色、切换快速蒙版状态、切换屏幕显示模式等，如图 3-57 所示。

图 3-56　无损编辑工具类

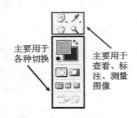

图 3-57　辅助工具类

3) Photoshop 常用工具使用方法

Photoshop 7.0 中的每一个工具都配有相应的工具属性栏，用来设定该工具的各种参数和特性，如图 3-58 所示。

(1) 选框工具的使用方法。选框工具包括矩形选框工具、椭圆选框工具、单行选框工具和单列选框工具 4 种，如图 3-59 所示。当在工具栏中选择使用某选框工具时，就会出现工具属性栏，可以在其中设定该工具的各种参数和特性，如选中矩形选框工具，其工具属性栏分为选择方式、羽化、样式等几个部分，如图 3-60 所示。如通过选择不同的选择方式(新选区、添加到选区、与选区交叉、从选区减去)来解决多个选区相加或者相减的问题，如图 3-61 所示，选择羽化像素值可对图片进行羽化，如图 3-62 所示。

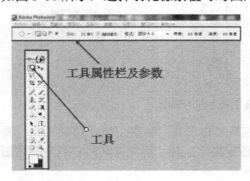

图 3-58　椭圆工具与工具属性栏参数

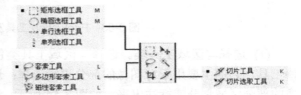

图 3-59　选择与区域工具

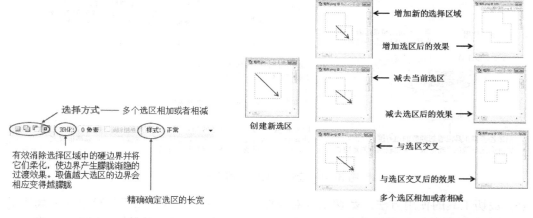

图 3-60　矩形选框工具属性栏　　　图 3-61　不同的选择方式解决多个选区问题

（2）移动工具的使用方法。用移动工具可以移动整个图片，也可移动图片的某个区域。打开两张图片，单击工具栏中的移动工具按钮，将光标放置在图像或选择区域内，按住鼠标左键将图片拖曳到另一个图片文件窗口中即可完成图片的移动。对于同一个文件中的图片，如果图层锁定则不能够移动图像，只能移动图像的某个区域。对图片中

图 3-62　羽化前和羽化后效果对比图

的某个区域进行移动的时候，当光标移动到选区内时，Photoshop 的移动工具下面多了个剪刀符号，移动选择区，原图像区域将以背景色填充。

（3）套索工具的使用方法。在 Photoshop 中，利用套索工具可以建立选区，处理成自己想要的图片，如图 3-63 所示。套索工具主要用来进行抠图处理，内含套索工具、多边形套索工具、磁性套索工具 3 个工具，第一个套索工具用于做任意不规则选区，多边形套索工具用于做有一定规则的选区，磁性套索工具是制作边缘比较清晰且与背景颜色相差比较大的图片的选区。在使用的时候注意其属性栏的设置，如图 3-64 所示。

（4）魔棒工具的使用方法。魔棒工具做选区用来抠图，注意容差取值范围为 0~255，数值越大，选择的范围也就越大。

图 3-63　使用套索工具建立新图

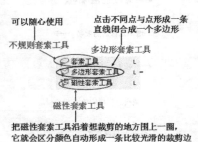
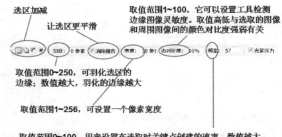

图 3-64 套索工具的使用方法

(5) 裁切工具的使用方法。裁切工具对图像进行任意的裁剪。在工具箱中选中裁切工具，然后在要进行裁切的图像上单击并拖动鼠标，会产生一个裁切区域，如图 3-65 所示。裁切工具还有剪裁区域"透视效果"的功能，在制作剪裁区域后，在工具属性栏中选中"透视"复选框，即可通过鼠标调节裁切区域的控制点来改变其透视感，如图 3-66 所示。

图 3-65 使用裁切工具获得一个新的裁切区域

图 3-66 获得透视感

(6) 切片工具的使用方法。切片工具主要是在制作网页时对图片进行"瘦身"，在不损失图像效果的前提下减小文件的容量，如图 3-67 所示。

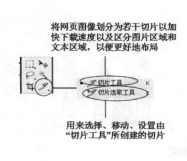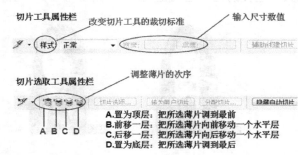

图 3-67 切片工具

(7) 其他工具的使用方法。其他工具的使用方法如图 3-68 所示。

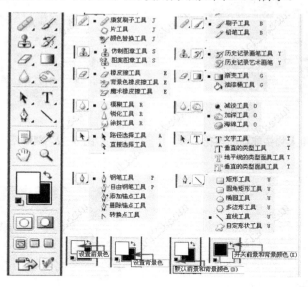

图 3-68　常用工具一览表

举例：使用"选择工具"合成一张"她在丛中笑"的图片。

第一步：打开图片文件，如图 3-69 所示。

第二步：使用椭圆选框工具羽化人物头部。选择椭圆选框工具，选择人物头部；在属性栏中执行"羽化"命令，设置羽化值为 20 个像素，如图 3-70 所示。

图 3-69　打开图片文件

图 3-70　羽化人物头部

第三步：使用移动工具，将人物选择区域拖移复制到花朵的中心位置，并将其缩放到合适大小，按 Enter 键或在属性栏选择"钩"，如图 3-71 所示。

第四步：使用移动工具，按下 Alt 键，再复制四个人物头部放到花朵图像的四角，并调整合适大小，如图 3-72 所示。

第五步：在"图层"面板中分别将五幅人物头像调整其透明度至合适。具体操作是：双击图层，弹出一个图层样式框，调整"不透明度"的百分比为 80%，如图 3-73 所示。

第六步：最后形成"她在花丛中笑"的效果，如图 3-74 所示。

图 3-71　将人物头部移动到花中心　　　　图 3-72　复制四个人物头部

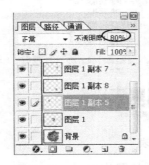 

图 3-73　调整"不透明度"的百分比为 80%　　图 3-74　"她在丛中笑"效果图

2. Photoshop 在出版中的应用

1) 图片的修复与润饰

所使用的图片有可能不够理想或达不到出版的要求，或者应出版要求需要增加某种效果，这时我们必须对图片进行修复和润饰。Photoshop 中对图片修复和润饰的工具有修复画笔工具，橡皮擦工具，模糊、锐化\涂抹工具，加深、减淡及海绵工具。使用此类工具时要注意在工具属性栏中设置相关属性参数以便达到操作效果。

(1) 修复画笔工具。Photoshop 中的修复画笔工具可以修补图片中不理想或多余的部分。例如，把照片中的日期去掉的操作步骤如下。

第一步：打开文件。

第二步：选择缩放工具，将图片要修复的局部放大，如图 3-75 所示。

第三步：选择修复画笔工具，在工具属性栏中设置画笔为 6、硬度为 0、间距为 13%。

第四步：开始修图。先使用 Alt 键+鼠标左键选取修复原色；再用鼠标进行修复，如图 3-76 和图 3-77 所示。

小技巧：请先看清背景颜色、图案、棱角等的规律，沿着背景图案和颜色的走向选取原色。

图 3-75　将图片局部放大　　　　图 3-76　使用修复画笔工具修图

项目三　图表与图片的编辑处理

图 3-77　去掉日期中"2"的对比效果图

(2) 橡皮擦工具。使用橡皮擦工具可以擦除图像，先选中橡皮擦工具，按住鼠标左键在图像上拖动即可。当作用于背景图层时，擦除过的地方会用背景色填充；当作用于普通图层时，擦除过的地方会变成透明。

注意： 在橡皮擦工具属性栏中要设置画笔的大小与类型。

(3) 模糊、锐化和涂抹工具。模糊、锐化和涂抹工具可以对图像局部线条的细节进行修饰，使图像局部变得模糊，产生柔化朦胧的效果，如图 3-78 所示。

(4) 加深、减淡及海绵工具也可以对图像细节进行颜色饱和度处理，使图像得到细腻的光影效果，如图 3-79 所示。

图 3-78　原图及模糊、锐化和涂抹处理效果图

图 3-79　减淡、加深处理效果图

2) 在图片中添加文字

Photoshop 中，能在图片中添加文字的工具有文字工具和注释工具。

(1) 文字工具。可以在图像中直接输入文本，并能够在上面对文本直接进行编辑和操作。

① 单击工具栏中的文字工具按钮(可选择文字排列方向)，或者按快捷键 T 选取文字工具。

② 在文字工具属性栏中设置字体、字号、段落格式等。

③ 在图像上欲输入文字的地方单击鼠标左键，出现一个"I"形的指示光标，这就是输入文字的基线，如图 3-80 所示。可使用移动工具移动文字位置。

④ 输入所需的文字。输入的文字将自动生成一个新的文字图层保存。

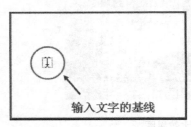

图 3-80　输入文字及生成文字图层

(2) 注释工具。注释工具是用在想要告诉观看者某些额外信息的时候，比如版权声明、图片内容介绍、协同制作图像的内容和要求。注释工具所加入的注释不会影响图片显示的内容。具体操作也比较简单：在 Photoshop 中选中注释工具，在打开的属性栏中设置作者信息、字号、字体，然后把注释框拖到图像里面，使用文字工具输入要注释的文字，如图 3-81 所示。要删除注释则在注释上单击鼠标右键，在弹出的对话框中有"删除注释"和"删除所有注释"选项。

图 3-81　注释文字

3) 用几何绘图工具制作矢量图案

四种选框工具都可以用来绘图，钢笔工具也可以随意地绘画，再转化为路径描边。下面我们来制作一个立体球，一起来看看是怎么完成的。

第一步：新建一个图像文件，设置图像"名称"为"立体球"；将"宽度"和"高度"都设置为 400 像素；设置图像色彩模式为 RGB 颜色模式；其他为默认设置，如图 3-82 所示。

第二步：建立一个圆形选区。右击选框工具，选中"椭圆选框工具"，在新建的图像文件窗口中画一个圆(操作时先按住 Shift 键，然后松开鼠标左键，最后再松开"Shift"键)，如图 3-83 所示。

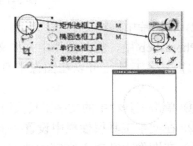

图 3-82　新建一个图像文件　　　　图 3-83　建立一个圆形选区

第三步：设置前景色和背景色。单击"设置前景色"按钮，打开"拾色器"对话框，拖动色标选取颜色，也可以在颜色编号框中直接输入颜色编号来指定颜色。本例需要的是天蓝色，于是我们将色标拖动到天蓝色上或者直接输入颜色编号(#4FA2FF)，将前景色设置为蓝色。用同样的方法将背景色设为深蓝色，如图3-84所示。

第四步：渐变填充的设置。在工具箱中选择"渐变工具"，单击渐变工具选项栏中的渐变种类选择按钮，从下拉菜单中选择"从前景色到背景色渐变"效果，接着单击工具选项栏中的"径向渐变"按钮，如图3-85所示。

第五步：渐变填充。把鼠标移到图像选区的左上方，按住左键不放拖至选区的右下方，松开鼠标左键，得到渐变颜色填充效果，如图3-86所示。最后再执行"选择"→"取消选择"命令将选区去掉，立体球就制作完成，如图3-87所示。

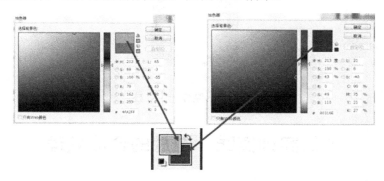

图3-84　设置前景色和背景色

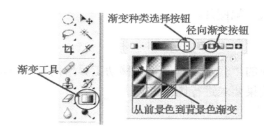

图3-85　渐变填充的设置

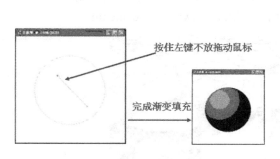

图3-86　完成渐变填充

图3-87　立体球制作完毕

【课堂演练】

用几何绘图工具制作一个立柱。建立一个新文件，设置宽高为 400×400、RGB 模式、72 ppi、白色背景，如图 3-88 所示。

图 3-88　制作一个立柱

项目实训实践　图片的合成处理

一、实训名称

运用 Photoshop 合成一幅图片。

二、实训目的

(1) 掌握选择工具中的"套索工具"和"移动工具"的使用方法。
(2) 能按指定图片效果要求进行图片处理。

三、实训内容

在出版活动中，常常要利用 Photoshop 合成图片，以达到某种出版效果。本实训使用选择工具中的"套索工具"和"移动工具"将"龟裂的土地"(见图 3-89)和"崩裂的土地"(见图 3-90)移动合成到"正常的山间公路"(见图 3-91)上，以达到被炸毁碎裂的山间公路效果(见图 3-92)。本实训素材来自思缘设计论坛(http://down.missyuan.com/)。

图 3-89　"龟裂的土地"原始素材图片

项目三 图表与图片的编辑处理

图 3-90 "崩裂的土地"原始素材图片

图 3-91 "正常的山间公路"原始素材图片

图 3-92 合成后的"被炸毁碎裂的山间公路"效果

四、实训步骤

第一步：运行 Photoshop 软件，打开图 3-91 所示的"正常的山间公路"原始素材，如图 3-93 所示。

图 3-93 用 Photoshop 打开"正常的山间公路"原始素材图

第二步：打开图 3-89 所示的"龟裂的土地"原始素材图，如图 3-94 所示。

图 3-94　用 Photoshop 打开"龟裂的土地"原始素材图

第三步：利用"多边形套索工具"和"移动工具"将图 3-94 拖入到图 3-93 中，并生成图层 1；确保选中图层 1，按 Ctrl+T 快捷键对其进行自由变换，调整大小及位置布置，保证把图 3-93 上整条公路都覆盖住即可，如图 3-95 所示。

图 3-95　生成图层 1，确保覆盖原图整条公路

第四步：将图层 1 的图层混合模式设置为"正片叠底"，如图 3-96 所示。

设置成"正片叠底"模式后，图层 1 呈现半透明效果，这时如果觉得图层 1 的位置不太好，还可以继续调整，以确保"龟裂的土地"与"正常的山间公路"的覆盖效果。

第五步：进行图层融合。不同图层之间的融合一般都要进行过渡处理，单击"图层"面板下方的"添加图层蒙版"按钮，给图层 1 添加图层蒙版，如图 3-97 所示。

第六步：单击"选择画笔"工具，设置前景色为黑色、画笔硬度为 50%、大小适当，如图 3-98 所示。单击选中图层 1 的蒙版，利用设置好的画笔工具将公路以外的图层 1 中的内容擦除掉，如图 3-99 所示。擦除过程中要注意公路边缘的轮廓，尽量仔细些。

项目三 图表与图片的编辑处理

图 3-96 图层 1 的"正片叠底"效果

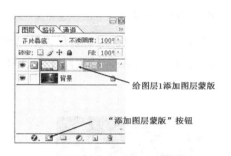

图 3-97 给图层 1 添加图层蒙版

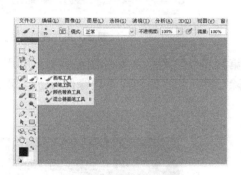

图 3-98 设置前景色为黑色

图 3-99 公路以外的图层 1 中的内容擦除后的效果图

第七步：打开图 3-90 所示的"崩裂的土地"原始素材图，利用"多边形套索工具"和"移动工具"将图 3-90 拖入到图 3-91 中，并生成图层 2；将图层 2 的图层混合模式设置为"正片叠底"；选择"编辑"→"变换"→"扭曲"菜单命令，适当压扁图层 2，并调整大小及位置，使之崩裂的口与公路处于同一水平面，这样看起来逼真一些。此时为了方便操作，可将图层 1 的"眼睛"暂时取消。双击应用扭曲变形，如图 3-100 所示。

图 3-100　将崩裂的口与公路处于同一水平

第八步：给图层 2 添加图层蒙版，利用之前设置好的画笔工具将崩裂口以外的多余部分擦除。擦除的时候要注意边缘位置适当保留部分，这样有利于融合过渡，效果如图 3-101 所示。

图 3-101　将崩裂口以外的多余部分擦除

第九步：将图层 1 的"眼睛"显现，这时可能会发现图层 1 的内容会呈现于图层 2 之上，所以接下来我们要把崩裂口位置上的裂痕擦除掉。选中图层 1 的蒙版，然后利用黑色的画笔在崩裂口上进行相应的擦除，效果如图 3-102 所示。

第十步：根据需要进行整体画面的色彩及色泽调整，常用的方法是单击"图层"面板下方的"创建新的填充或调整图层"按钮，在弹出的下拉菜单中选择任意命令进行调整，比如色彩平衡，如图 3-103 所示。

色彩平衡对于调整画面的颜色相当好用，特别是其阴影、中间调和高光的分开调整。当然具体的参数调整依个人喜好而定。另外还可以调整亮度、对比度等。最终效果图如图 3-92 所示。

图 3-102 将崩裂口位置上的裂痕擦除　　图 3-103 运用色彩平衡，整体修饰画面

五、实训要求

(1) 独立完成。
(2) 请将下发的原始素材命名后加上自己的姓名。
(3) 上交操作步骤截图(不少于 8 幅)。

六、考核标准

项　目	考核标准		
	优秀(90～100 分)	良好(80～90 分)	合格(60～80 分)
考核标准 (100 分制)	独立完成，完成图片效果好。有不少于 8 幅反映独立完成的操作步骤截图	独立完成，完成图片效果良好。有不少于 8 幅反映独立完成的操作步骤截图	在老师和同学帮助下独立完成，按时上交
自评分			
教师评分			

注：未参与实训项目，在当次实训成绩中计 0 分。

课 后 练 习

1. 技能拓展题：下载并安装 ACDSee，并自学其使用方法。
2. 技能拓展题：自学水印加密技术，并为自己的图片处理作业加上特殊的水印(如标明姓名、日期、联系方式等信息)。

项目四　版式设计与排版

【项目情境描述】

　　报刊亭的报纸每天都是新的，陈列架同类图书琳琅满目，新的网站网页层出不穷……当你匆匆走过报刊亭，你为何不假思索单单买走某一份？为什么有的图书你都不愿意从书架上拿下来？为何有的网站打开后你却迅速关闭它？从平面媒体到互动、3D新视听，你喜欢的理由是什么？经验告诉我们，形式一定先于内容被接受。这就是版式设计和排版对人们阅读兴趣所起的作用。

　　在媒体竞争日趋激烈的今天，报纸、图书、网站不仅仅是一个文字和图片发布的简载体，它还具有审美功能、展示功能和引导功能。新媒体时代的平面出版物版式设计，不只是内容加艺术，也不再只是美化版面，而在很大程度上对内容起到了积极的促进作用；网页和互动出版物的版式设计不是对图片、文字或多种动态元素的堆砌或者是对网页模板的随意套用，它需要的不仅是技术，更需要版式设计的合理美观，以给浏览者留下深刻的印象而获得美的视觉感受。

　　本项目将带领大家掌握版式设计的基本流程、设计原则与方法，掌握方正飞腾排版软件的文字处理、图文组合排版基本操作，为采集多媒体素材、制作电子图书和电子杂志打下基础，为本专业后续《新媒体制作技术》《排版与版式设计》《网络书店经营实务》等课程和教材内容的学习打下基础。并为将来从事数字出版内容的排版设计、版面美化等相关岗位打下基础。

【学习目标】

(1) 熟悉排版设计的内涵和原则。
(2) 掌握排版设计的基本程序。
(3) 熟悉方正飞腾排版软件基本工具的使用方法。
(4) 掌握方正飞腾排版软件文字、图片以及图文组合排版技巧。

【学习任务】

任务1　认识版式设计与排版(建议：2课时)
任务2　方正飞腾的安装与基本工具的应用(建议：2课时)
任务3　方正飞腾的文字处理(建议：4课时)
任务4　方正飞腾的图文组合排版(建议：4课时)
项目实训实践　报纸版式设计与排版(建议：2课时)

任务 1 认识版式设计与排版

【教学准备】

(1) 具有多媒体教学设备的实训教室。
(2) 出版物成品、网络接入的学生机若干、演示平台。
(3) 具有特色风格版式设计的出版物若干。

【案例导入】

《纽约时报》改版价值几何

(改写自腾讯科技,2013-03-17)

《纽约时报》网络版于 2013 年 3 月对其文章网页等版式设计进行改版,其文章页面版式设计为动画式预览。文章页面设计版式给人的印象就是非常简洁。在文字的边界处,留下了大量白色空间,顶部的导航区域面积已被缩减一半左右,而接近页面顶部的 728×90 像素旗帜广告已经被取消,图片及其他多媒体元素(包括视频)已经由原来的小尺寸改为更大尺寸,并放置到更醒目位置即在文章顶部或文章中间。改版后的页面如图 4-1 所示。

图 4-1 改版后的《纽约时代》页面

改版后的《纽约时报》主要具有如下特点:一是文章页面为"应变式"设计,即针对用户所使用不同硬件设备网页内容将自动适应不同尺寸的显示屏;二是简化位于文章页面顶部的导航栏并设计"缎带"式个性化导航;三是可定制化的文章模板取代了双排式边栏弹性模板,不同题材文章具有不同风格和效果;四是增加了文章评论内容。

《纽约时报》改版价值几何呢?"应变式"设计版面无疑增强了其传播力,可以在台式机、平板电脑以及智能手机上阅读。简化的导航栏有利于读者阅读篇幅较长的文章时花更多时间停留在该网站上。"缎带式个性化导航栏提示热门文章、用户当前所阅读板块内容的缩略图,有助于读者找到自己喜欢的文章。可定制化的文章模板,通过不同字体风格可以更好地区分短小的新闻报道和内容较为休闲的长篇文章。增加的文章评论内容可以鼓励用户继续阅读其他内容。从表面上看，新版式的广告数量似乎减少，但实际上用户在该网站的停留时间增长使得其广告收入并不减少。这正体现了"页面上的各种元素越少，则广告主的信息就更为醒目，用户点击这些广告的概率就更大"的广告思路。在《纽约时报》所有的网络流量中，近46%是通过访问主页而来。因此，主页版式设计模板的灵活性，不但可增强《纽约时报》文章的可读性，而且还能够使广告主的广告信息更引人注目。《纽约时报》搜索产品副总裁罗布·拉尔森(Rob Larson)表示："目前网站的同质化现象非常明显。我们希望提供的内容更多样和更丰富，并在图片体积、标题字号及格式等方面加以体现……如此才能适应新闻产业的发展。"

【知识嵌入】

一、版式设计

1. 版式设计的基本概念

版式设计也称版面设计，是一种艺术创作的过程。版面设计是根据设计主题和视觉需求，在预先设定好的版面内，运用造型要素和形式原则，将图片(图形)、文字、线条、色彩等视觉传达信息要素进行有组织、有目的的组合排列的设计行为与过程。版式设计是平面设计中的一大分支，不仅只用于书刊的排版当中，网页、广告、海报等涉及平面及影像的领域都会用到。好的版面设计可以更好地传达作者想要传达的信息，或者加强信息传达的效果，并能增强易读性，使内容更加醒目、美观。版面设计是艺术构思与编排技术相结合的工作，是艺术与技术的统一体。

版式设计通常会涉及平面设计、VI 设计、logo 设计、画册设计、海报设计、包装设计、书籍装帧、名片设计、地产设计、版式设计、封面设计、广告设计、字体设计、单页设计、UI 设计、网页设计、插画设计、工业设计、环艺设计、室内设计等内容。

2. 排版设计的基本原则

1) 思想性与单一性

排版设计本身并不是目的，设计是为了更好地传播客户信息。设计师以容易陶醉于个人风格以及与主题不相符的字体和图形中，这往往是造成设计平庸失败的主要原因。一个成功的排版设计，首先必须明确客户的目的，并深入了解、观察、研究与设计有关的方方面面，简要的咨询是设计良好的开端。版面离不开内容，更要体现内容的主题思想，用以增强读者的注目力与理解力。排版设计既要体现设计思想，但更需要体现设计的单一性，只有做到主题鲜明突出、一目了然，才能达到版面构成的最终目标。

2) 艺术性与装饰性

为了使排版设计更好地为版面内容服务，寻求合乎情理的版面视觉语言则显得非常重要，也是达到最佳诉求的体现。构思立意是设计的第一步，也是设计作品中所进行的思维活动。主题明确后，版面构图布局和表现形式等则成为版面设计艺术的核心，也是一个艰难的创作过程。怎样才能达到意新、形美、变化而又统一，并具有审美情趣，这就要取决于设计者文化的涵养。所以说，排版设计是对设计者的思想境界、艺术修养、技术知识的全面检验。

版面的装饰因素是由文字、图形、色彩等通过点、线、面的组合与排列构成的，并采用夸张、比喻、象征的手法来体现视觉效果，既美化了版面，又提高了传达信息的功能。装饰是运用审美特征构造出来的。不同类型的版面信息，具有不同方式的装饰形式，它不仅起着排除其他、突出版面信息的作用，而且能使读者从中获得美的享受。

3) 趣味性与独创性

排版设计中的趣味性，主要是指形式的情趣，这是一种活泼性的版面视觉语言。如果版面本无多少精彩的内容，就要靠制造趣味取胜，这也是在构思中调动了艺术手段所起的作用。版面充满趣味性，使传媒信息如虎添翼，起到了画龙点睛的传神功力，从而更吸引人。趣味性可采用寓意、幽默和抒情等表现手法来获得。

独创性原则实质上是突出个性化特征的原则。鲜明的个性，是排版设计的创意灵魂。试想，一个版面多是单一化与概念化的大同小异、人云亦云，可想而知，它的记忆度有多少？更谈不上出奇制胜。因此，要敢于思考，敢于别出心裁，敢于独树一帜，在排版设计中多一点个性而少一些共性，多一点独创性而少一点一般性，才能赢得消费者的青睐。

4) 整体性与协调性

排版设计是传播信息的桥梁，所追求的完美形式必须符合主题的思想内容，这是排版设计的根基。只讲表现形式而忽略内容，或只求内容而缺乏艺术表现，版面都是不成功的。只有把形式与内容合理地统一，强化整体布局，才能取得版面构成中独特的社会和艺术价值，才能解决设计应说什么、对谁说和怎样说的问题。

强调版面的协调性原则，也就是强化版面各种编排要素在版面中的结构以及色彩上的关联性。通过版面的文、图间的整体组合与协调性的编排，使版面具有秩序美、条理美，从而获得更好的视觉效果。

3. 排版设计程序

排版设计除了必须合理地编排各个信息要素外，还应特别注重整体设计风格的一致性和连贯性。"一致性"在这里指某个单行本如一本书、一本杂志、一本简介或一本说明书等的整体装帧设计。如统一的书眉设计、统一页码设计、统一的标识设计等。"连贯性"在这里指成套的系列丛书、定期出版的杂志以及稳定发行的报刊等具有一本接一本、一期接一期特征的总体版式设计，如统一的封面设计、统一的标题设计、统一的色彩设计等。版式设计的方法还由于媒体的不同而有差异，如路牌与招贴的版式设计有差异，书籍与杂志的版式设计有差异，杂志与报纸的版式设计有差异，严肃性读物与消遣性读物的版式设计有差异，成人读物与儿童读物的版式设计有差异，等等。排版设计的方法多种多样，但具体操作时，不外乎下述几个程序。

1) 勾草图

当设计者接到项目并掌握了相关的一切素材资料后，勾小草图就是最先要做的事情。勾小草图的过程实际就是设计者思索的过程，这当中不能排除不同媒体版式的特性对设计者思维的制约，也不能排除不同文字字形、不同图片对设计者编排的影响，但优秀的设计者往往能将这些制约和影响幻化为思维飞翔的翅膀，以限制性开发创造性，化限制为自由。所谓"将计就计"、"因地制宜"、"因形制形"讲的就是这个意思，要学会接受限制、掌握限制，更要学会利用限制。

2) 设计稿

小草图阶段是十分凌乱潦草的。当设计者在凌乱潦草的若干小草图中选择出比较好一些的设计方案时，就可以把它放大出来继续深入完善。这是一个很重要的程序，称为设计方案阶段。设计稿中，排版设计形式的选择范围应比小草图时明显收缩，但也未见得一两幅就能了事，应根据设计方案的需要画出几张效果图(可能是单色的，也可能是彩色的)进行比较，差异不一定要大。这个阶段要在编排格式上认真琢磨、仔细推敲、不断挖掘，以保证下一步正稿的质量。有电脑设备条件、采用计算机软件从事版式设计的人员，可以直接在显示屏上多做几个方案，最后打印出来让客户比较后再修改确定。

3) 正稿

最佳设计稿确定后，就开始根据它绘制正稿(彩稿或墨稿)。正稿的标题、文字、图形等与成品是一致的，必须严肃认真对待。色彩有时可能有误差，印刷物如招贴、封面的正稿要记住在边界处留出 3 mm 切口，以免印制出成品后边缘遗留下未切到的白边。使用电脑进行版式设计的人员常常是将图形、照片等素材扫描到计算机中去制作、编辑和处理，熟练者甚至不需要勾画草图。电脑设计的最大方便是可以不用画墨稿。

4) 清样

从印刷版上打印出来的校样，通常简称清样或打样，清样和最终的成品应当完全一样。之所以要交给设计者校样是出于大量印制前的慎重考虑，如会不会出现文字疏漏或文字错误，会不会与设计者最终的意图产生悖逆，等等。这是最后的弥补不足和修改错误的机会，是减少设计遗憾、减少经济损失的一个行之有效的程序。

二、排版与桌面出版系统

1. 桌面出版系统

桌面出版(DTP，Desktop Publishing)是指通过扫描仪、计算机等数字处理设备及手段进行报纸、书籍、期刊等纸张或数字媒体编辑出版的总称。桌面出版系统一般由数字输入部分、数字图文处理部分、数字输出部分三大部分组成，其排版软件系统如图4-2所示。

1) 数字输入部分

此部分的硬件有扫描仪、数字照相机、计算机；软件有设备驱动软件、计算机操作系统。

2) 数字图文处理部分

此部分的硬件有计算机；软件一般包含图像处理类软件(Photoshop、Painter)、图形类软件(Freehand、CorelDraw)、排版软件(方正飞腾、PageMaker，InDesign)和三维图像制作软件(3DS)等。

3) 数字输出部分

此部分的硬件有计算机、彩色打印机、激光打印机、激光照排机、直接制版机、冲版机等、直接数字印刷机；软件有 RIP、驱动软件、字库。

2. 排版

排版设计也叫版面编排，即在一定的版面空间里，把文字字体、图片图形、线条线框和颜色色块等版面构成要素，根据特定内容的需要进行组合排列，并运用形式原理及造型要素，把构思与计划以视觉形式表达出来。排版设计是平面设计中重要的组成部分，是平面设计中最具代表性的一大分支，随着现代科学技术和经济的飞速发展，被广泛地应用于报纸、书刊、广告、招贴、包装装潢、DM(直邮广告)、CI(企业形象)和网页等领域。

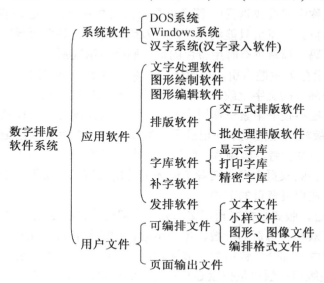

图 4-2　桌面出版排版软件系统组成部分

排版和版式设计不是一回事，虽然平时有人会将两者混为一谈。简单地说，可以认为排版就是版式设计程序中的正稿编排。排版更侧重技术性的工作，仅仅在指定的版式设计方案中运用技术手段将文字、图片、表格等内容进行组织。相对于排版，版式设计更具有创造性和艺术性，需要考虑各要素编排的方案，是一项创造性的工作。

1) 常用排版术语

一名合格的排版设计人员只有掌握了这些"排版语言"，才能达到高效率和高质量。

(1) 封面。广义的封面包括封面、封里、封底里和封底四个部分。封面又称封一、前封面、封皮、书面，印有书名、作者、译者姓名和出版社的名称。封面起着美化书刊和保护书芯的作用；封里(又称封二)是指封面的背页。封里一般是空白的，但在期刊中常用它来印目录，或有关的图片；封底里(又称封三)是指封底的里面一页。封底里一般为空白页，但期刊中常用它来印正文或其他正文以外的文字、图片；封底(又称封四、底封)是封面最后一面，图书在封底的右下方印统一书号和定价，期刊在封底印版权页，或用来印目录及其他非正文部分的文字、图片。常将封面上方印书名文字的部分称为书冠；把封面下方印出版单位名称的部分称为书脚。

(2) 书脊(又称封脊)。书脊是指连接封面和封底的书脊部。书脊上一般印有书名、册次(卷、集、册)、作者、译者姓名和出版社名，以便于查找。

(3) 扉页(又称里封面或副封面)。扉页是指在书籍封面或衬页之后、正文之前的一页。扉页上一般印有书名、作者或译者姓名、出版社和出版的年月等。扉页也起装饰作用，增加书籍的美观。

(4) 插页。插页是指凡版面超过开本范围的、单独印刷插装在书刊内、印有图或表的单页。有时也指版面不超过开本，纸张与开本尺寸相同，但用不同于正文的纸张或颜色印刷的书页。

(5) 目录。目录是书刊中章、节标题的记录，起到主题索引的作用，便于读者查找。目录一般放在书刊正文之前(期刊中因印张所限，常将目录放在封二、封三或封四上)。

(6) 篇章页(又称中扉页或隔页)。篇章页是指在正文各篇、章起始前排的，印有篇、编或章名称的一面单页。篇章页只能利用单码、双码留空白。篇章页插在双码之后，一般作暗码计算或不计页码。篇章页有时用带色的纸印刷来显示区别。

(7) 索引。索引分为主题索引、内容索引、名词索引、学名索引、人名索引等多种。索引属于正文以外部分的文字记载，一般用较小字号双栏排于正文之后。索引中标有页码以便于读者查找。在科技书中索引作用十分重要，它能使读者迅速找到需要查找的资料。

(8) 版权页。版权页是指版本的记录页。版权页中，按有关规定记录有书名、作者或译者姓名、出版社、发行者、印刷者、版次、印次、印数、开本、印张、字数、出版年月、定价、书号等项目。版权页主要供读者了解图书的出版情况，常附印于书刊的正文前后，图书版权页一般印在扉页背页的下端。

(9) 版式与版心。版式是指书刊正文部分的全部格式，包括正文和标题的字体、字号、版心大小、通栏、双栏、每页的行数、每行字数、行距及表格、图片的排版位置等。版心是指每面书页上的内容部分，包括章、节标题、正文以及图、表、公式等。

(10) 版口与超版口：版口是指版心左右上下的极限，在某种意义上即指版心。严格地说，版心是以版面的面积来计算范围的，版口则以左右上下的周边来计算范围。超版口是指超过左右或上下版口极限的版面。当一个图或一个表的左右或上下超过了版口，则称为超版口图或超版口表。

(11) 直(竖)排本与横排本。翻口在左、订口在右、文字从上至下、字行由右至左排印的版本为直排本，一般用于古书。翻口在右、订口在左、文字从左至右、字行由上至下排印的版本为横排本。

(12) 刊头。刊头又称"题头"、"头花"，用于表示文章或版别的性质，也是一种点缀性的装饰。刊头一般排在报纸、杂志、诗歌、散文的大标题的上边或左上角。

(13) 破栏。破栏又称跨栏。报纸杂志大多是用分栏排的，这种在一栏之内排不下的图或表延伸到另一栏去而占多栏的排法称为破栏。

(14) 天头与地脚。每面书页的上端空白处为天头；每面书页的下端空白处为地脚。

(15) 暗页码。暗页码又称暗码，是指不排页码而又占页码的书页。一般用于超版心的插图、插表、空白页或隔页等。

(16) 页。页与张的意义相同，一页即两面(书页正、反两个印面)，应注意另页和另面的概念不同。

(17) 另页起与另面起。另页起是指一篇文章从单码起排(如论文集)。如果第一篇文章以单页码结束，第二篇文章也要求另页起，就必须在上一篇文章的后留出一个双码的空白面，即放一个空码。每篇文章要求另页起的排法，多用于单印本印刷。另面起是指一篇文章可以从单、双码开始起排，但必须另起一面，不能与上篇文章接排。

(18) 表注与图注。表注是指表格的注解和说明。一般排在表的下方，也有的排在表框之内，表注的行长一般不要超过表的长度。图注是指插图的注解和说明。一般排在图题下面，少数排在图题之上。图注的行长一般不应超过图的长度。

(19) 背题。背题是指排在一面的末尾，并且其后无正文相随的标题。排印规范中禁止背题出现，当出现背题时应设法避免。解决的办法是在本页内加行、缩行或留下尾空而将标题移到下页。

2) 常用排版软件

常用排版软件有方正书版、方正飞腾系列、Adobe InDesign、PageMaker、Illustrator、QuarkXPress、CorelDRAW等，见表4-1。

表4-1　常用排版软件及特点

名　称	适应范围	特　点	研　发　者
书版	用于图书排版，可以制作出长篇幅高质量印刷排版物	在文字、表格、图片、数学公式、化学公式以及一些特殊版式有明显效果	北大方正
QuarkX-press	用于图片多文字少的大型彩色杂志、广告、画册等	具有自动备份、存储、组页功能，可输出EPS，可用渐变填充图形	Quark
PageMaker	用于印刷的广告排版、杂志排版，以及制作电子出版物	能输出PDF、HTML文件，具有图层管理、色彩管理、图文链接、表格制作功能	Aldus /Adobe
Indesign	用于印刷的广告排版、杂志排版，以及制作电子出版物	Pagemaker升级版，能与很多排版软件兼容，具有文件自动保存功能	Adobe
飞腾	用于中文字多、图文混排复杂的版面，如报纸、期刊等	强大中文处理功能，图形绘制功能强、底纹多、变换功能强	北大方正

【课堂演练】

(1) 收集你喜欢的图书、杂志、报纸版式设计案例，并与大家分享。

(2) 尝试分析报纸版式设计创新对阅读的影响。

(3) 上网收集资料，了解信息时代排版设计的发展趋势。

任务2　方正飞腾的安装与基本工具的应用

【教学准备】

(1) 具有多媒体教学设备的实训教室。

(2) 出版物成品、网络接入的学生机若干、演示平台。

(3) 方正飞腾4.1安装包。

【案例导入】

飞腾排版系统为何应用如此广泛

飞腾排版软件是北大方正电子有限公司继方正维思后推出的第三代彩色排版软件。因为它的设置非常人性化，操作也比较简单，广泛应用于国内外的报社、杂志社、出版社、印刷厂和广告公司等印刷出版单位。飞腾排版系统为什么应用如此广泛呢？

第一，飞腾排版系统支持各种国内和国际标准，是开放式的中文排版软件。它的输出结果为 PostScript Level II 标准。有了 PostScript，飞腾排版的版面，可以通过方正或其他厂商的 PostScript 解释器，输出到各种输出设备。飞腾排版系统还支持 OPI 标准，同时飞腾排版系统采用了开放式的字体管理技术，可以用标准的 TrueType 字作为显示字模，用户不仅可以利用方正提供的所有字体，也可以自行选择使用其他公司字体。第二，飞腾排版系统实现全面的开放。独特的过滤器使排版系统能接收多种排版格式文件，它可以把各种支持 OLE Server 的软件集成于飞腾排版系统中，用来实现复杂的版面设计。例如，有些报社在飞腾排版系统中，直接使用 Excel 的电子表格排股市行情表，用 CorelDraw 的绘图功能制作广告或标题。插件技术的使用大大提高了软件的可靠性及可维护性，提高了软件的扩展能力和复用度，为飞腾软件增加丰富的功能，也可以用来为用户定制特殊功能。第三，系统的易用性。飞腾排版系统采用 Windows 风格的界面，如菜单、工具条、工具箱、多种浮动窗口、右键功能等，使用户的操作更加得心应手，制作版面更加快捷。此外，飞腾还提供背景格、参考线、捕捉功能、库管理、块对齐、排版格式、刷新和终止刷新等各种版面设计工具。第四，提供新一代报业解决方案，把报业流程管理和飞腾排版系统紧密结合在一起，使报纸排版的自动化程度进一步提高，提供了更加完善的报业解决方案。第五，彩色版面设计功能，有 RGB、CMYK 两种颜色模型以及专色处理技术，提供 16 种 PANTONE 和 DIC 专用色标。飞腾排版系统实现了漏白处理(即 Trapping 处理)，分色输出 PS 等功能，提高了高档彩色版面的印刷质量。第六，强大的排版功能和丰富的对象操作功能。飞腾排版系统集成了文字、图形、图像排版的功能，文字可转为图形，作为图元进行各种相关的操作。

【知识嵌入】

一、认识方正飞腾排版软件

方正飞腾是由北大方正自主开发生产的桌面排版软件，在中文文字处理上具备其他软件无法比拟的优势，同时具备处理图形、图像的强大能力。它整合了全新的表格、GBK 字库、排版格式、对话框模板、插件机制等功能，保证彩色版面设计的高品质和高效率。

1. 方正飞腾 4.1 排版软件的排版优势

方正飞腾 4.1 是北大方正电子有限公司继方正维思后推出的第三代彩色排版软件。系统运行于简体中文 Windows 98/2000/XP 平台，文件的基本格式为"*.fit"。因为它的设置非常人性化，操作也比较简单，广泛应用于国内外的报社、杂志社、出版社、印刷厂和广告公司等印刷出版单位。

1) 强大的文字排版功能

方正飞腾 4.1 在文字处理上具备其他软件无法比拟的优势。第一，提供了系统英文、方正中文和系统中文三类丰富的字体，目前方正GBK 字体已经达到 62 款，大大减少补字量，它还支持第三方字体，拓展了用户的字体效果。第二，具有变体字、装饰字效果，飞腾对所有文字均可做立体、重影、勾边、空心等变体效果以及加外框线、底纹、花边等装饰字效果。第三，对文字可以分栏、文字块连接、部分数字不随汉字竖排的特定文字功能。如图 4-3 至 4-6 所示。

图 4-3　使用空心变体字效果　　　　图 4-4　对标题使用底纹装饰字效果

图 4-5　文字块分栏　　　　图 4-6　文字块连接

2) 丰富的图形处理功能

方正飞腾 4.1 提供了丰富的画图工具，有 10 多种线型，圆角矩形之圆角弧度可任意改变，还提供 100 种花边、273 种底纹和 10 多种颜色渐变方式。通过花边、底纹和渐变功能，可以画各种图案，甚至可以形成立体的效果。这些强大功能为报纸、商业杂志等彩色出版提供很大便利，如图 4-7 就是用简单的圆形图元组合的图案。

图 4-7　用圆形图元组合的图案效果

3) 图片排版处理优势明显

方正飞腾 4.1 支持 10 多种图像格式，排入的图片格式有 TIFF、TGA、EPS、GRH、BMP、GIF、PCX、JPG、PIC 和 PS，对插入的图片还可以进行缩放、裁剪、勾边、旋转、倾斜和镜像等操作，并通过图像管理工具对版面中所有图片进行统一管理、控制，配合专色处理、屏幕校色、分色输出等彩色功能，确保彩色制作出版的高品质。如图 4-8 所示。

图 4-8　包含大量图片的版面

2. 方正飞腾排版系统 4.1 的安装

把方正飞腾排版系统 4.1 版光盘放入光驱或双击解压包里安装程序，将自动运行安装程序。

1) 方正飞腾排版系统 4.1 安装要点

(1) 重启计算机后再运行飞腾安装程序，运行安装程序之前，不要启动任何其他应用程序及打开任何不必要的窗口，包括杀毒软件。

(2) 安装顺序绝对不可以错，必须先安装显示字库再装飞腾主程序。

(3) 如果系统中安装有其他方正软件的字库，则应先卸载系统中原有的方正字体，并重启计算机，再进行安装。

(4) 建议安装字库后重新启动一下计算机再安装飞腾主程序。安装过程中若系统提示重新启动计算机，必须重启，决不可偷懒。

2) 方正飞腾排版系统 4.1 安装步骤

系统安装顺序绝对不可以错，必须先安装显示字库再装飞腾主程序。如图 4-9 所示。

图 4-9　方正飞腾 4.1 安装步骤

第一步，字库安装程序启动后，弹出一个"字体安装提示"对话框。单击"否"按钮，将退出方正飞腾排版系统的安装。如图 4-10 所示。

图 4-10　字体安装提示

第二步，在对话框中点击"是"按钮，将继续安装方正飞腾排版系统以及其自带的方正字体。如图 4-11 所示。

第三步，点击对话框中 "下一步"按钮，弹出"许可证协议"对话框。如图 4-12 所示。

图 4-11　桌面出版排版软件系统组成部分

图 4-12　"许可证协议"对话框

第四步，设置飞腾排版系统的安装路径，选择安装类型。按系统安装提示操作。

第五步，将安装文件夹中所有类型为应用程序的文件更改兼容模式。包括文件夹中 7 个子文件夹中类型为应用程序的文件。在图标上右键单击选择属性选择兼容性，勾选以兼容模式运行这个程序选择 Windows 2000。

二、方正飞腾 4.1 的界面及主要工具基本应用

1. 方正飞腾 4.1 的界面

飞腾排版界面如图 4-13 所示，它和其他 Windows 应用程序一样有着非常直观的操作界面和方便的工具按钮。

1) 标题栏、菜单栏

"标题栏"显示飞腾程序名称的文档标题；"菜单栏"包括了飞腾的大部分命令菜单，是按操作的类型分类的，单击菜单名会弹出相应的下拉菜单，从中可选择要执行的命令。

2) 常用工具条、文本属性工具

"常用工具条"是将飞腾操作中最常用的一些命令作为按钮集中在一起，单击按钮可以快速执行这些命令；"文本属性工具"集中了飞腾排版中文字格式设置的一些常用命令按钮。

3) 工具、尺子、状态条

"工具"集中了飞腾绘图和对象操作的工具按钮；"尺子"位于编辑界面的四周，可用来查看或控制对象所在的位置；"状态"显示当前对象的属性或操作状态。

4) 排版页面和辅助板

"排版页面"是飞腾的主要编辑界面，可以在其中输入或导入文本图像进行需要的排版，排版页面的所有对象都会被打印或输出，如图 4-14 所示。"辅助板"是飞腾的临时操作区域，可以用来存放文字块、图元和图像，但在打印或发排时这些内容不会输出。

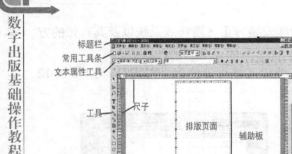
图 4-13 主界面

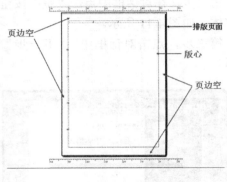
图 4-14 排版页面

2.方正飞腾 4.1 主要工具基本应用

1) 工具箱：对象操作按钮

(1) 选取工具。用于选取对象，Ctrl+Q 键可以在选取工具与文字工具中切换。

(2) 旋转 RS 工具。用于对象的旋转、倾斜和变倍操作。

(3) 缩放工具。用于改变显示比例，按 Ctrl 可改变放大和缩小。

(4) 文字工具。用于输入文字、选取文字。

(5) 裁剪工具。用于裁剪选定区域。

(6) 连接工具。用于连接几个文字块，使它们之间有文字续排连接关系。

(7) 解除连接工具。用于解除文字块之间的连接。

(8) 文字块工具。用于画不规则的文字块。

2) 工具箱：绘图按钮

(1) 画垂直水平线工具。用于画水平或垂直的线段。

(2) 画线工具。用于绘制直线。

(3) 画矩形工具。用于绘制矩形或正方形。

(4) 画圆角矩形工具。用于绘制圆角矩形。

(5) 椭圆形工具。用于绘制椭圆形或圆形。

(6) 菱形工具。用于绘制菱形。

(7) 画多边形工具。用于绘制多边形或折线。

(8) 画贝塞尔曲线工具。用于绘制贝塞尔曲线。

(9) 表格工具。单击进入表格编辑状态，可绘制和编辑表格。

以制作"闪亮你的双眼"空心标题字(如图 4-3 所示)为例，熟悉标尺、选取、文字、缩放、画矩形等工具的使用和操作步骤。

第一步：启用方正飞腾 4.1。

第二步：页面设置。执行"文件/新建"，弹出一个版面设置对话框。设置页面大小为 32 开，单页印刷，其他为默认。设定完毕点击"确定"。如图 4-15 所示。注意：新建文件设置好之后，要注意及时保存文件。如图 4-16 所示。

第三步：输入标题文字。点击工具箱中的"文字"，点击页面合适的地方，出现光标闪烁，说明可以输入文字。输入"闪亮"二字；再点击一次"文字"工具，输入"你的双眼"四字。

第四步：设置字体字号。将"闪亮"二字设置为"小标宋简体"，72pt，居中，调整文字块大小使二字竖排；将"你的双眼"四字设置为"小标宋简体"，11号，居中，将文字块框移动到"闪亮"二字文字块中部；

图 4-15　页面设置　　　　　　　　图 4-16　保存文件默认为 fit 格式

第五步：调整两个文字块的位置，如图 4-17 所示。

第六步：将"闪亮"二字设置为"空心。执行菜单栏"文字/变体字"，在对话框中勾选"空心"将"带边框"粗细值修改为 0.30，"确定"。如图 4-18 所示。

图 4-17　调整文字块位置　　　　　图 4-18　调整文字块位置

第七步：画矩形并修改矩形颜色。在工具箱中选择使用"画矩形工具"，左键点击拖动，绘制一个矩形。

第八步：将矩形颜色设置为 80%黑。右击矩形区域，在对话框中选择"底纹"，修改参数：勾选"模板 1、单一"，点击"颜色设置"，颜色值黑色修改为 80%，"确定"。回到上一个操作界面再"确定"。如图 4-19 所示。

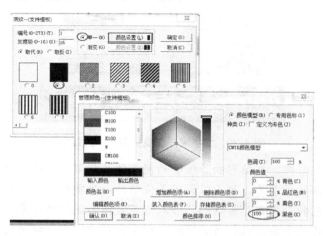

图 4-19　颜色设置

第九步：设置矩形层次。右击，选择"层次/到后面"。

第十步：修改文字颜色。选取文字，菜单"美工/颜色/无色"。制作完成空心字效果如图 4-3 所示。

【课堂演练】

将"创意点亮人生"设置空心字效果、装饰字效果。

任务 3　方正飞腾的文字处理

【教学准备】

(1) 多媒体网络教室。
(2) 安装有 Windows 系统及方正飞腾 4.1 排版软件。
(3) 准备排版的文档。

【案例导入】

文字编排在视觉表达中的魅力体现

吸引读者(浏览者)的视觉元素有两种：一种是有形有色丰富多彩的图形；另一种是承载大量信息的各种文字。也许在大多数人的眼里，认为文字与图形相比之下会黯然失色，文字在出版物设计中作为视觉元素的作用往往容易被忽视。然而，纵观成功的出版物(视频作品)我们不难发现，灵活、创意地运用文字字体、字形的变化参与整个作品视觉造型的组织和编排，其表现出的要么含蓄、要么优美、要么活跃、要么沉稳的格调，对整个作品的效果发挥着不可忽视的作用。很多人被湖南卫视《爸爸去哪儿》、《天天向上》的字幕所吸引并被打动，这就是文字编排在视觉表达中的魅力。如图 4-20 所示。

图 4-20　文字编排在视觉表达中的魅力

文字排列组合的好坏，直接影响着版面的视觉传达效果。因此，文字编排是增强视觉传达效果、提高作品的诉求力、赋予版面审美价值的一种重要构成技术。好的作品不论是字体、样式还是颜色的应用都非常精彩，给人留下震撼和深刻的印象，欣赏这样的作品真是一种享受……无论是平面出版物还是网络、数字出版物，都应该重视文字的排版设计。文字视觉传达要具有准确性，提高文字的可读性，文字的位置要符合整体的要求，在设计上要富有创造性、个性的风格、装饰性的表现，都要在视觉上给人以美感。

文字的编排是一种感性、直观的行为。但是，无论选择什么字体、字号、颜色和字距，都要依据出版物的总体设想和读者(浏览者)的需要。比如包装上的文字编排是为传递商品信息、提升企业品牌形象，其文字编排应该与产品设计思想相融合；书籍的文字编排应该从书的内容出发，与作者表达的思想融为一体；企业标志(logo)的文字设计应该体现企业的特点，唤起人们对企业的想象或赞誉；网页文字的编排要考虑终端尺寸、字体、大小、颜色等对网站所要表达的信息完美诠释的影响；报纸文字编排一定要体现报纸的易读性，做到避繁就简，易读易懂。

【知识嵌入】

一、方正飞腾的界面布局

安装完成以后，我们有两种方式启动飞腾软件，一是可以在 Windows 系统的"开始"菜单下的"程序"子菜单中，单击"方正飞腾"程序组下的"方正飞腾"程序图标，即可启动飞腾开始工作。此外也可双击桌面上的"方正飞腾"程序快捷方式来启动。

版面设置的具体操作步骤如下。

第一步：在双击桌面上的"方正飞腾"程序快捷方式图标启动飞腾排版系统后自动生成，或执行"文件"→"新建"命令时，系统将默认弹出"版面设置"对话框，在该对话框中可以设置要建立的文件的页面大小、排版方式、页数等，如图 4-21 所示。

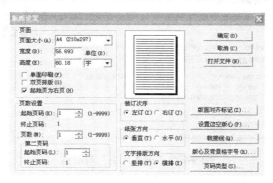

图 4-21　启动飞腾后弹出的"版面设置"对话框

第二步：单击"版面设置"对话框的"页面大小"下拉列表，可以选择或自定义设置纸型大小。

第三步：单击"版面设置"对话框的"设置边空版心"按钮，可在弹出对话框里设置边空版心。

第四步：单击"确定"按钮完成版面设置，系统自动生成一个飞腾文件，并显示排版窗口。

二、排入文字

在飞腾中，排入文字有三种方法，一是直接粘贴从其他地方复制的文字到排版区域；

二是通过"文字"工具直接键入文字；三是执行"文件"→"排入文字"命令，将其他文字处理软件中的文件导入到方正飞腾中，稿件最好以纯文本文件(*.txt)的形式存放于指定目录下。

1. 直接粘贴文字

打开经其他文字处理软件处理过的文字文件，选中要排入的文字内容，使用文字处理软件的"复制"命令，或右键在对话框中选择"复制"命令，或者使用复制快捷键(Ctrl+C)，将文字直接粘贴到方正飞腾排版界面中。

2. 直接键入文字

对于比较少的文字，可以通过方正飞腾"文字"工具直接键入文字。

3. 将其他文件中的文字导入排版页面

这里我们主要讲解第三种方式排入文字，具体操作如下。

1) 选中文件

执行"文件"→"排入文字"命令，系统弹出"排入文字"对话框，根据需要设置各项参数，选中要排入的文本文件，单击"排版"按钮即可排入文字，如图 4-22 所示。

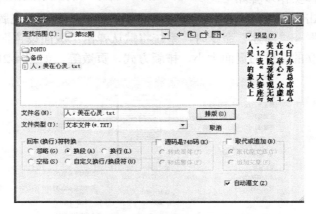

图 4-22 "排入文字"对话框

2) 排入文字

单击"排版"按钮后，鼠标指针会变为形状，可以在排版区域中单击或拉出一个文字块，将文章排入版面。下面就"排入文字"对话框的各项参数及功能做简要介绍。

(1) "文件类型"框。文件类型框列出了能排入的文件扩展名，选择了一种扩展名之后，系统会在列表框中列出当前目录下具有该扩展名的所有文件名。

(2) "自动灌文"。选中此选项则不限制文件的页数的大小，将文字排完为止。如果一页排不下，则接着排第二页，直到此篇文章排完为止，如果页数不够，会自动生成新的页。一般应用于篇幅较大的文章排版之中。

(3) "预显"。预显即预先显示所装入文件的内容，以帮助确认所装入的文件。

(4) 回车(换行)符转换。在"回车(换行)符转换"编辑页中有五个互斥的选择项，其选中后的作用见表 4-2。

(5)"取代或追加"。选取此选项后,"取代原文章"和"追加文章"选项被激活。如果选择"取代原文章",则原来文字块形状不变,只是用新的文字去代换其中原有的文字。选中"追加文章"选项,飞腾可以实现在一个文字块中排多个文章,即在一个已排文字的文字块中,接着排要追加的文章。这个文字块和它前面的文字块保持不变,但它后面的后续文字块的文字会被删除。

表 4-2 "回车(换行)符转换"编辑页中选项的作用

选 项	功能与作用
忽略	表示排版时忽略换行符,后面的字符紧接着换行符前面的内容排
空格	表示把换行符换成空格,即排版时在相应位置留一空格,后续内容在空格后接着排
换行	把换行符后的内容,在下一行中排版,保留换行符
换段	换行符换成换段符后再进行排版
自定义换行/换段符	自己定义的字符串作为换段符或换行符

三、方正飞腾的文字块处理

1. 文字块的生成

在方正飞腾排版软件中,文字块有两种类型:一是由工具箱中画文字块按钮 生成,或是使用排入文件的方式生成,或是直接在飞腾中输入文字生成的文字块;二是为了满足特定设计需求,通过使用图元工具 画出的封闭图形转化生成的文字块。不同类型文字块如图 4-23 所示。

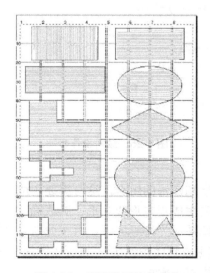

图 4-23 不同类型的文字块

1) 正常文字块的生成
(1) 使用"排入文字块"工具画块。正常文字块可以通过"排入文字块"工具来生成。

单击工具箱中的"排入文字块" 按钮,鼠标光标变成"+"指针,按住鼠标左键在飞腾排版区域向右拖动指针,即可生成一个文字块。画好块后,可以通过选中文字工具,单击文字块使光标置于文字块任意位置,即可在文字块中输入文字。

(2) 使用"排入文字"命令生成文字块。方正飞腾排版系统提供了在排版时生成文字块的功能,可以不在排版前画好文字块。使用"排入文字"命令可以生成任意大小的文字块、固定大小的文字块,也可以生成页块(即整个页面)。

(3) 续排操作。在使用"排入文字"命令将其他文字处理软件中的文件导入到方正飞腾中时,如果文字块排不下导入的所有文字,则在文字块底部居中处会显示蓝色续排标志,如图4-24所示。

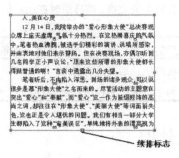

图4-24 续排标志

如果一个文字块有续排标志即表示文字没有完全显示,那么可以通过生成其他的块续排,或者调整原来块的大小,增加块的容量使其排完所有文字。

生成续排文字块的方法:将鼠标放在续排标志上,此时鼠标变为双箭头形状,如图4-25(a)所示;单击续排标志,鼠标变为 指针,如图4-25(b)所示。此时,可以在版面画出或生成续排的文字块,如图4-25(c)所示。

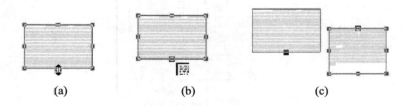

图4-25 续排操作步骤

2) 特殊文字块的生成

在排版时常常会遇到文字和图形的组合,这时需要生成一些特殊的文字块。特殊文字块可由工具箱中的图元工具先生成正方形或矩形、圆或椭圆、圆角矩形、菱形、任意多边形、封闭曲线的图元,设置此图元为排版区域,再在此图元中排入文字,生成文字块。具体的操作分为三步:即画块(生成封闭图元块)→设置图元属性→向图元中排入文字。

(1) 画块。就是画一个闭合的图元。

(2) 设置图元属性。封闭图元块有剪裁、排版区域和正常这三种属性,生成的图形都具有这三种属性中的某一种属性。

(3) 向图元中排入文字。具有"排版区域"属性的图元块设置好后,下一步就是向这个图元中排入文字。

以绘制菱形文字块为例,步骤如下。

第一步:画块。利用图元工具绘制一个封闭的图元。选中图元工具栏中"绘制菱形" 按钮,在排版区域绘制一个菱形图元。

第二步:设置图元属性。选中绘制好的菱形图元,选择菜单栏中的"美工"→"路径属性"→"排版区域"命令,如图 4-26 所示。

第三步,将文字排入图元。排版状态下,将光标移至已设置排版区域的图元块中,单击即排入文字,如图 4-26 所示。

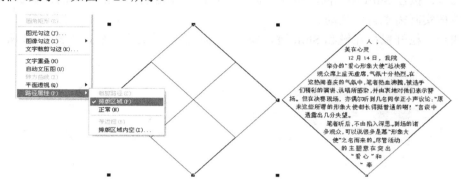

图 4-26　在图元中排入文字

在路径属性选项中还可以设定图元块内文字与图元边线的距离,选中菜单栏里"美工"→"路径属性"→"排版区域内空"选项,在弹出的对话框里进行数值的设定。

2. 文字块的处理

1) 文字块的编辑

(1) 选中文字块。要对一个文字块进行操作,必须先选中该文字块。 选择快捷工具栏中"选取"工具,点击文字块或用拖动鼠标画出的虚线框覆盖文字块。

(2) 重新排入文字块。在编辑和排版的过程中,如果已排入文件的内容有所改变,可通过"重新排入文字块"操作重新排入文件内容。选中需要重新排入文字的文字块;执行"编辑"→"重新排入文字块"命令;选择文件重排范围。

(3) 调整文字块的大小。可以通过手动调整和自动调整两种方式调整文字块的大小。选中要调整的文字块,可通过拖动文字块的四个顶点控制点和四条边的中点控制点来手动调整文字块的大小。选择快捷工具栏中"选取"工具,选中要调整的文字块,双击鼠标左键,文字块将自动调整块高以适应文字。

2) 文字块的调整

(1) 调整文字块底齐。当一个文字块中的文字没有占满整个文字块的时候,飞腾可以通过双击鼠标左键来调整文字块边框的大小。对多个文字块调整底齐,则选中需要调整的文字块,通过菜单栏中的"版面"→"文字块底齐"命令同时调整。如图 4-27 所示。

图 4-27　文字块底齐设置前后比较

对于图元排版区域转换成的文字块，只有当排版区域为矩形时，调整文字块底齐的操作才有效。

(2) 调整文字块形状。在排版的操作中往往会遇到要调整文字块形状的情况，根据上述中文字块生成的不同方式，下面来分别讲解如何调整正常文字块和特殊文字块的形状。

正常文字块形状的调整操作步骤如下。

第一步：选定环境下，用光标选中文字块。

第二步：将光标移到文字块的控制点上。

第三步：按住 Shift 键，同时按住鼠标左键，按需要拖动控制点到新的位置上。每个控制点都能按实际需求自由拖动。

第四步：松开鼠标左键和 Shift 键，即生成形状变化过的文字块，如图 4-28 所示。

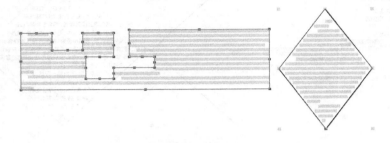

图 4-28　调整形状后的文字块

由图元绘制工具 生成的特殊文字块，是可以随鼠标拉动图元控制点来生成大小变化的，故可以使用大小改变的方法来得到其形状的改变。

由 工具绘制的任意多边形块的形状调整则相对较为复杂，一般通过增加多边形的边和减少多边形的边来实现形状的改变。顶点位置的调整可通过移动把柄→多边形每个顶点上出现一个把柄，即光标在把柄上时，按住鼠标键拖到合适位置再松开键。

增加边实际上是增加顶点，移动该顶点于合适位置。假定块已被选中，否则先选中该块。具体操作方法如下。

第一步：在要增加顶点的边上，连续单击两次鼠标，此时在光标所指处出现一个控制点，这个控制点就是新增加的顶点的控制点。

第二步：按住该控制点，拖动到合适位置，如图 4-29 所示。重复以上过程，直到不想再增加新的边为止。

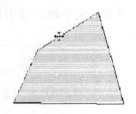 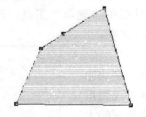 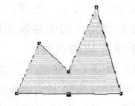

图 4-29　增加边后的效果

删减边实质上就是删去一个顶点，一个顶点被删除后系统自动删除与该顶点相联结的边，并把与这一个顶点相邻的两个顶点用一条线段联结起来，构成一条新的边。假设该块已被选中，否则先选中该块。具体操作方法如下。

第一步：选取要删除的顶点。

第二步：连续按两次鼠标键，如图4-30所示。改变文字块的形状后，若块内已排有文章，则编辑以后系统自动对原文章进行重排。

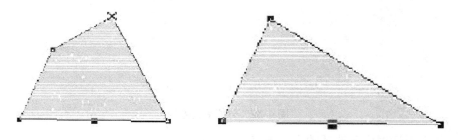

图4-30　删减边后的效果

3) 分栏

所谓分栏，是指在文字排版中，将整个版面划分为若干栏。横排版面的栏是由上而下垂直划分的，每一栏的宽度相等。一个版面按几栏分版是固定的，这种相对固定的、宽度相同的栏称为基本栏。每一种出版物都有相对固定的分栏制，依据是否有利于读者的阅读。

在飞腾中能够很方便地对文字块进行分栏操作。在"分栏"对话框可以设置分栏的栏数、栏间距、分栏方式、是否带栏线等属性。值得注意的是在飞腾排版界面，如选中某一文字块设置分栏属性，则作用于被选定的文字块；如在没有选定任何文字块的情况下设置分栏属性，则设置后生成的任意文字块都具有设置后的分栏属性。

具体操作步骤如下。

第一步：使用选取工具选定一个文字块(或不选定任何文字块)。

第二步：选中菜单栏"版面"→"分栏"选项，在此选项下选择自己需要的分栏数，如果需要自行设置，则可选择"自定义分栏"命令，在弹出的"分栏"对话框中可以设置相关参数，如图4-31所示。

图4-31　"分栏"命令及对话框

第三步：在"分栏数"编辑框中填入分栏的栏数。如果选中"带栏线"检查框，分栏后的文字块将带栏线。此时还可以定义栏线的线型和花边的种类。

第四步：设置完成后，单击"确定"按钮。如图 4-32 所示。

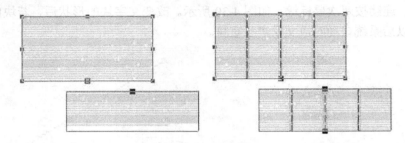

图 4-32　分栏后的效果

"分栏"对话框中各选项的含义如表 4-3 所示。

表 4-3　"分栏"对话框中各选项的含义

选　项	功能与作用
绝对	分栏后，各栏宽相等，且各栏栏宽是背景格的整数倍。不保证栏间距值
自由	分栏后，各栏的栏宽相等，栏宽不一定按整字计算，栏间距不变
相对	分栏后，各栏不等宽，栏宽按整字计算，栏间距不变
自动	分栏后，分栏数和栏间距编辑框置灰，系统自动按背景格的栏数分栏，并且分栏的栏间距就是背景格的栏间距

四、方正飞腾文字的处理

方正飞腾排版系统若处于文字状态，则表明用户可以进行输入文字、改变文字的字体和字号、增删文字等文字操作。

工具箱中的 **T** 按下去时表明系统处于文字状态，进入文字状态的方法有：使用鼠标将光标移至工具箱的 **T** 处，点按一下鼠标键；直接在键盘上使用快捷键 **Ctrl+Q**，实现在选取工具和文字工具之间切换。

1. 选中文字

1) 选中文字操作位置的定位

文字的选中是指定某一部分文字，将某种操作作用其上。在飞腾系统中文字的选中，只能在文字状态下进行，选中文字用颜色反转来表示。

在图 4-33 中，表明文字"文字的选中是指定某一部分文字，将某种操作作用其上。在飞腾系统中文字的选中，只能在文字状态下进行，选中文字用颜色反转来表示。"是选中的，即它们是进行操作的对象。

对文字进行各种操作首先要选择起始位置，方法有两种：一是使用鼠标，将加字号"I"光标移至所选位置，按一下鼠标键；另一是使用键盘，使用鼠标选择第一个位置，使用键盘移动光标改变其位置。键盘操作对应关系如表 4-4 所示。

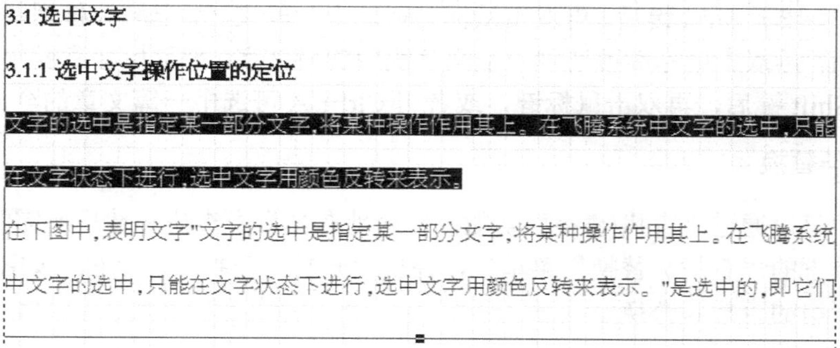

项目四 版式设计与排版

图 4-33 选中文字

表 4-4 盘操作对应关系

键盘操作	含 义	键盘操作	含 义
←	左移一字	PageUp	本文章上一文字块末
→	右移一字	PageDown	本文章下一文字块末
↑	上移一字	Ctrl+ PageUp	本块首
↓	下移一字	Ctrl+ PageDown	本块末
Home	本 行 首	Ctrl+ Home	本文章首
End	本 行 末	Ctrl+ End	本文章末

2) 选中文字的方式

选中文字的方式有以下三种。

(1) 鼠标拖动方式。鼠标拖动方式就是直接用鼠标操作来选中文字，一般常用于少量文字的选中以及页内文字的选中，操作步骤如下：将加字号"I"光标移至所选文字的起点，按下鼠标左键，拖动鼠标至所选文字的终点，松开鼠标左键。

(2) Shift 键方式。Shift 键文字选中方式一般常用于大量文字的选中以及跨页文字的选中。Shift 键的使用能使用户多次选择被选文字的终点，以便准确定位。

在一页内选中大量文字的操作步骤如下：将加字号"I"光标移至所选文字的起点；按一下鼠标左键；按下 Shift 键；将加字号"I"光标移至被选文字的终点；按一下鼠标左键；松开 Shift 键。

选中跨页文字的操作步骤如下：将加字号"I"光标移至所选文字的起点，按一下鼠标左键，使用翻页操作调出被选文字终点所在的页面，将加字号"I"光标移至被选文字的终点，按下 Shift 键，按一下鼠标左键，松开 Shift 键。

(3) 键盘方式。系统提供用键盘进行文字选中的方式，具体操作步骤如下：移动光标至所选文字的起点，按下 Shift 键，使用键盘移动光标至所选文字的终点，松开 Shift 键。例如：按 Shift＋End→选中从当前位置到行末的内容。按 Home→光标移到行首，再按 Shift＋End→选中当前行的内容。

(4) 组合方式。把鼠标移到要选中的行上，双击鼠标键可选中一行文字，把鼠标移到要选中的段中，按下 Shift 键后，再双击鼠标键可选中一段文字，把鼠标移到要选中的段中，按下 Ctrl 键后，再双击鼠标键可选中一个文字块中的所文字，把鼠标移到要选中的文章中，按下 Ctrl 和 Shift 键后，再双击鼠标键，或者用 Ctrl＋A 可选中一篇文章的全部文字。

2. 查找与替换

在飞腾中可以通过"查找/替换"功能，快速地在文章中查找和替换所需的内容。选择"编辑"菜单下的"查找／替换"菜单项，弹出"查找／替换"对话框，如图 4-34 所示，用来进行字符串的查找和替换。

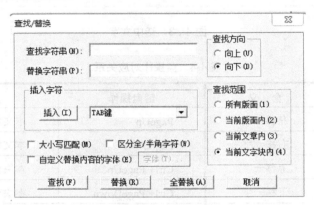

图 4-34 "查找/替换"对话框

1) 查找与替换的内容

(1) "向上"和"向下"。在对话框中可选择查找的方向和范围。查找的方向选择为"向上"时，从当前位置查找到查找范围允许的开始位置，选择"向下"单选按钮时，从当前位置查找到查找范围允许的末尾。

(2) "大小写匹配"。若取消选中"大小写匹配"复选框，则查找时忽略大小写，否则只查找大小写完全匹配的字符串。

(3) "区分全/半角字符"。选中"区分全/半角字符"复选框，可在查找时控制查找的范围。如果要查找的内容是全角的，那么查找时只能找到与查找内容相匹配的全角字符。而取消选中"区分全/半角字符"复选框时，则查找时不区分全／半角，只要是与查找字符相同的字符(无论全角还是半角)都能被找到。此功能主要应用在查找英文或数字字符串的操作上，用来控制查找的范围。一般方正英文字体(如白正体、白斜体等)都是全角字符，系统英文字体(如 Arial Courier New)都是半角字符。

2) 查找与替换的操作方法

单击"查找"按钮，找到所要查找的字符串，单击"替换"按钮，则替换当前查到的字符串，若确信当前查找范围中所有的字符串都需要替换时，可单击"全替换"按钮一次替换完毕。单击"关闭"按钮，关闭"查找/替换"对话框。

例如，在版面中有个文字块，要将文字块中的"代替"替换为"替换"。具体操作如下。

第一步：选中此文字块，选择"编辑"菜单中的"查找/替换"命令，弹出"查找/替换"对话框。

第二步：在对话框的"查找字符串"文本框中输入"代替"。在"替换字符串"文本框中输入"替换"。

第三步：选中"查找范围"选项组中的"当前文字块内"单选按钮。如果要替换的范围是版面中所有文字块中的"代替"，则可以选中"当前版面内"单选按钮。

第四步：单击"查找"按钮。文字块中的"代替"被找到，且呈反转显示，如图 4-35 所示。

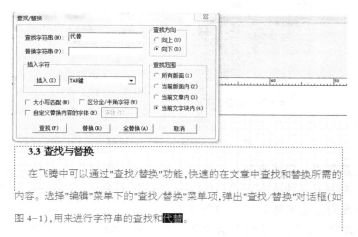

图 4-35　查找对象

第五步：单击"替换"按钮，文字块中的"代替"被替换为"替换"。如果文字块中的"代替"都被替换后，会弹出提示对话框，如图 4-36 所示。

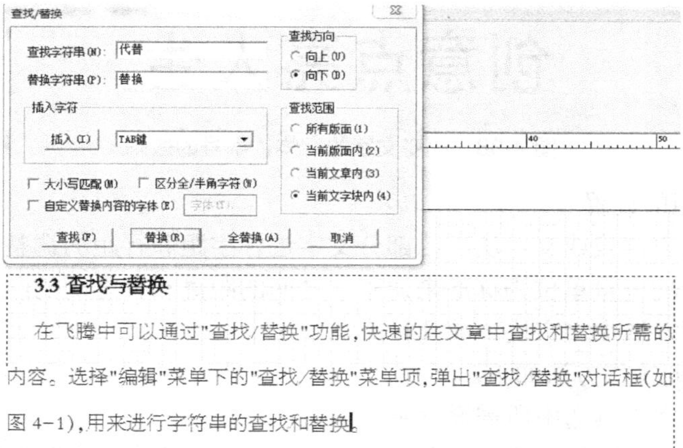

图 4-36　替换对象

3. 字体与字号设置

1) 字体号的设置

飞腾中可以使用"字体号"对话框、"改字体"对话框、"改字号"对话框来改变文字的字体和字号。其中在字体号对话框中既可以改变文字的字体，又可以改变文字的字号，还可以设置文字的颜色、变体字、装饰属性，具体操作方法如下。

第一步：选中要改变字号的文字。

第二步：执行"文字"—"字体号"菜单，弹出"字体号"对话框，如图 4-37 所示。"字体号"对话框由三部分组成，"字体选择"选项组、"字号选择"选项组和其他选项。

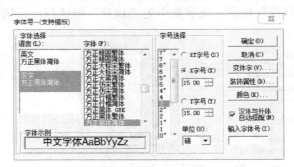

图 4-37　"字体号"对话框

第三步：设置字体。字体选择框内有两个列表框：语言列表框和字体列表框。"字体列表框"列出了选中语言的所有可选择的字体，在此可选择当前字体。例如，把文字"创意点亮人生"设置为方正黑体简体，如图 4-37 所示。

第四步：设置字号。在字号列表框旁有三个选项：XY 字号、X 字号、Y 字号，字号可以在 X 字号或 Y 字号下的编辑框中直接输入，也可以把光标移到字号编辑框下的按钮上，按鼠标键来改变字号。继续以上面设置好的"创意点亮人生"为例，在"X 字号"编辑框中输入 15，从单位下拉列表中选择"磅"，单击"确定"按钮。设置字体号后的文字效果如图 4-38 所示。

创意点亮人生

图 4-38　改变文字的字体、字号的效果

2）字距、行距的设置

飞腾中可以对文字块或文字块中的部分文字进行字距和行距的调整。字距和行距命令分别以字距和行距的度量单位为标准来调整字之间的距离和行之间的距离的。操作时可以选中文字块，也可以选中文字块中的几行或几个文字。

(1) 设置字距的操作方法如下。

第一步：用文字工具选中所需设置字距的文字。

第二步：执行"文字"→"字距和字间"菜单命令，弹出"字距"对话框。

第三步：在"字距"文本框中输入数值。

第四步：设置完成，单击"确定"按钮。

例如，选中文字块中标题"创意点亮人生"，执行按钮"文字"→"字距和字间"命令或者用快捷键 Ctrl+M，弹出"字距"对话框，输入"2"，单击"确定"按钮，完成后的效果如图 4-39 所示。

图 4-39　改变字距的效果

(2) 设置行距的操作方法如下。

第一步：选中文字块或某几行文字。

第二步：执行"文字"→"行距和字间"菜单命令，弹出"行距"对话框。

第三步：在"行距"文本框中输入数值。

第四步：设置完成，单击"确定"按钮。

例如，选中如图 4-40 所示文字块中的前两行，执行"文字"→"行距和行间"菜单命令弹出"行距"对话框，或者按快捷键 Ctrl+J，弹出"行距"对话框，输入"2"后，单击"确定"按钮。效果如图 4-40 所示。

图 4-40　改变行距的效果

【课堂演练】

准备一篇 1 000 字左右的文字稿件和一首唐诗的文字稿，在飞腾软件中，先完成 1 000 字文章的排入操作，并设定其分六栏、文字块底齐，调整文字块形状为"凹"形。然后绘制一个圆角矩形，将准备好的唐诗文稿排入该图元中。

任务 4　方正飞腾的图文组合排版

【教学准备】

(1) 多媒体网络教室。

(2) 安装有 Windows 系统及方正飞腾 4.1 排版软件。

(3) 准备排版文档、图片。

【案例导入】

图与文的精心编排是版式设计的创意所在

从认知心理学看，人们会将邻近的事物视为一体。长篇文字排在一起，即使在字体、字号、颜色及行距等格式方面进行创意设置，也容易使阅读产生疲劳。如果人们感觉这些文字阅读困难，他们会把这种困难的感觉转化至文意本身，并因此觉得文章所谈到的内容难以执行或难以理解。因此，图文并茂的排版颇受读者和浏览者欢迎。如图4-41所示。

图4-41　图文并茂的杂志封面和内容版式

在我们的生活中，版式设计的应用非常多，如报纸、杂志、图书、产品包装、函件，户外广告、喷绘型招牌、大型广告牌、车身广告，以及临时性的布幔广告和条幅广告等。版式设计越来越注重形式美感和文化意韵的表达。版式设计中的两个基本构成要素便是文字和图形，怎样将它们完美结合，用恰如其分的编排设计将信息传达给人们是关键的一步。版式的"易读性"、内容的"可读性"和插图的"可视性"，是版式设计"视觉美感"创作的出发点和终极目的。图形和文字的编排在这个过程发挥不可估量的作用，一个版面有文字、有图案，文字可以横排、竖排，字号可大可小，字体可方可圆，能够增加美感，吸引受众注意。图案可以是简单的线条图形，如直线、曲线、方框、圆，也可以是由简单线条图案构成的规则或不规则几何图形，同时，还可以是图像。各种图案可以通过方正飞腾进行旋转与变倍、勾边、压题等多种排版方式。文字和图形的精心编排可一方面可使整个作品生动活泼，产生强烈的韵律感、节奏感，另一方面也在一定程度上可使作品达到一种统一、整体的感觉。

【知识嵌入】

一、文字块的排版

1. 文字块的排版方式

方正飞腾系统中提供了四种排版方式：正向横排、反向横排、正向竖排、反向竖排。系默认的排版方式为正向横排，这是一种常见排版方式。我们可以通过菜单栏选择"版面"→"排版方式"项设置，也可通过工具条中的按钮实现自己所需要的排版方式。

1) 正向横排

文字从上到下、自左向右横排即为正向横排，它是大多数书刊报一贯使用的排版方式，符合人们的阅读习惯。

具体操作步骤：使用"选取"工具选定要设置正向横排的文字块，执行菜单栏"版面"→"排版方式"命令，如图4-42所示。选择"正向横排"方式即可生成文字正向横排的效果，如图4-43所示，也可通过工具栏中 图标生成。

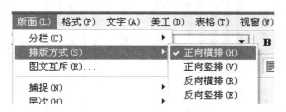

图4-42 排版方式菜单选项

2) 反向横排

文字自右向左横排即为反向横排。

具体操作步骤：使用"选取"工具选定要设置反向横排的文字块，执行菜单栏"版面"→"排版方式"命令，如图4-42所示。选择"反向横排"方式即可生成文字反向横排的效果，如图4-43所示，同时也可通过工具栏中 图标生成。

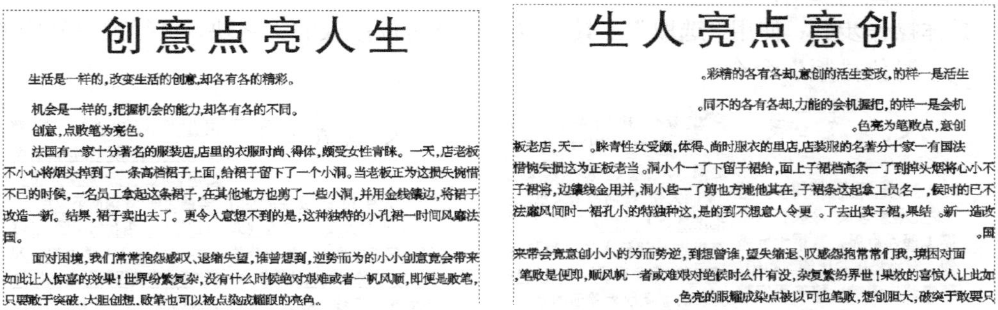

图4-43 "正向横排"与"反向横排"效果图

3) 正向竖排

文字自右向左竖排即为正向竖排。

具体操作步骤：使用"选取"工具选定要设置正向竖排的文字块，执行菜单栏"版面"→"排版方式"命令，如图4-42所示。选择"正向竖排"方式即可生成文字正向竖排的效果，如图4-44所示，也可通过工具栏中 图标生成。

4) 反向竖排

文字自左向右竖排即为反向竖排。

具体操作步骤：使用"选取"工具选定要设置反向竖排的文字块，执行菜单栏"版面"→"排版方式"命令，如图4-42所示。选择"反向竖排"方式即可生成文字反向竖排的效果，如图4-44所示，同时也可通过工具栏中 图标生成。

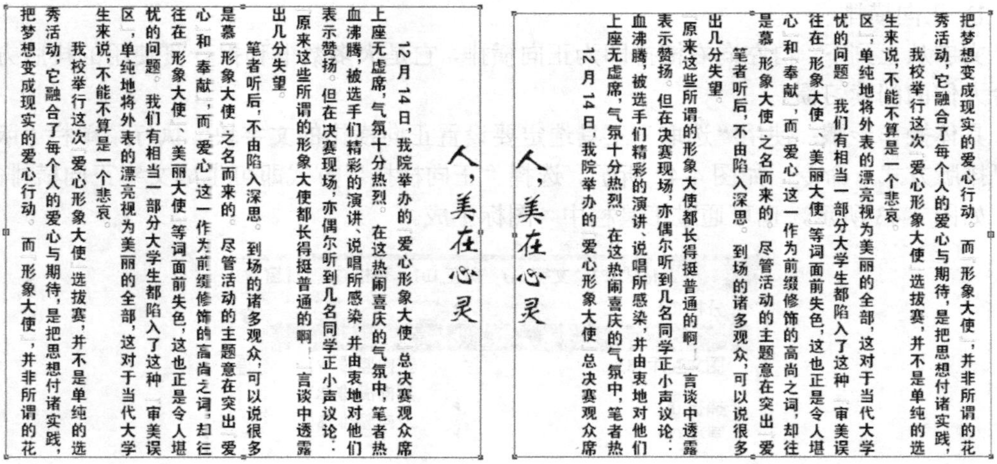

图 4-44 "正向竖排"与"反向竖排"效果图

5) 对位排版

在排入分栏的文章时,我们时常会遇到对某些段落调整了行距,或设置了纵向调整之后,两栏之间的文字不在同一条水平线上,影响了版面的美观,如图 4-45 所示。此时我们就可以使用对位排版,将每一行文字调整到与文章背景格的每一行对齐,使两栏间文字整齐排列,如图 4-45 所示。

具体操作步骤:使用"选取"工具选定要设置对位排版的文字块,执行菜单栏中的"版面"→"对位排版"命令。

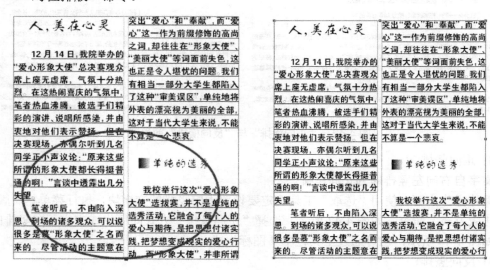

图 4-45 "对位排版"前后效果图

6) 纵中横排

有时我们还会在具体的排版中遇到标题或文章纵向排列,但其中的数字要横排的情况,此时我们可以用到飞腾系统中的"纵中横排"命令来完成操作。

具体操作步骤:使用"文字"工具选中要执行"纵中横排"命令的部分文字,选取菜单栏中的"格式"→"纵中横排"命令，此时，有"文字不压缩"、"文字部分压缩"、"最大压缩"等选项，可根据具体需要进行选择。其功能如表 4-5 所示。

表 4-5　纵中横排选项及功能

选　项	功　能
文字不压缩	选择此项，则文字维持原有的大小和字距，如图 4-46(b)所示
文字部分压缩	选择此项，则按照一定比例对设置为纵中横排的文字进行压缩，如图 4-46(c)所示
最大压缩	选择此项，则将设置为纵中横排的文字的总宽度压缩为当前所在行的行宽，如图 4-46(d)所示

(a) 纵排标题　　　　　　　　　　(b) 不压缩

(c) 部分压缩　　　　　　　　　　(d) 最大压缩

图 4-46　"纵中横排"各种压缩效果

2. 文字块的其他操作

1) 文字块的变倍

与改变文字块大小不同，文字块的变倍可以同时改变文字的大小。操作方法是：选择快捷工具栏中的"旋转与变倍"工具，选中要操作的文字块，文字块进入变倍编辑状态，此时文字块的四个角上显示出四个变位控制点。如图4-47中红色方块。选中要操作的文字块，移动鼠标到文字块的控制点上，按住鼠标左键，拖动文字块的控制点到指定位置，松开鼠标左键，完成文字块的变倍。如图4-48所示，为缩小文字块变倍效果。

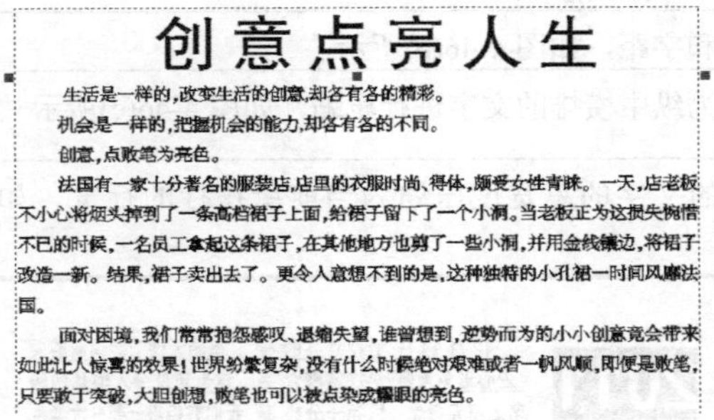

图4-47 旋转编辑状态 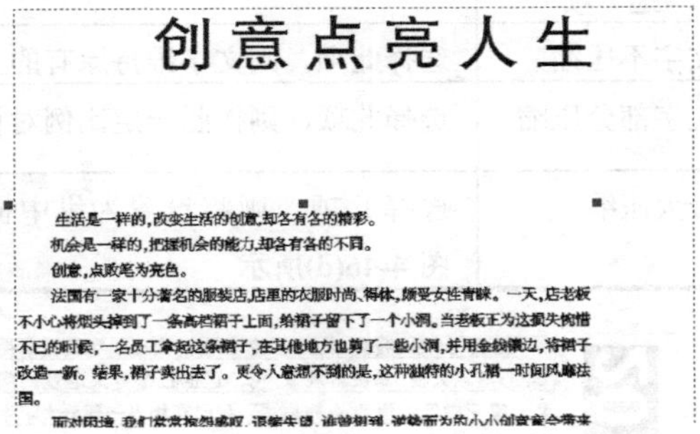　　　　　　　　图4-48 缩小文字块变倍效果

2）文字块的旋转、倾斜

（1）文字块的旋转。选择快捷工具栏中"旋转与变倍"工具，选中要操作的文字块，文字块进入变倍编辑状态，再次单击文字块，进入旋转编辑状态，此时文字块的四个角上显示出四个旋转控制点，鼠标光标变成旋转标志。如图4-49所示中的红色旋转图标。若想改变文字块的旋转中心，可用鼠标选中旋转控制点并将其拖动至所需位置。旋转后的排版效果如图4-50所示。

（2）文字块的倾斜。文字块的倾斜与文字块的旋转类似，不同之处是操作通过选中并拖动上下边框处的倾斜控制点来完成。

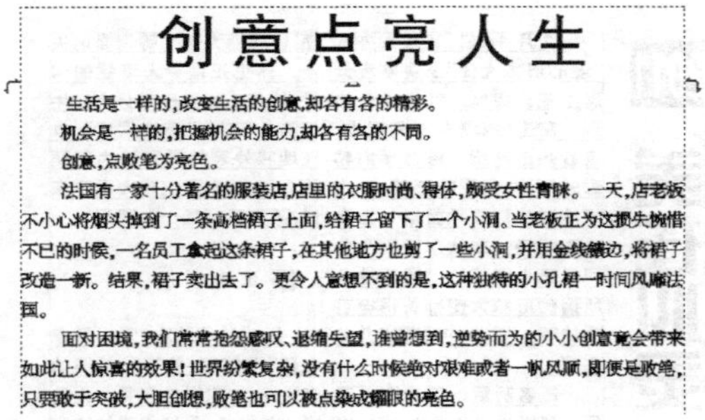

图4-49 旋转编辑状态 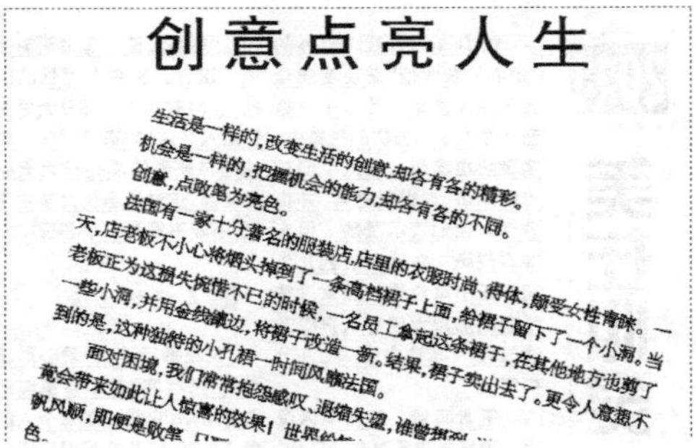　　　　　　　　图4-50 旋转后的排版效果

3）文字块渐变

以"创意点亮人生"文字块为例，选择快捷工具栏中的"选取"工具，选中要调整的文字块执行"文字"→"文字块渐变"菜单命令，弹出"渐变颜色设置"对话框；设置"渐变类型"为菱形渐变，设置"渐变参数"中的角度为0、横坐标和纵坐标为64，设置"起始颜色"为黑色，设置"终止颜色"为18%灰，如图4-51所示。其渐变效果如图4-52所示。

4）文字块合并、块锁定

（1）块合并。选择快捷工具栏中的"选取"工具，按住Shift键连续选中要合并的多个文字块。按F4键或单击鼠标右键，执行"块合并"命令，即可将这几个对象合并为一个组，此时即可对这个组进行统一的操作。操作完成后，可选中该组，按住 Shift 键，再按 F4 键；或单击鼠标右键，执行"块分离"命令，即可完成块的分离。

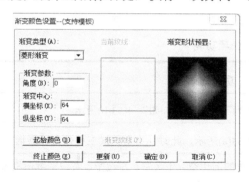

图 4-51　"渐变颜色设置"对话框　　　　　图 4-52　渐变效果

(2) 文字块的锁定。选择快捷工具栏中的"选取"工具，选中文字块，执行"版面"→"块锁定"菜单命令，提供了"普通锁定"和"编辑锁定"两种锁定方式供用户选择。选择快捷工具栏中的"选取"工具，选中要解锁的文字块，执行"版面"→"块锁定"菜单命令，在子菜单中取消选中锁定方式，或者使用解锁快捷键 Ctrl+F3。

5) 文本自动调整

使用这一功能可以使文字自动充满当前文字块。选择快捷工具栏中的"选取"工具，选中文字块，执行"版面"→"文本自动调整"命令，保证该选项被选中，则系统自动调整该文字块中文字的大小和行距等参数以充满该文字块。

二、图文混排

1. 图文互斥

图文互斥就是将文字与图元(图像)在混排时生成绕排的效果。飞腾排版系统中有图文相关与图文无关两种效果。如图 4-53 所示。

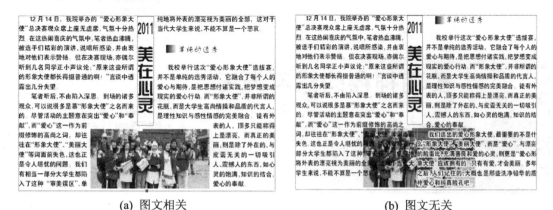

(a) 图文相关　　　　　　　　　　　　(b) 图文无关

图 4-53　"图文相关"与"图文无关"设置效果

具体操作步骤：使用"选取工具"选中图元或图像，执行菜单栏中"版面"→"图文互斥"命令，弹出"图文互斥"对话框，在对框中可以对图文关系、文字方式及边空等参数进行相应设置，具体功能如表4-6所示。

表4-6 图文互斥选项功能

选 项	功 能
图文无关	选择此项，图像与文字互不影响，即为不互斥关系，如图4-53(b)所示
图文相关	选择此项，图像与文字互斥，如图4-53(a)所示，此时，文字方式三种效果被激活
边空	在选定图文相关选项后，"边空"选项的上边空、下边空、左边空、右边空数值框被激活，可在数值框内输入数值来调整文字距图像的边空距离

2. 文字裁剪勾边

很多时候文字要压在图片上方，如果直接将文字放置于图片纸上有可能文字会看不清楚，那么最好的方式就是为文字勾边，使文字周围生成一个边角轮廓，既清晰又美观。"文字裁剪勾连边"对话框中提供了两种勾边：一重勾边和二重勾边。

1) 一重勾边

具体操作步骤如下。

第一步：使用"选取"工具选中压在图元或图像上的文字块，如图4-54所示。

第二步：执行菜单栏中的"美工"→"文字剪裁勾边"命令，弹出"文字裁剪勾边"对话框，如图4-55所示。在对话框中选中"压图像时裁剪勾边"复选框，在"处理内容"选项组选中"一重勾边"，在"颜色"按钮中定义勾边的色彩，最后在"处理方式"选项组单击"调整"按钮，此时选定的文字块即生成为当文字压图像时勾边，如图4-56所示。

图4-54 选中压在图上的文字块　　　　图4-55 "文字裁剪勾边"对话框

图 4-56　文字块"压图像时裁剪勾边"效果

2) 二重勾边

"文字裁剪勾边"对话框中的"二重勾边"单选按钮，则是可为选定文字块再次定义不同颜色的勾边。如果需要压图元和图像同时勾边的话，以上图为例具体操作步骤为：使用"选取"工具选中要勾边的文字块，执行菜单栏中的"美工"→"文字裁剪勾边"命令，弹出"文字裁剪勾边"对话框，在对话框中同时选中"压图像时裁剪勾边"和"压图形时裁剪勾边"复选框，在"处理内容"栏里选中"一重勾边"，在"颜色"按钮中定义勾边的颜色"白色"，然后选中"二重勾边"，在"颜色"按钮中再次定义勾边的颜色"白色"，最后在"处理方式"选项组中单击"调整"按钮，此时选定的文字块即生成为当文字压图像和图形时都勾边，如图 4-57 所示。

图 4-57　文字块压图像和图形同时勾边效果

若要取消文字块勾边，则返回"文字裁剪勾边"对话框，在"处理方式"选项组中选中"解除裁剪"单选按钮，单击"调整"按钮即可。

【课堂演练】

准备文字稿件和图片若干，制作一个如图 4-53(a)所示的版面，要求使用分栏、纵中横排、图文互斥等方法完成，且在图片上列出图片说明。

项目实训实践 报纸版式设计与排版

1. 实训名称

制作一个 4 开报纸的头版版面。

2. 实训目的

(1) 能熟练掌握分栏处理技巧、文字块自动调整方法、文字边框空的参数设置、竖排字不转操作；掌握文字块、分栏、变倍工具的操作。
(2) 能熟记报纸素材处理规范。
(3) 能独立完成整份报纸的设计。

3. 实训内容

准备一个版面左右的文字稿件和图片若干，制作一个 4 开报纸的头版版面，要求各个部件齐全，并输出纸样。

4. 实训步骤

飞腾排版软件常用于报纸排版，报纸一般分为对开报和 4 开报，报纸的结构大体有报头、新闻稿件、广告、中缝以及报尾等几个部分，这里我们以一个对开版面的报纸排版为例，简要介绍下使用飞腾排版软件制作版面的基本方法，其操作步骤如下。

第一步：创建文件。

(1) 打开飞腾软件，新建一个版心文件。在"版面设置"对话框中选择"设置边空版心"，弹出的"设置边空版心"对话框里可以按需要设置版心大小、栏数、行数、主字体号、正文行距、度量单位等主要参数，这里我们设置页面大小为：宽度 370 mm，高度 520 mm；然后选中"单面印刷"复选框，其他按默认设置，如图 4-58 所示。

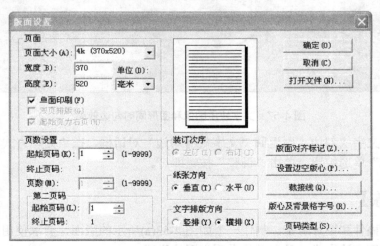

图 4-58 "版面设置"对话框

(2) 单击"版心及背景格字号"按钮,在弹出的对话框中选择 5 作为版心字号,如图 4-59 所示。

图 4-59 "版心及背景格字号"中改变字号

(3) 单击"确定"按钮,返回"版面设置"对话框,然后单击"设置边空版心"按钮,弹出"设置边空版心"对话框,选中"自动调整页面大小"单选按钮,并在"页边空"选项组中设置上、下、左、右边空均为 10mm。设置"栏数"为 6、"栏宽"为 12 字,选中"栏宽相等"复选框,栏间距为两个字,如图 4-60 所示。

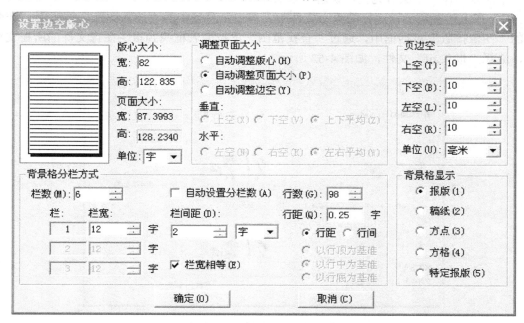

图 4-60 "设置边空版心"对话框

(4) 单击"确定"按钮,返回"版面设置"对话框,再次单击"确定"按钮,完成创建文件的操作,此时系统进入已设定好上述参数的排版状态,如图 4-61 所示。

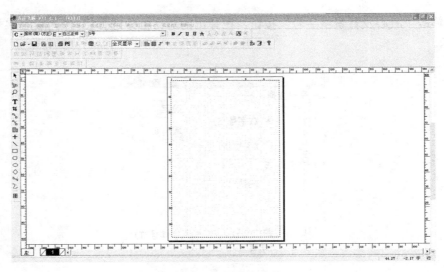

图 4-61 新建一个文件

第二步：制作报头报脚。

对于首次排版的报纸来说，首先要制作报头。报头一般由报头题字、报徽、主办单位、刊号、出版日期、期数等相关内容组成。报头和报徽通常为一个已制作好的图像文件，报头中其他的内容多为文字，可以直接在飞腾中输入制作。

下面以制作一个头版为例，讲解一下操作步骤。

(1) 在上述参数已设定好的版心文件中，单击工具条中的"排入图像"按钮，在弹出的"图像排版"对话框中，通过"查找范围"下拉列表框找到报头图像文件的所在文件夹，选择"报头.tif"文件，如图 4-62 所示。

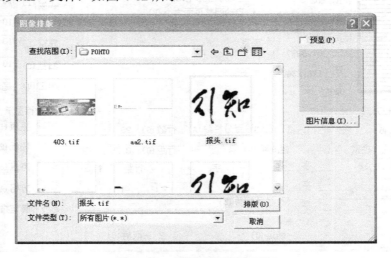

图 4-62 "图像排版"对话框

(2) 单击"排版"按钮，此时鼠标变为"排入图像"指针，在版心上方居中位置单击鼠标左键，将报头图像文件排入版面，并可使用报头图像文件周围的控制点调整图像大小，如图 4-63 所示。

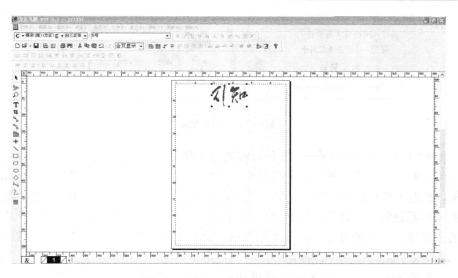

图 4-63　排入已制作好的报名图像

(3) 选取"文字"工具 **T**，在报头图像左侧单击，此时光标变为文字编辑状态，输入"2015 年 4 月 6 日　星期一/乙未年二月十八　今日 8 版　www.xingzhi.com.cn"，将文字分列为四行，并将文字块内各行居中，然后全选文字，在文字属性工具栏中定义字体为"方正黑体-GBK"、字号为"2 号"、行距为"1 字"，如图 4-64 所示。

图 4-64　编辑报头左侧

(4) 单击工具条中的"排入文字"按钮 ，在弹出的对话框中通过"查找范围"找到事先已准备好的天气预报的文本文件，将其排入到报头图像的右侧，如图 4-65 所示。

图 4-65　编辑报头右侧

(5) 选择"直线"工具按钮 ，在报头图像下方从左版心线处按住 Shift 键并同时按住鼠标左键向右版心线处绘制一条水平线，如图 4-66 所示。

图 4-66　编辑报头

　　(6) 选择"矩形"工具按钮▭，在版心线的左下角处单击并按住鼠标左键向右上方拖曳，绘制一个两行高、与版心宽度相同的矩形框。绘制完成后，单击"选取"工具，选定绘制好的矩形框，在框上单击鼠标右键，在弹出的快捷菜单中，选取"底纹"命令，在"颜色设置"栏中设置矩形颜色为黑，如图 4-67 所示。若设置为其他颜色，矩形上会保留之前绘制矩形框时默认的黑框线，去除的方法为：选定矩形框，执行菜单栏中的"美工"→"空线"命令。

　　(7) 选择文字工具按钮 T，将光标移动到矩形中，输入"出版单位：××社　地址：×××× 责任编辑：××　×× 版式设计：××　第×期　零售价：×元　新闻热线：××××××"等文字，并设定统一字体、字号，如图 4-68 所示。

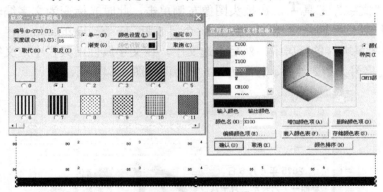

图 4-67　设置底纹颜色

图 4-68　设置底纹文字

第三步：整理图文并根据内容设计版式。

　　(1) 准备报纸排版的相关图文素材，运用项目二、项目三所写内容，使用相关软件处理好源图像文件和文字文本文件，使它们能够满足排版和印刷的需要，将这些图文素材保存在使用飞腾软件排版的本地计算机中，以区别建立一个专用文件夹。

　　(2) 单击"排入文字块"工具▣，在版心中参照背景格为版面画好空文字块，使用"直线"工具＼，在文字块之间画直线进行分隔，如图 4-69 所示。

第四步：排入图文。

　　单击工具条中的"排入文字"按钮▣，弹出"排入文字"对话框，在"查找范围"下拉列表框中找到本地计算机已制作好的文字稿件文本文件，单击"排版"按钮，按住鼠标左键指定区域，单击排入文字，分别排至相应区域。排入图片则是单击工具条中的"排入图像"按钮 ,在弹出的对话框中找到需插入的图像文件,单击"排版"按钮,按住鼠标左键指定区域,单击排入图片,如图4-70所示。

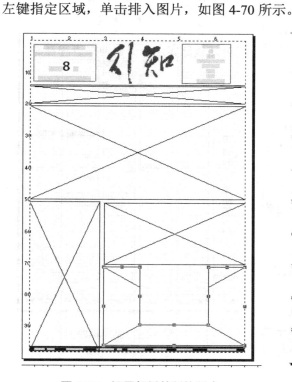

图4-69 设置报纸整版的版式   图4-70 按设计好的版式排入图文

第五步:制作标题。

以上述示例的头条为例来制作标题。

(1)选中头条稿件里的标题文字"公路铁路客运今天起迎来返程高峰",单击鼠标右键,在弹出的快捷菜单中选择"裁剪"、"粘贴"命令。将标题文字单独置于飞腾版面中,将它生成为一个独立的文字块,如图4-71所示。

图4-71 选中要制作的标题

(2) 选中已分离的标题文字块,执行"文字"菜单→"改字体号"命令,弹出"字体号"对话框。根据报社对标题的规定进行设置,将此标题设置为"方正超粗黑简体"、"11号",将第二条稿件的标题设置为"反向竖排"、"方正超粗黑简体"、"7号",如图4-72所示。

第六步:输出纸样并进行审校。

报纸印刷前将排版文件的字体、图像、对象、颜色、出血等项目检查完毕后,执行"文件"菜单中的"发排"命令,在弹出的对话框中,定义保存的"文件名"、"保存类型"等,最后单击"确定"按钮,生成 PS 文件。印刷过程中再将 PS 文件通过 Rip 输出到胶片上后进行印刷。为了方便排版人员与责任编辑审校版面,我们可以利用飞腾排版软件中"打印"命令来输出纸样。具体操作步骤如下。

(1) 执行"文件"菜单中的"打印设置"命令,弹出"打印设置"对话框,在该对话框中选取本地计算机联机的打印机,确定纸张大小与方向,如图4-73所示。

图 4-72 制作标题

(2) 执行"文件"→"打印"命令,在弹出的"打印选项"对话框中对各个选项进行设置,设置完成后单击"确定"按钮,即开始打印排版文件纸样,如图4-74所示。

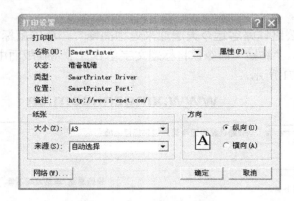

图 4-73 "打印设置"对话框

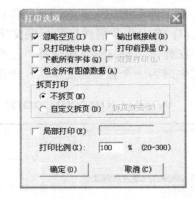

图 4-74 "打印选项"对话框

5. 实训要求

(1) 上交一份经编辑加工、符合排版基本规范的4开报纸头版的版面纸样。

(2) 要求规格正确,头版结构各个部件齐全。

(3) 图文处理规范,图片分辨率达到印刷要求,色彩模式正确,缩放不变形。

6. 考核标准

项　目	考核标准		
	优秀(90～100 分)	良好(80～90 分)	合格(60～80 分)
考核标准 (100 分制)	能熟记报纸素材处理规范；能熟练掌握分栏处理技巧、文字块自动调整方法、文字边框空的参数设置、竖排字不转操作；掌握文字块、分栏、变倍工具的操作；能独立完成整份报纸的设计	报纸素材处理基本规范；能基本掌握分栏处理技巧、文字块自动调整方法、文字边框空的参数设置、竖排字不转操作；掌握文字块、分栏、变倍工具的操作；能独立完成整份报纸的设计	能基本完成文字块的操作；在老师帮助下能完成整份报纸的设计
自评分			
教师评分			

注：未参与实训项目，在当次实训成绩中计 0 分。

课 后 练 习

1. 飞腾 4.1 安装时应该注意的地方有哪些？
2. 安装飞腾 4.1 主程序时的顺序是什么？
3. 描述 WIN 7 以上版本操作系统安装飞腾 4.1 的注意要点。
4. 飞腾软件中设置版心时，选择的是单面印刷，是否可以改成双面印刷？
5. 什么是飞腾的辅助板？其作用是什么？
6. 在飞腾工具箱中，以下按钮的名称或作用是：

　　▶ ＿＿＿＿＿＿　　Ｔ ＿＿＿＿＿＿　　🅰 ＿＿＿＿＿＿

　　▦ ＿＿＿＿＿＿　　✂ ＿＿＿＿＿＿

7. 在飞腾中,若想在一个图元中排入文字,则需将图元进行相应转换,即执行＿＿＿＿＿＿菜单中＿＿＿＿＿＿命令。

8. 如图 4-75 所示，试描述其在飞腾中的做法，注意说明其中所用的各项操作细节。

图 4-75　素材图片

项目五　多媒体素材制作与处理

【项目情境描述】

　　多媒体是指融合两种或两种以上媒体的一种人机交互式信息交流和传播媒体。多媒体素材就是指各种听觉、视觉和视听觉素材，包括文本、图形图像、动画、视频、音频等多种形式和格式的素材。通过计算机技术把多种媒体进行综合处理，使多种信息之间建立逻辑联系，形成一个完整的系统，通过对它们获取、压缩、编码、编辑、处理、存储和展示，以更加自然方便的方式使信息与计算机进行交互，使表现的信息图、文、声并茂。多媒体使人们不仅可以阅读文字，还可以听到优美的乐曲，欣赏到直观逼真的图片，观看到细致全面的影视动画等。多媒体素材的制作与处理是一项繁重而细致的工作，有些素材在其他地方可以找到(如成品课件中、素材光盘中、CD 中、网络上等)，可以获取版权拿来使用。有些自己需要的素材必须自己制作，充分构思、组织多媒体要素，发挥各种媒体要素的长处，为不同学习类型的需求者提供不同的媒体信息，从多种媒体渠道向受众传递信息。不同的素材，需要不同的采集方法和处理方法，不仅要学会采集多种素材，更重要的是正确掌握如何通过软件对各种途径得到的素材进行处理和加工，使采集的多媒体素材获得更加优良的效果和表现力。

　　多媒体素材的处理中，文本、图片已分别在项目二、项目三详细学习过，因此本项目主要讲述音视频素材的制作与处理。熟练掌握多媒体素材采集、制作与处理的技术与方法，可以为从事网页设计、影视剪辑、广告设计、动漫设计、音乐编辑、电子相册制作、各种多媒体课件制作、电子简历制作等多方面工作打下坚实的基础，提供有力的技术支持。

【学习目标】

(1) 了解音频、视频常见的文件格式。
(2) 掌握 Windows 自带录音功能及 Adobe Audition 音频编辑软件录制声音的基本操作，能使用 Windows 自带录音功能及 Adobe Audition 音频编辑软件录制声音。
(3) 掌握使用 Video Studio 等工具进行视频采集、编辑与处理基本操作的方法。
(4) 能基本运用相关软件采集和加工编辑音视频素材。

【学习任务】

任务 1　音频素材制作与处理(建议：4 课时)
任务 2　视频素材制作与处理(建议：6 课时)
项目实训实践　制作给定主题的视频文件(建议：2 课时)

项目五　多媒体素材制作与处理

任务 1　音频素材制作与处理

【教学准备】

(1) 多媒体网络教室。
(2) 安装 Windows 系统及 Adobe Audition 3.0 软件。
(3) 麦克风。
(4) 相关音频素材。

【案例导入】

配乐散文《绿》的新意境

朱自清的《绿》，是一篇绝美的散文，值得我们再次阅读。

朱自清的《绿》是一篇写景散文，作者将他对祖国山水的一片至情融于对梅雨潭景物的细致刻画之中，融景入情，情景交融，使景物既写得细腻生动，又具有绵密深厚、真挚清幽的情致，抒写出作者心灵的歌声，从而使全文充满着诗情画意。《绿》之所以脍炙人口，传诵至今，不仅在于它形象地描绘了梅雨潭奇异醉人的绿，而且在于它字里行间洋溢的那一种浓郁的诗味。它不仅具有诗的构思，诗的结构，更有诗的情感，诗的意境，诗的语言，可以说做到了以诗为文，文中有诗。真挚充沛的情感，大胆丰富的想象，生动传神的语言，是《绿》的独特魅力之所在。而这样的一篇文章，如果加入声音、音效的支持，将会增色不少。请大家用心倾听配乐朗诵音频《绿》(http://www.ruiwen.com/可下载)，细致感受加入声音之后的意境。

加入了声音的《绿》，将文字需要表达的意境淋漓尽致地表现了出来，还增加了更多让人回味让人想象的空间。《绿》的配乐朗诵作品音质清晰，语言鲜明，节奏明朗，旋律和谐，朗朗上口，娓娓动听，能使读者陶醉在美妙的音乐之中，产生"既能悦耳，又可赏心，兼而有之"的美感特征。语言、音乐和音效，既准确恰切，又形象逼真，使描述的事物富有立体感、动态美，神采飞扬，惟妙惟肖，能够增强情感的表达，达到一种让观众身临其境的感受。

那么如何为这优美的散文配上合适的朗诵和背景音乐呢，这就是我们这个任务要解决的问题。我们可以尝试声情并茂地朗诵《绿》中的一个自然段，录制声音，配上背景音乐，欣赏一下自己的音频作品。

【知识嵌入】

一、音频及音频素材获取的方法

1. 音频的相关概念

声音是人们最常用、最方便、最熟悉的用来传递信息的素材。声音通常有语音、音效和音乐三种形式。语音指人们讲话的声音。音效指声音特殊效果，如雨声、铃声、机器声、动物叫声等，它可以是从自然界中录音的，也可以采用特殊方法人工模拟制作。音乐则是一种最常见的声音形式。

人类能够听到的所有声音都称之为音频。音频是对声音的数字化采样后形成的数据，由于声音以声波的形式传播，记录声波的文件又被称为波形文件。

1) 音频的数字化

随着数字媒体的发展，数字音频处理技术受到高度发展。数字音频处理技术是将模拟的信号变换成数字音频信号。音频信号是随着时间变化的模拟信号，在计算机处理模拟信号之前，首先要把模拟信号变成二进制数字信号，这个过程称之为数字化，然后用硬件设备或各种软件进行加工处理，对声音进行录制、存放、编辑、压缩或播放。这个过程与模拟技术相比有无比的优越性，因为它几乎不会有任何损耗。数码音频是我们保存声音信号，传输声音信号的一种方式，它的特点是信号不容易损失。

2) 采样频率和量化位数

在模拟音频数字化的过程中，必须经过采样和量化两个步骤，从而形成了数字化音频的两个重要参数：采样频率和量化位数。数字音频是对模拟声音信号每秒上千次的采样，然后把每个样值按一定的比特数量化，最后得到标准的数字音频码流。采样就是对模拟信号每隔一个固定的时间取一个样本值。每秒采样的频率就是采样频率。采样频率越高(即采样周期越短)，数字化音频的质量也就越高。目前普通声卡的最高采样频率通常为 48 kHz 或者 44.1 kHz，此外还支持 22.05 kHz 和 11.025 kHz 的采样频率。

量化位数是信号编码的位数。在实际过程中量化和编码是同时进行的，即把各个时刻的采样电压值用二进制数来表示。在多媒体计算机音频处理系统中，一般有 8 位和 16 位两档。其中 8 位量化数位的精度有 256 个等级，16 位量化数位的精度有 65 536 个等级。量化数位越大，对音频信号的采样精度就越高。

3) 数字音频压缩

音频数字化后，信息量也很大，为了更好地存储和在相对较窄的带宽上更有效地传输尽可能多的数字信号，必须进行压缩，减少数字信号中的冗余部分。音频的压缩编码，主要是利用人耳的听觉特性。首先第一个特点是人耳对各频率的灵敏度是不同的，在 2k~4k 频段，很低的电平就能被人耳听到，其他频段时相对要高一点的电平才能听到，这就是说在听觉阈值以下的电平可以去掉，相当于压缩了数据。第二个特点就是频率之间的掩蔽效应，其实就是指人耳接收信号时，不同频率之间的相互干扰。当电平高的频率点和电平相对来说较低的不同频率点同时出现时，电平低的频率点的声音将听不到。因为人耳的灵敏度不一样，所以不同频率点的掩蔽程度是不一样的。低于掩蔽阈值的信号将不编码，高于掩蔽阈值的信号将重新分配量化比特值，实施压缩。第三个特点是短暂掩蔽效应，指在一个强信号之前或之后的弱信号，也会被遮蔽掉。这样利用人耳的感觉特性，对数据流本身进行压缩，做到既能降低码流，又能通过科学的压缩方法提高码流的效率，而又不影响音质本身。

2. 常见音频格式

1) WAV

WAV 文件又被称为波形文件，是微软公司音频文件的标准格式，用于保存 Windows

平台的音频信息资源，被 Windows 平台及其应用程序所支持。WAV 文件的数据是不经过压缩而直接对声音波形进行采样记录的数据，支持多种音频位数、采样频率和声道，文件所占存储空间很大，不适合网络传播。

2) MP3

MP3 格式就是指的是 MPEG 标准中的音频部分，也就是 MPEG 音频层。根据压缩质量和编码处理的不同分为三层，分别对应*.mp1、*.mp2、*.mp3 这三种声音文件。MPEG 音频文件的压缩是一种有损压缩，MPEG3 音频编码具有 10∶1～12∶1 的高压缩率，同时基本保持低音频部分不失真。由于其文件尺寸小，音质好，所以直到现在，这种格式还是风靡一时，作为主流音频格式的地位难以被撼动。

3) WMA

WMA 就是 Windows Media Audio 编码后的文件格式，由微软公司开发的网上流式数字音频压缩技术。这种压缩技术同时兼顾了保真度和网络传输的需求。WMA 支持流技术，即一边读一边播放，可以很轻松地实现在线广播，可以限制播放时间和播放次数甚至于播放的机器等，在微软的大力推广下，这种格式被越来越多的人所接受。

4) CD

CD 光盘采用的文件格式，又叫"红皮书"格式。CD 光盘可以在 CD 唱机中播放，也能用电脑中的各种播放软件重放。CD 是音质最好的音频格式之一，存储立体声，可以完全再生原始声音。

5) APE 格式

APE 是一种无损压缩格式，压缩后的文件不是单纯的压缩格式，而是和 MP3 一样可以播放的音频文件格式。这种格式的压缩比低于其他格式，能够做到真正无损，APE 压缩格式即使还原，也能毫无损失地保留原有音质。

6) OGG 格式

OGGVorbis 是对音频进行有损压缩编码，但通过使用更加先进的声学模型去减少损失。因此，相同码率编码的 OGGVorbis 比 MP3 音质更好一些，文件也更小一些。OGGVorbis 虽然还不普及，但在音乐软件、游戏音效、便携播放器、网络浏览器上都得到广泛支持。

7) MIDI

MIDI 的全称是 Musical Instrument Digital Interface，中文翻译是乐器数字化接口。MIDI 使得人们可以利用多媒体计算机和电子乐器去创作、欣赏和研究音乐。MIDI 记录的不是乐曲本身的波形数据，而是乐曲演奏过程中的计算机指令。其主要优点是数据量小，主要缺点是仅当回放设备与产生时所指定的设备相同时，结果才是精确的。

3. 音频的获取

音频本身是一种连续变化的模拟信号，音频采集的过程是将计算机无法识别的模拟信号转换为计算机能够识别的数字信号。常用的几种音频采集方法如下。

1) 从素材光盘中提取

可以从专业的音频素材光盘中获取丰富的音频素材。

2) 从视频中提取

如果需要某段视频中的声音，则可以利用相关软件从视频文件中将其提取出来，然后进行编辑。

3) 从网上下载

网络上有许多音频素材，可以通过输入关键字查找到相关或相近的音频素材，然后下载获取。

4) 从 CD、VCD 中获取

CD、VCD 可以从超级解霸的音频播放器播放，然后压缩成 MP3 格式，再根据需要决定是否转成其他格式。

5) 从现有的录音带中获取

从现有的录音带中获取音频，先用音频线从录音机线路输出，再从声卡的线路输入口输入，然后设置成线路输入录音，最后打开附件中的录音机进行录音，再保存在相应位置。

6) 录音

利用 Windows 操作系统自带的"录音机"或音频编辑软件录制所需音频。

二、利用 Windows 系统录制和编辑音频文件

Windows 系统提供了方便的声音处理工具，直接利用附件中的"录音机"，就能完成声音的录制、播放和一些简单的编辑功能。

1. 使用 Windows 录音机录制声音

在 Windows 系统中，可以通过"录音机"录制人的语音、CD 光盘音乐和任何可以输入声卡的外来声音源的声音，并将录制的声音以一种标准文件格式 WAV 存储起来。

1) 插入麦克风

将麦克风的插头插入声音卡的麦克风(MIC)插座，执行"程序"→"附件"→"娱乐"→"音量控制"命令，在弹出的"音量控制"窗口中，选择"选项"→"属性"命令，在弹出的"属性"对话框中将"调节音量"从"播放"改成"录音"，单击"确定"按钮后，可将"音量控制"窗口改成"录音控制"窗口，如图 5-1 所示。

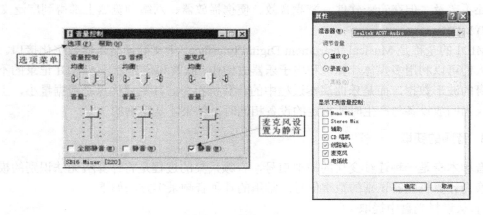

图 5-1 "音量控制"修改

2) 启动"录音机"程序

执行"程序"→"附件"→"娱乐"→"录音机"命令，如图 5-2 所示。底部从左到

右,依次为倒带、快进、播放、停止和录音按钮。录音机的最大录音能力为 60 秒。

图 5-2 Windows 录音机

3) 开始录音

单击"录音"按钮,对着麦克风讲话,即可完成录音工作。讲话时,在操作界面上可以看到声音的波形和当前已经录制的时间,随着人的讲话,可以看到波形的变化,如图 5-3 所示。讲完后,单击"停止录音"按钮。

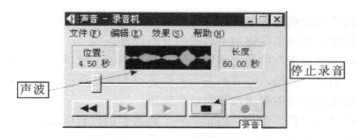

图 5-3 录音

4) 保存录音

在录音机程序的操作界面的菜单中选择"文件"→"保存"命令,在弹出的对话框中输入声音文件名,然后保存,就可以将已经录入的声音以 WAV 文件的格式保存在指定的位置。

2. 使用 Windows 录音机播放音频文件

使用 Windows 录音机只能用来播放 WAV 格式的声音文件。

1) 选择文件

在录音机操作界面的菜单中执行"文件"→"打开"命令。选择要播放的声音文件。

2) 播放文件

单击"录音机"中的"播放"按钮,播放已经打开的声音文件。

操作界面上的位置滑块指示当前的播放位置,可以随意地移动滑块到新的位置进行播放,如图 5-4 所示。

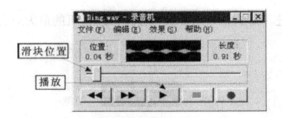

图 5-4　录音机界面播放按钮和滑块位置

3. 使用 Windows 录音机编辑音频文件

Windows 录音机可以对已有的 WAV 格式声音文件进行裁剪、合并、混音和属性转换，使文件达到理想的效果。

1) 裁剪声音

Windows 录音机提供了两种声音裁剪的方式。一种是剪去当前点以前的声音，另一种是剪去当前点以后的声音。通过这两种裁剪方法的综合使用，可以得到我们需要的声音片段。

第一步：启动"录音机"程序并打开需要编辑的 WAV 格式声音文件。

第二步：将滑块移到希望保留声中的音的开始位置。

第三步：执行"录音机"中的"编辑"→"删除当前位置以前的内容"命令，在弹出的对话框中单击"确定"按钮，即可剪去当前位置前不要的声音，如图 5-5 所示。

第四步：将滑块移到希望保留声音的结束位置。

第五步：执行"录音机"中的"编辑"→"删除当前位置以后的内容"命令，在弹出的对话框单击"确定"按钮，即可剪去当前位置后不要的声音。

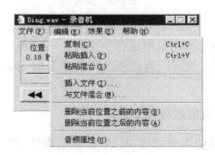

图 5-5　录音机编辑菜单界面

2) 合并声音文件

"录音机"程序的录音功能最多只能提供 60 秒的录音时间，如果需要录制的声音长度超过这个时间限制，那就不可能一次性录制完成。可以将这一段声音分几次录制，分别保存起来，然后再将他们合并成一个声音文件，这个合并起来的声音数据文件是没有 60 秒时间长度限制的。

使用 Windows 录音机合并多个声音文件有两种方法，一是从其他声音文件中将声音插入到当前打开的声音文件的指定位置后面；二是利用 Windows 系统的剪贴板，将剪贴板中的声音插入到当前打开的声音文件指定位置的后面。

(1) 从其他声音文件将声音插入到当前打开的声音文件的指定位置后面。其操作步骤如下。

第一步：启动"录音机"程序，并打开第一个声音文件。

第二步：将滑块移动到第二个声音文件准备插入的位置，如图 5-6 所示。

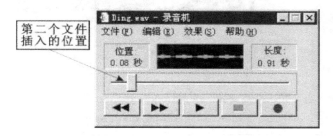

图 5-6　选择要插入声音文件的位置

第三步：执行"录音机"中的"编辑"→"插入文件"命令，如图 5-7 所示。

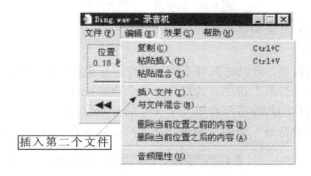

图 5-7　执行"插入文件"命令

第四步：在弹出的"插入文件"对话框中，选中第二个声音文件后，单击"打开"按钮。

第五步：保存合并后的声音文件。

(2) 利用 Windows 系统的剪贴板，将剪贴板中的声音插入到当前打开的声音文件指定位置的后面。运用这种方法合并声音文件的操作步骤如下。

第一步：启动"录音机"程序，并打开第二个声音文件。

第二步：执行"录音机"中的"编辑"→"复制"命令，将这段声音复制到剪贴板上，如图 5-8 所示。

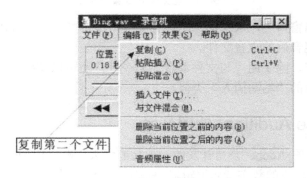

图 5-8　复制第二个声音文件

第三步：打开第一个声音文件，并将滑块移动到第二个声音文件准备插入的位置。
第四步：执行"录音机"中的"编辑"→"粘贴插入"命令，如图 5-9 所示。

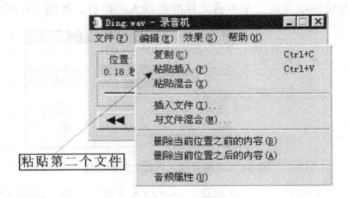

图 5-9　粘贴第二个声音文件

第五步：保存合并后的声音文件。

3) 叠加声音文件

为了增强声音的效果，可以将两种不同的声音进行叠加，即混音。具体操作步骤如下。
第一步：启动"录音机"程序，并打开第一个声音文件。
第二步：将滑块移动到准备混合第二个文件的开始位置。
第三步：执行"录音机"中的"编辑"→"与文件混合"命令，如图 5-10 所示。

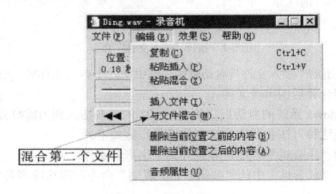

图 5-10　与文件混合操作界面

第四步：在弹出窗口中，选择第二个声音文件，单击"打开"按钮。
第五步：保存混音后的声音文件。

声音文件的混音，除了用"与文件混合"命令外，还可以使用"粘贴混合"命令，方法与声音文件合并时的"粘贴插入"类似。

三、利用 Adobe Audition 处理音频

Adobe Audition 是 Adobe 公司开发的一款功能强大、效果出色的多轨录音和音频处理软件。它是一个非常出色的数字音乐编辑器和 MP3 制作软件。不少人把它形容为音频"绘画"程序。下面以 Adobe Audition 3.0 为例，介绍其操作方法。

1. 录音

1) 进入 Adobe Audition 工作界面

双击 Adobe Audition 的图标，打开程序，进入 Audition 的编辑界面，如图 5-11 所示。

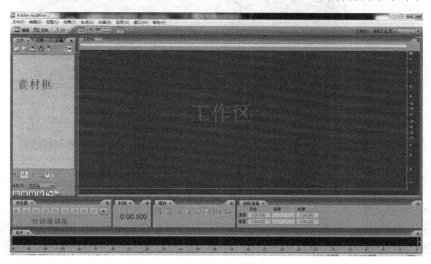

图 5-11　Adobe Audition 编辑界面

2) 进行录音操作

进入编辑界面之后可以直接点击传送器调板上的录音键进行录音，如图 5-12 所示，然后会出现如图 5-13 所示的画面。

图 5-12　录音传送器

图 5-13　新建波形

根据自己录音的需要，选择采样率和分辨率后，单击"确定"进入录音界面，如图 5-14 所示，此时就可以开始录音了，在录音的同时可以从工作区看到声音的波形。

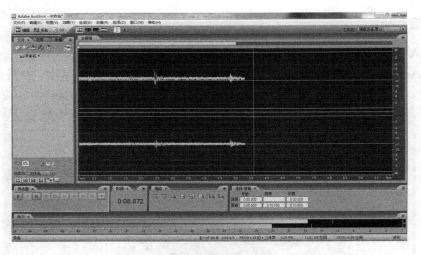

图 5-14　录音工作界面

3) 保存录音文件

录音完毕的时候，再次单击录音键即可结束录音。这个时候就可以用传送器调板进行音频的重放，听听录制的效果。如果满意的话，选择"文件"→"另存为"命令，然后在弹出的对话框中，选择保存的位置。更改文件名之后，单击"保存"按钮即可，如图5-15所示。

图 5-15　保存录音文件路径

2. 音频基本编辑

音频的编辑包括单个音频的编辑和多个音频的编辑。

1) 单个音频编辑

(1) 单个音频的删除。去掉音频文件中不必要的部分，只要选择不需要的部分，然后按Delete键就可以了，如图5-16所示。

项目五 多媒体素材制作与处理

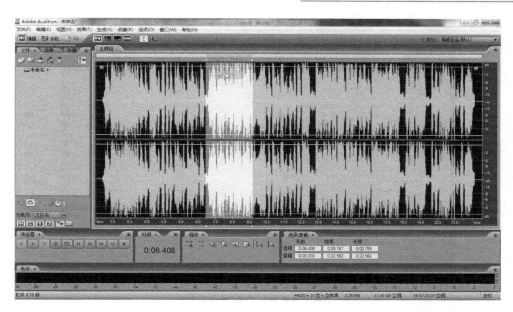

图 5-16 删除音频文件

(2) 音频的降噪。对于录制完成的音频，由于硬件设备和环境的制约，总会有噪音生成，所以，需要对音频进行降噪，以使得声音干净、清晰。

第一步：先选中一段噪音，然后在左侧素材框上，选择效果调板，执行"修复"→"降噪器"命令。双击打开降噪器，然后单击"获取特性"按钮，软件会自动开始捕获噪音特性，如图 5-17 所示。

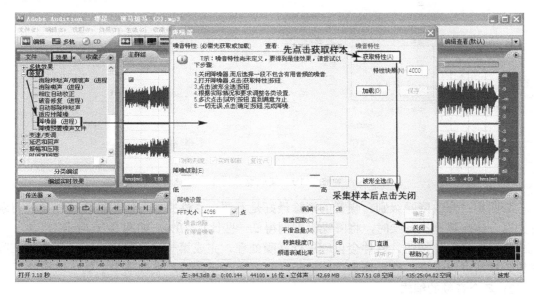

图 5-17 自动捕获噪音界面

第二步：捕获完成后，单击"保存"按钮，将噪音的样本保存，如图 5-18 所示。

第三步：关闭降噪器，单击工作区，按 Ctrl+A 快捷键全选波形，再打开降噪器，单击"加载"按钮，将刚才保存的噪音样本加载进来，如图 5-19 所示。

149

图 5-18　保存噪音样本文件

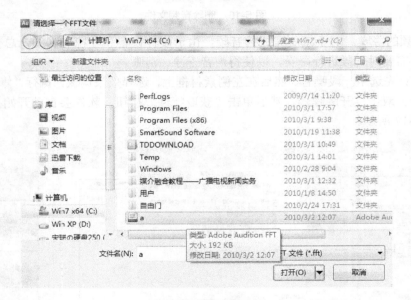

图 5-19　加载噪音样本

第四步：修改降噪级别。噪音的消除最好是不要一次性完成，因为这样可能会使得录音失真。建议第一次降噪时，将降噪级别调得低一些比如 10%，如图 5-20 所示。

单击"确定"按钮，软件会自动进行降噪处理。完成第一次降噪之后，可以再次在噪音部分重新进行采样，然后降噪。一般经过两三次降噪之后，噪音基本上就可以消除了。

2) 多个音频的编辑

多个音频文件的编辑需要进入到多轨模式下进行。

(1) 进入多轨编辑模式。单击素材框之上的"多轨"按钮，如图 5-21 所示，就可以进入多轨编辑模式了，如图 5-22 所示。

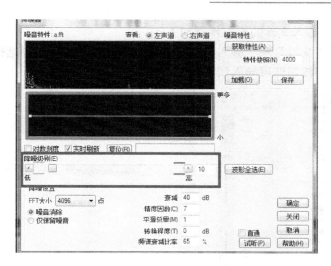

图 5-20　修改降噪级别

图 5-21　选择"多轨"编辑模式

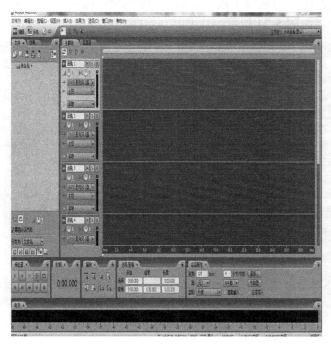

图 5-22　"多轨"编辑模式工作界面

(2) 导入文件。导入文件的操作步骤如下。

第一步：执行"文件"→"导入"菜单命令，在弹出的对话框中选择需要使用的音频文件，单击"打开"按钮即可导入到素材框中，如图 5-23 所示。

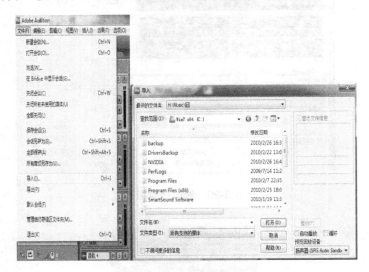

图 5-23　导入音频文件素材选择路径

第二步：导入 JTV1 和 JTV2 两个音频文件，分别拖放到音频 1 和音频 2 的轨道上。

(3) 编辑音频。编辑音频包括删除音频、分离音频和移动音频。

单击工作区上方的时间选择工具，然后选定音频不需要的部分，按 Delete 键可删除音频中不需要的部分，如图 5-24 所示。

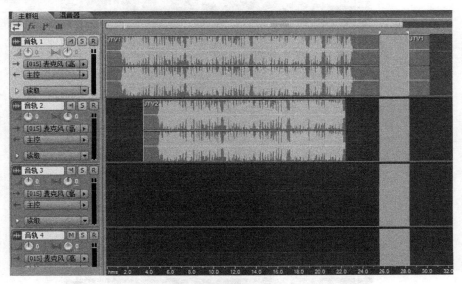

图 5-24　删除音频文件

有的时候我们需要将音频切成几个小段，方便声音的对齐。首先用时间选择工具，单击需要切开的位置，如图 5-25 所示。然后使用快捷键 Ctrl+K，或者执行"剪辑"→"分离"

菜单命令，如图 5-26 所示，音频成功切割，如图 5-27 所示。

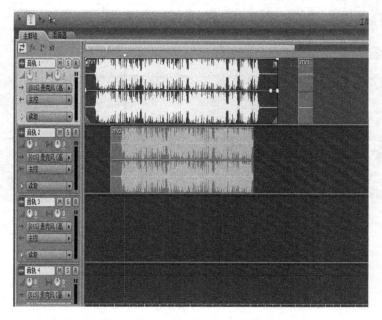

图 5-25　用时间选择工具单击需要切开的位置

图 5-26　执行"分离"菜单命令

利用移动工具可以对音频块进行对准移动。对准完成之后，可以根据自己的需要对音频添加一些特效。　只需选中需要添加特效的音频块，然后在左侧素材框上选择效果调板，选择需要的效果双击打开，按照降噪类似的步骤就可以完成效果的添加。

(4) 多轨音频的导出。多轨音频完成编辑之后，要进行输出。执行"编辑"→"混缩到新文件"→"会话中的主控输出"菜单命令，如图 5-28 所示，按照需要选择立体声或者是单声道。

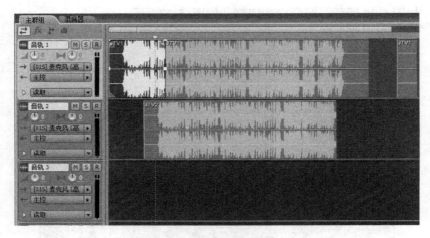

图 5-27 成功切割音频

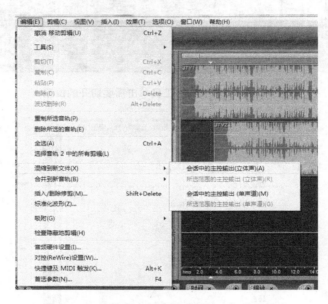

图 5-28 执行"会话中的主控输出"菜单命令

选择好立体声或者单声道之后,软件会自动进行混缩,如图 5-29 所示,并在单轨模式下自动生成一个混缩文件,如图 5-30 所示,这时只要再按照单轨编辑的保存方式进行保存就可以了。

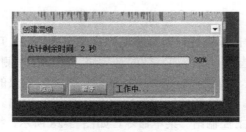

图 5-29 软件会自动创建混缩

通过这些音频处理软件，我们还可以在添加语言、音乐、音效等各种声音，使人们在轻松、愉快的环境中进行工作学习，使人们身临其境。

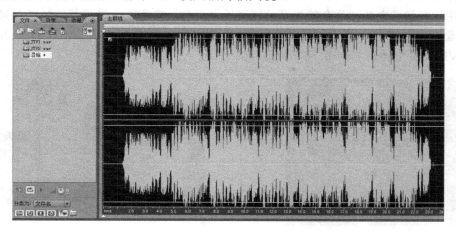

图 5-30　单轨模式下自动生成一个混缩文件

【课堂演练】

选择一篇散文，制作成配乐朗诵版。

任务 2　视频素材制作与处理

【教学准备】

(1) 多媒体网络教室。
(2) 安装会声会影等视频编辑软件。
(3) 相关视频素材。

【案例导入】

自创视频文件再也难不倒我们

在多媒体作品创作中，视频信息是各种媒体中携带信息最丰富、表现力最强的一种素材，具有表现事物细节的能力。因此视频在企业宣传、营销、展示等得到广泛应用，在数字出版发展势头强劲的今天，可视图书深受读者的喜欢。

2014 年 5 月北京少年儿童出版社跨媒体出版了可视图书《神奇科学》。这是中国本土科普原创力作，由北京出版集团、北京少年儿童出版社联合出版，以北京科技视频网和武汉电视台"科技之光"联合拍摄的 100 集同名微视频科普系列片为基础，通过图文形式介绍 81 个科学小实验，并可用手机扫描二维码观看视频，如图 5-31 所示。

我们生活中经历的重要时刻，如毕业留言、婚礼实况、生日宴会等，可以通过对精彩内容的剪辑，再配上字幕、音乐、画外音，编辑成一部完整的影片，然后刻录成 VCD、DVD，永久保存。如某校同学以自己的生活为素材创作的一个视频短片。在视频编辑过程中采用了多种特效的添加和视频的转场效果，整个片子看起来，连贯、动感、镜头的视觉冲击力较强。存放在相册中的相片会随岁月的流逝逐渐发黄、变色，通过视频编辑可以把相册存放在光盘中，并且可以添加字幕、配音和背景音乐，做成个人成长记录相片 MTV 在 VCD/DVD 设备中播放，如图5-32所示。

图5-31 可视图书《神奇科学》　　　　　　图5-32 利用相片制作视频

企业无论是形象宣传还是产品展示选用视频手段，都具有更直观的效果，可涵盖许多文字和图片无法表达的内容，同时相比文字和图片具有更强的可读性，更能受到读者的欢迎。视频可以用电脑、电视机以及投影仪进行播放观看。视频宣传的渠道丰富多彩，可以在企业的网站让员工和业界人士观看，也可以上传到公共的视频网站上便于广大网民观看，还可以将相关的链接地址发到各种网络论坛上、博客上，等等，实现在网络上的广泛传播。在工作中，我们可以通过视频编辑软件随时编辑整理企业的会议实况、产品介绍及生产状况等视频资料，然后通过电视或者成本低廉的光盘广泛传播，如图5-33所示。

我们可以捕捉电视上播放的影片、体育赛事等娱乐节目，然后对节目进行剪辑，并添加字幕、音乐和特效，刻录出独一无二的娱乐精选光盘，作为资料永久保存，如图5-34所示。

图5-33 中国移动视频宣传产品　　　　　　图5-34 自制娱乐视频

【知识嵌入】

一、视频素材

在多媒体作品中，视频信息是各种媒体中携带信息最丰富、表现力最强的一种素材，其具体表现形式为电影、电视和摄像资料等。视频素材的特点是具有表现事物细节的能力，在多媒体作品中添加视频素材，能够使人快速而准确地理解作品要表达的意思。

1. 视频制式标准

在视频设备中，我们经常可以遇到信号制式，不同的制式，对视频信号的解码方式、色彩处理的方式以及屏幕扫描频率的要求都有所不同。计算机系统处理的视频信号的制式与连接的视频设备的制式不同，在播放时，图像的效果会明显下降，甚至根本无法播放。

1) NTSC 制式

NTSC 是 National Television Standards Committee 的缩写，意思是"国家电视标准委员会"。 NTSC 负责开发一套美国标准电视广播传输和接收协议。NTSC 信号是不能直接兼容于计算机系统的。NTSC 规定了每秒 29.97 帧(简化为 30 帧)，电视扫描线为 525 线，偶场在前，奇场在后。标准的数字化 NTSC 电视标准分辨率为 720×480 像素，24 比特的色彩位深，画面的宽高比为 4∶3 或 16∶9。NTSC 电视标准用于美、日等国家。

2) PAL 制式

PAL 制又称为帕尔制。它是为了克服 NTSC 制对相位失真的敏感性，在 1962 年，由前联邦德国在综合NTSC制的技术基础上研制出来的一种改进方案。PAL 是 Phase Alteration Line 的缩写，意思是逐行交换，每秒 25 帧，电视扫描线为 625 线，奇场在前，偶场在后。标准的数字化 PAL 电视标准分辨率为 720×576 像素，24 比特的色彩位深，画面的宽高比为 4∶3，PAL 电视标准用于中国、欧洲等国家。

3) SECAM 制式

SECAM 制式又称塞康制，法文 Sequentiel Couleur A Memoire 的缩写，意为"按顺序传送彩色与存储"。1966 年法国研制成功，它属于同时顺序制。 在信号传输过程中，亮度信号每行传送，而两个色差信号则逐行依次传送，即用行错开传输时间的办法来避免同时传输时所产生的串色以及由其造成的彩色失真。SECAM 制式特点是不怕干扰，彩色效果好，但兼容性差。帧频每秒 25 帧，扫描线 625 行，隔行扫描，画面比例为 4∶3，分辨率为 720×576 像素。采用 SECAM 制的国家主要有俄罗斯、法国、埃及等。

4) HDTV

近年来，随着视频行业的兴起与普及，需要一种能兼容电视、计算机的标准的制式，其中高清晰电视(HDTV)得到广泛认可。HDTV 标准可以完全地被计算机系统直接兼容。然而仍然有些设计上的问题没有解决，有些业内专家担心这样的兼容性会严重增加通用电视机的成本。

2. 视频文件的类型

1) ASF

ASF 是 Advanced Streaming Format 的缩写，是一种可以直接在网上观看视频节目的文件压缩格式。ASF 的主要优点包括：本地或网络回放、可扩充的媒体类型、部件下载，以及扩展性等。ASF 应用的主要部件是 NetShow 服务器和 NetShow 播放器。有独立的编码器将媒体信息编译成 ASF 流，然后发送到 NetShow 服务器，再由 NetShow 服务器将 ASF 流发送给网络上的所有 NetShow 播放器，从而实现单路广播或多路广播。

2) AVI

AVI 是 Audio Video Interleave 的缩写，即音频视频交叉存取格式。1992 年初 Microsoft 公司推出了 AVI 技术及其应用软件 VFW(Video for Windows)。在 AVI 文件中，运动图像和伴音数据是以交织的方式存储，并独立于硬件设备。这种按交替方式组织音频和视像数据的方式可使得读取视频数据流时能更有效地从存储媒介得到连续的信息。

3) FLV

FLV 格式是 FLASH VIDEO 格式的简称。FLV 流媒体格式是一种新的视频格式，由于它形成的文件极小、加载速度也极快，这就使得网络观看视频文件成为可能。FLV 格式不仅可以轻松地导入 Flash 中，同时也可以通过 RTMP 协议从 Flashcom 服务器上流式播出。因此目前国内外主流的视频网站都使用这种格式的视频在线观看。

4) MOV

MOV 格式是美国 Apple 公司开发的一种视频格式。MOV 视频格式具有很高的压缩比率和较完美的视频清晰度。其最大的特点还是跨平台性，不仅能支持 MacOS，同样也能支持 Windows 系列操作系统。MOV 格式共有四个版本，其中以 4.0 版本的压缩率最好。这种编码支持 16 位图像深度的帧内压缩和帧间压缩，帧率每秒 10 帧以上。现在 MOV 格式有些非编软件也可以对它进行处理，包括 Adobe 公司的专业级多媒体视频处理软件 After Effect 和 Premiere。

5) MPEG

MPEG 是英文 Moving Picture Expert Group 的缩写，意思是动态图像专家组，家里常看的 VCD、SVCD、DVD 就是这种格式。MPEG 标准包括 MPEG 视频、MPEG 音频和 MPEG 系统(视频、音频同步)三个部分，MP3 音频文件就是 MPEG 音频的一个典型应用，而 Video CD(VCD)、Super VCD(SVCD)、DVD(Digital Versatile Disk)则是全面采用 MPEG 技术所产生出来的新型消费类电子产品。目前 MPEG 格式有三个压缩标准，分别是 MPEG-1、MPEG-2 和 MPEG-4。

6) AVI

AVI 是 newAVI 的缩写，是一个名为 ShadowRealm 的地下组织发展起来的一种新视频格式。它是由 Microsoft ASF 压缩算法的修改而来的，视频格式追求的无非是压缩率和图像质量，所以 AVI 为了追求这个目标，改善了原始的 ASF 格式的一些不足，让 AVI 可以拥有更高的帧率(frame rate)。

7) RMVB

RMVB 格式是由 RM 视频格式升级而延伸出的新型视频格式。RMVB 视频格式的先进之处在于打破了原先 RM 格式使用的平均压缩采样的方式,在保证平均压缩比的基础上更加合理地利用了比特率资源,也就是说对于静止和动作场面少的画面场景采用较低编码速率,从而留出更多的带宽空间,这些带宽会在出现快速运动的画面场景时利用。这就在保证了静止画面质量的前提下,大幅地提高了运动图像的画面质量,从而在图像质量和文件大小之间达到了平衡。

8) WMV

WMV 格式(Windows Media Video)是微软推出的一种采用独立编码方式并且可以直接在网上实时观看视频节目的文件压缩格式。WMV 视频格式的主要优点有:本地或网络回放、可扩充的媒体类型、可伸缩的媒体类型、多语言支持、环境独立性、丰富的流间关系以及扩展性等。

9) SWF

SWF 是 Macromedia 公司的动画设计软件 Flash 的专用格式,是一种支持矢量和点阵图形的动画文件格式,被广泛应用于网页设计,动画制作等领域。SWF 文件通常也被称为 Flash 文件,用普通浏览器就可以打开。

3. 视频的采集

视频采集的过程是将计算机无法识别的模拟信号转换为计算机能够识别的数字信号。常用的几种视频采集方法如下。

1) 利用视频采集卡采集

视频采集卡是将摄像机、录像机和电视机输出的模拟信号转换成计算机可辨别的数字信号,并将采集到的数据储存在计算机中,是进行视频采集最常用的硬件设备。在设备连接成功后,通过视频捕获软件就可以开始采集工作了。

2) 利用视频制作软件获取视频数据

视频制作软件可以通过对视频文件的剪辑获取新的视频文件,也可以通过对各种多媒体数据的编辑创作视频文件,常用的视频制作软件有 Movie Maker、Premiere Pro CS3、会声会影和 Adobe After Effects 等。

3) 利用视频捕捉软件采集

视频捕捉软件可直接捕捉计算机屏幕上播放的画面,同时还可以记录鼠标移动的路径、音效和旁白等信息。常用的视频捕捉软件有 Hyper Cam/Screen Recorder/Camtasia Studio 6 等。此类软件采集的视频数据常用于多媒体教学课件、产品使用介绍等领域。

4) 利用数码相机和手机采集

目前市场上有带有多媒体功能的数码相机和手机,利用这些设备可以轻松地获取视频数据,而且利用数码相机和手机自带的视频编辑软件还可以对获取的视频进行简单的编辑。

5) 利用视频光盘采集

通过多媒体素材光盘,可以轻松地获取需要的视频文件,并将其保存为指定的格式。

6) 利用互联网采集

互联网可以提供给我们新鲜的、专业的、规范的和经典的视频素材,在不侵犯版权的情况下,此种采集视频素材的方法是最常用的一种采集方法。

二、Video Studio 会声会影视频采集、处理

会声会影是一套操作简单，功能强大的视频编辑软件，可以进行视频素材编辑的各种操作。会声会影采用了分步骤的方式，通过捕获、编辑、共享三个步骤，完成了视频从采集、编辑到创建输出。

会声会影的工作界面主要有四个区域：功能菜单、预览窗口、素材库和素材编辑区，如图 5-35 所示。会声会影提供了两种视图方式，一种是时间轴视图方式，时间轴窗口由上到下为表示视频、特效时间顺序的视频轨、表示标题的标题轨、表示旁白的语音轨及表示背景音乐等的音乐轨。另一种是故事版视图方式。预览窗口的左边是选项面板，每一步的具体修改都在这里完成，窗口右边的素材库，或称资料库或图库，列出了可使用的素材，如视频、图像、音频等。

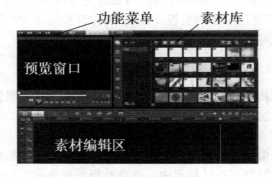

图 5-35 会声会影的工作界面

1. 捕获视频

捕获视频是数码视频制作的一个重要步骤，它也是编辑制作视频影片的前提。连接外部设备并安装相应的驱动程序后，单击"捕获"步骤，选项面板出现捕获命令。"捕获"可以从摄像机或其他视频源捕获视频或图像文件。

1) 连接 DV

首先将 IEEE 1394 的一端插入 IEEE 1394 卡的一个接口，然后把 IEEE1394 线的另一端与摄像机的 DV 接口连接。打开摄像机，打开 DV，并将它设成播放模式(大多数的摄像机通常均标为 VTR 或 VCR 模式)。

2) 参数设置

启动会声会影，单击"捕获"标签进行"捕获"操作。

(1) 设定捕获区间。指定要捕获的素材的长度，这里的几组数字分别对应小时、分钟、秒和毫秒。如果需要指定区间长度，可以在需要调整的数字上单击鼠标，当其处于闪烁状态时，输入新的数字即可。

(2) 设定捕获来源。单击"来源"右侧的下拉箭头，将其设置为摄像机名称即可。

(3) 选择格式。从"格式"列表框中选取 MPEG 选项即可。"Ulead DSW MPEG 捕获外挂程序"将被自动检测到。从 DV 摄像机中捕获 MPEG 时，请使用此捕获外挂程序。

若要设置自动分割视频，勾选选项面板中的"按场景分割"。这样在从 DV 摄像机捕

获视频时，会声会影可自动根据录制的日期与时间来辨识个别的视频片段，并将此信息包含到捕获的视频文件中，然后会声会影可将视频文件分割成素材，并将它们插入项目中。

(4) 设置捕获位置。单击"捕获文件夹"按钮可打开选择文件夹界面，选择一个文件夹可以存放捕获的视频素材。

(5) 设置捕获到素材库。单击"选项"按钮，在弹出的下拉菜单中选择"捕获选项"命令，然后在弹出的对话框中选中"捕获到素材库"复选框。这样，在捕获时捕获的视频将会在素材库插入一个链接，以备今后使用。

3) 捕获视频

单击预览窗口下方的播放控制按钮，选择需要录制的起点位置，单击"捕获视频"按钮，这时会声会影将显示"捕获"消息框。单击"确定"按钮即可开始捕获，捕获时在"捕获帧"和"丢弃帧"中将分别显示当前已被捕获的总帧数以及在捕获中被丢弃或丢失的总帧数。会声会影可以自动控制摄像机，并播放录像带，摄像机的视频将会出现在预览窗口中。

单击"捕获视频"按钮或按 Esc 键，则停止捕获。如果指定了捕获区间，会声会影将自动停止捕获过程。捕获完成后，被捕获的视频素材出现在操作界面下方的"故事板"上，则可在故事板上进行编辑。

4) 预览捕获的视频

(1) 单击选项面板中的"切换到时间轴"按钮，切换到"回放"模式。

(2) 在"故事板"上选中需要预览的视频素材，选中的视频素材将显示在预览窗口中。

(3) 单击预览窗口下方的播放按钮，即可在预览窗口中浏览捕获的视频素材，当然，还可以拖动预览栏中的滑块进行预览，这样可以快速地浏览视频中的主要内容。

(4) 预览完毕后，再次单击按钮，可以重新切换到视频捕获状态准备捕获下一段视频素材。

2. 编辑视频

1) 添加视频素材

(1) 从素材库中添加视频素材。打开"浏览视频"或其他素材对话框，选中文件后单击"打开"按钮，将在"媒体"标签库中添加视频、数字媒体、照片和项目视频，在"音频"标签库中添加音频素材，如图 5-36 所示。

图 5-36　从素材库中添加视频素材

(2) 从文件中添加视频素材。选择"文件"→"将媒体文件插入到素材库"→"插入视频"命令，如图 5-37 所示。

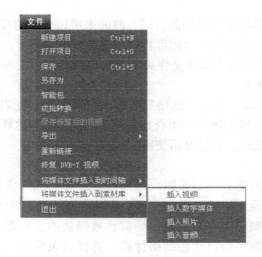

图 5-37　从文件中添加视频素材

2) 视频素材的选取、移动和删除

(1) 选取视频素材。在编辑使用视频时，如果在轨上要选取一个视频素材，仅简单地用鼠标单击来突出显示它即可。如果想从其他轨上选取一个视频素材，必须双击视频来选取它。

如果要选取多个视频素材，在"素材库"中单击一个缩略图，然后按住 Shift 键再单击另一个缩略图，可以选中这两个视频间的所有缩略图。或按住 Ctrl 键，并单击每一个想要选中的缩略图。

在时间轴上，单击一个视频，然后按住 Shift 键并单击另一个缩略图，可以选中这两个缩略图之间的所有缩略图。

(2) 移动视频。在编辑视频时，如果需要改变视频的位置，可以选择一个要改变其位置的视频素材，然后按住鼠标将该视频拖动到新的位置即可。

在视频轨上，没有任何空间时，也可调整视频素材的顺序。在其他轨上，仅当有足够的空间时才可移动视频素材。

(3) 删除视频素材。从轨上选取一个视频素材，然后将它拖入到"垃圾桶"或按 Delete 键即可。也可以右击视频，然后在弹出的快捷菜单中选择"删除"命令。

3) 视频素材的分割

将视频素材插入或捕获到故事板中以后，有时需要把视频分割为多个文件，以便在各个片段之间添加转场效果。

(1) 按场景分割的操作步骤。使用"编辑"步骤中的"按场景分割"功能，可以检测到视频中的不同"场景"，并自动将它分割成多个素材文件。

第一步：单击"编辑"菜单进入"编辑"步骤，在时间轴上选中一个捕获的 AVI 文件或 MPEG 文件。

第二步：单击"选项面板"中的"按场景分割"，打开"场景"对话框，在这里进行简单的设置即可。

(2) 多重视频修剪的操作步骤。

第一步：单击"编辑"标签进入"编辑"步骤，选取一段影片，并单击"选项面板"

中的"提取视频",这时对话框将打开,如图5-38所示。

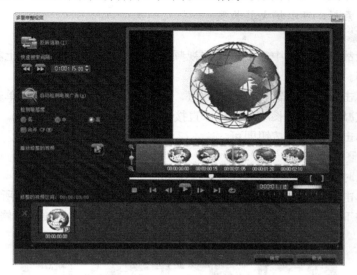

图 5-38　提取视频对话框

第二步:选择一段视频段落后,将视频轨道拖曳至想要开始的地方。单击"开始"设置此点为开始帧。再次拖曳视频轨,这一次则放在想要结束的地方。单击"结束"。单击"下一帧"或"上一帧",以便精确定位开始和结束的帧。

第三步:单击"确定"开始修剪视频。原始视频影片档在时间轴上会被分列成为多个段落。如果长度很长,请使用"快进"或"快退"按钮快速快转或倒转整个影片。原始设置值中,这些按钮可快转或倒转至25秒。

(3) 用剪刀分割的操作步骤。

第一步:在故事板上选中需要分割的视频,拖动"飞梭栏"的滑块或者单击按钮找到需要分割的位置。

第二步:单击"分割视频"(剪刀按钮)修整拖柄即可将视频素材从当前位置分割为两个视频,如图5-39所示。

图 5-39　剪刀按钮

4) 视频属性的修改

(1) 用缩略图修改。

第一步:单击故事板左侧的"切换到时间轴"按钮;然后从轨上选取一个视频,这里选中的视频两端以黄色标记表示。

第二步:在黄色标记上按住并拖动鼠标,同时在预览窗口中查看当前标记所对应的视频内容;在合适的位置放下鼠标即可。

第三步:单击"应用"按钮即可。

注意：视频修改只能将视频长度在源文件区间范围内修改，不能超过源文件的区间。对于图像和声音素材，可以扩大其长度。

(2) 用区间修改。

第一步：在故事板上选中需要修整的视频，这时在左侧的选项面板上将显示当前选中的视频的长度等。

第二步：单击时间格上需要修改的数值，这时数字将会跳动，可以单击区间右侧的上下箭头来增加或减少视频的长度，也可以直接输入需要的数值。

第三步：单击"应用"按钮即可。

(3) 用"修整栏"修改。

第一步：从时间轴或素材库中选取某个素材。

第二步：单击并拖动"修整拖柄"来设置修整位置即可，如图5-40所示。

第三步：按下Shift键，并单击"播放素材"按钮，可以仅播放素材修整后的部分。

图5-40　"修整拖柄"设置修整位置

3. 使用覆叠效果

覆叠素材与视频轨上的视频合并起来，可以实现画中画，置换背景，添加图案、边框、Flash动画前景等效果。

添加、删除覆叠效果步骤如下。

(1) 选中素材库中的视频或图像素材，将其拖曳到时间轴的"覆叠轨"上，如图5-41所示。要删除覆叠效果，先选中"覆叠轨"上的素材，按Delete键即可。

图5-41　添加覆叠效果

(2) 覆叠效果的设置。覆叠选项面板中有"编辑"和"属性"两个选项卡。"编辑"选项卡包括素材区间、音频调整、视频旋转、色彩校正、回放速度、反转视频、抓拍快照，与视频素材的"编辑"选项卡中名称相同的使用方法和功能也相同。"属性"选项卡中包括"滤镜"添加和自定义选项、"对齐选项"、"遮罩和色度键"、"方向/样式"，如图 5-42 所示。

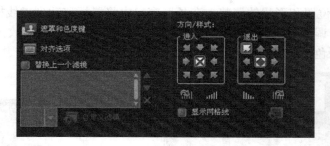

图 5-42 "属性"选项卡

单击"对齐选项"，在下拉菜单中可以选择停靠位置在顶部、中央或底部，选择调整素材的大小保持宽高比、屏幕大小、原始大小、默认大小或重置变形。

"方向/样式"可以设置覆叠素材动画，单击"进入/退出"箭头按钮设置素材进入和退出屏幕的方向，中间的按钮设置静止。下方的"淡入/淡出"按钮可以在覆叠素材进入或退出屏幕时逐渐增加或降低其透明度。暂停区间前/后旋转按钮可以设置覆叠素材旋转进入或退出暂停区间。在"导览面板"上拖曳暂停区间的修正标记可以延长或缩短在屏幕上停留的时间。

单击"遮罩和色度键"，打开"遮罩和色度键"选项设置。可以设置"透明度"和"边框"，选中"应用覆叠选项"复选框，可以选择"遮罩帧"或"色度键"样式，如图 5-43 和图 5-44 所示。遮罩的白色区域覆叠素材完全不透明，灰色部分素材半透明，黑色部分素材完全透明，可以实现边缘美化、透明渐变等效果。

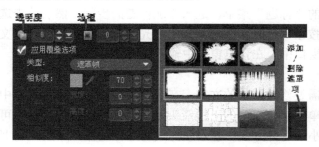

图 5-43 应用覆叠选项的"遮罩帧"样式

图 5-44 应用覆叠选项的"色度键"样式

色度键可以在"相似度"选项单击色彩框，选择要渲染为透明的颜色，或者选择吸管，在"预览"区域中单击要渲染为透明的颜色，达到使素材中的某一特定颜色透明，实现扣图效果。

(3) 覆叠素材位置和形状的调整。在预览窗口中将鼠标移动到虚线框内部，光标呈四向箭头拖曳移动，调整覆叠素材的位置。拖曳 8 个黄色的控制点来缩放大小，如图 5-45 所示，拖曳 4 个角绿色的控制点可以调整覆叠素材的大小与形状。

图 5-45 缩放大小的 8 个黄色控制点

4. 制作标题

1) 添加文字

单击菜单栏中的"标题"菜单，进入添加标题的步骤，然后单击选项面板上的"创建或编辑标题素材"按钮。这时在预览窗口出现光标闪烁，在此处输入文字，此时会有一个矩形框出现在预览窗口中，在预览窗口中输入要添加的文本。

2) 修改属性

拖动鼠标选中需要修改属性的文字，在"选项面板"的第一页之中进行设置。设置字体时，只需用鼠标单击字体右侧的下拉箭头，然后选择相应的字体即可。用同样的下拉方法可以对文字的大小、对齐方式、色彩和样式等进行设置，如图 5-46 所示。

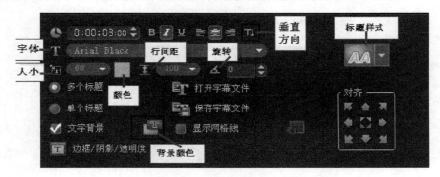

图 5-46 修改属性选项

3) 为文字添加动画

单击选项面板右侧的"动画"按钮,打开第二页设置选项,从"类型"下拉列表中选取"弹出"选项可以让文字从小到大逐渐显示。然后从"开始单位"下拉列表中,选择以文字、单词、行或字符作为动画标题的基本元素。再对起始缩放率和终止缩放率进行设置,即可单击"播放"进行预览了。

4) 调整时间与位置

在"区间"框中调整标题素材出现在视频素材中的时间长度,切换到时间轴模式,并选中添加到标题轨中的标题。将鼠标指针放在当前选中的标题的一端,鼠标指针变为箭头标志,按住并拖动鼠标即可改变标题持续的时间。选项面板的"区间"中的数值将产生相应的变化。

如果需要移动标题的位置,可以切换到时间轴模式,单击标尺左侧的按钮使希望放置标题的位置所对应的视频素材在视频轨上显示出来,然后单击鼠标,选中希望移动的标题。将鼠标指针放置标题上方,鼠标指针显示为"十"字形光标,最后按住并拖动鼠标将其拖曳到新的位置,然后释放鼠标即可。

5. 添加特殊效果

1) 转场效果

在会声会影中,可以运用多种特效来实现自然的跳转,即添加转场。

第一步:显示效果选项。单击"效果"菜单,切换到"效果"步骤,在"效果素材库"中单击"转场效果文件夹"中的下拉列表上的箭头来选择一种类型,这显示的是一个效果画廊,如图 5-47 所示。

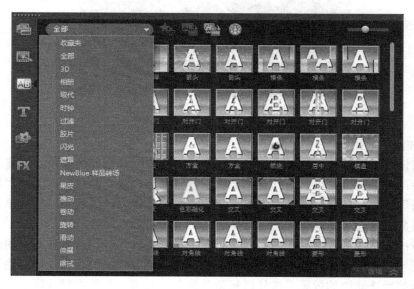

图 5-47 显示效果选项画廊

第二步:查看效果。可以通过一个个动画略图来查看效果的外观,单击鼠标选中一个转场略图,选中的转场将在预览窗口中显示出来,单击"播放"按钮可以查看其效果,预览窗口中的 A 和 B 分别代表转场效果所连接的两个素材,选择所需的转场效果。

第三步:添加效果。选择好后用鼠标单击该效果,然后按住鼠标,并将鼠标指针移动到需要添加转场效果的位置,放开鼠标,当前选中的转场将被添加到指定的位置。

第四步:调整区间。单击视频轨上的转场效果,然后在"选项面板"中将选项调成期望的设置。选项面板中的可调整设置将根据所选的转场样式而有所不同。当将转场效果添加到影片中以后,"区间"中设置的时间控制一个场景结束到另一个场景开始之间的转场时间,单击时间码并输入一个数字,可以改变转场持续时间的长短,如图 5-48 所示。

第五步:调整边框和颜色。在文本框中输入数值或者单击右侧的上下箭头,可以指定边框的尺寸。单击色彩方框,在弹出的色彩下拉菜单中可以直接选择需要使用的边框颜色,如图 5-48 所示。也可以选择"友立色彩选取器"或者"Windows 色彩选取器"选项,在弹出的对话框中选择自定义的颜色。

第六步:调整柔化边缘。这里可以指定转场效果和素材之间混合的方式,通过设置合适的混合方式,可以使转场更平缓。创建素材间平滑的过渡效果,其中的四个按钮分别表示柔化边缘的程序,当前处于选中状态的按钮以黄色显示。按下其中的一个按钮,转场效果与原始素材将按照所选择的方式混合,如图 5-48 所示。

第七步:设置转场效果的方向。这里的选项根据所选择的转场类型的不同而变化。有些转场不能指定转场效果的方向,而其他的一些转场可能增加一些新的参数。单击相应的按钮,可以为当前转场指定移动、缩放或旋转的方式,如图 5-48 所示。

第八步:完成。上面的参数设置好后,单击"应用"按钮即可。

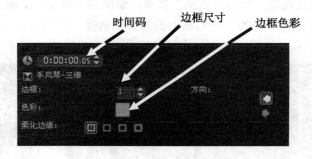

图 5-48 添加和调整转场效果

2) 添加滤镜效果

使用滤镜效果,会使视频表现更富有艺术感染力,能体现一种抽象的意境。

第一步:打开滤镜菜单。运行会声会影,打开要添加滤镜的视频。选择"编辑"标题进入"编辑"步骤,在故事板上单击鼠标选中要添加滤镜效果的视频,然后单击选项面板顶部的选项页右侧的"滤镜"按钮,切换到第二个选项页。

第二步:选择滤镜。这时在右侧的素材库中显示多种滤镜,首先在可用的滤镜中选取要应用的视频滤镜类型。在素材库中单击鼠标,选中需要使用的视频滤镜"油画",预览窗口显示当前所选滤镜的效果,按住鼠标将其拖到"故事板"的视频片段上,这时在选项面板上显示当前素材所添加的视频滤镜,同时在素材库中显示视频滤镜略图。

第三步:预览效果。在选项面板的预设略图中选择一种预设略图,然后单击"播放素材"按钮,可以查看在样本中应用的效果。

第四步:调整参数。如果对预设的滤镜不满意,还可以进行调整,单击"自定义"按钮，这样就会弹出设置的对话框，在此进行适当调整即可。

6. 添加音频

声音是视频作品获得成功的元素之一。会声会影的"音频"步骤允许用户为项目添加旁白和音乐。"音频"步骤由两个轨组成：声音和音乐。应将旁白插入声音轨而将背景音乐或声音效果插入音乐轨。

1) 添加音频文件

会声会影提供了单独的声音轨和音乐轨，但可以交替地将声音和音乐文件插入到任何一种轨上。

(1) 插入音频文件。请单击并选择插入音频，然后选择要将音频文件插入的轨道。

(2) 添加声音旁白。纪录片和新闻节目通常使用旁白来帮助观众理解视频中所发生的事情。会声会影允许用户自行录制清晰的旁白音频视图将时间轴更改成音频波形。单击该项时，"环绕混音"选项卡将显示。

添加声音旁白的方法如下。

① 单击音乐和声音选项卡。

② 使用飞梭栏移到要插入旁白的视频段。

注意：不能在现有素材上录音。选中素材后，录音将被禁用。单击时间轴上的空白区域，确保未选中任何素材。

③ 单击录音。显示调整音量对话框。

④ 对话筒讲话，检查仪表是否有反应。使用 Windows 混音器调整话筒的音量。

⑤ 单击"开始"按钮并开始对话筒讲话。

⑥ 按下 Esc 键或单击"停止"按钮以结束录音。

(3) 从音频 CD 导入音乐。从音频 CD 导入音乐的方法：

① 单击音乐和声音选项卡中单击从音频 CD 导入以打开转存 CD 音频对话框。要检查是否检测到了光盘，请注意音频驱动器是否已启用。

② 在轨列表中选择要导入的音轨。

③ 单击"浏览"按钮选择将保存导入文件的目标文件夹。

④ 单击"转存"按钮以开始导入音频轨。

(4) 添加第三方音乐。添加第三方音乐的方法：

① 单击自动音乐选项卡。

② 在范围中选择程序将如何搜索音乐文件。

③ 选择要从中导入音乐的库，选择要使用的音乐。

④ 选择所选音乐的变化。单击播放所选的音乐，回放已应用变化的音乐。

⑤ 设置音量级别，然后单击添加到时间轴。

提示：选择自动修整以根据飞梭栏位置将音频素材自动修整为适合于空白空间。

2) 修整和剪辑音频素材

在录制声音和音乐后，可以在时间轴上轻松修整音频素材。

(1) 在时间轴上，选中的音频素材有两个拖柄，可用它们来进行修整。只需抓住起始或结束位置的拖柄，然后进行拖动以修整素材，如图 5-49 所示。

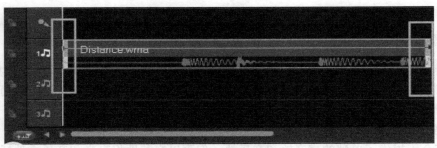

图 5-49 在时间轴上修整素材

(2) 拖动修整标记，如图 5-50 所示。

图 5-50 拖动修整标记

(3) 移动滑轨，然后单击开始标记/结束标记按钮，如图 5-51 所示。

图 5-51 移动滑轨

(4) 单击"分割素材"按钮，分割素材，如图 5-52 所示。

图 5-52 分割素材

(5) 延长音频区间。时间延长功能可以延长音频素材，而不会使其失真。通常，为适合项目而延长视频素材将导致声音失真。延长音频素材的区间的方法如下：

① 在选项面板中单击音乐和声音选项卡。

② 单击回放速度以打开回放速度对话框。

③ 在速度中输入数值或拖动滑动条，以此改变音频素材的速度。较慢的速度值使素材的区间更长，而较快的速度值可以使其更短。

提示：用户可以在时间延长区间中指定素材播放的时间长度。素材的速度值将根据指定区间自动调整。如果用户指定较短的时间，此功能将不会修整素材。按住 Shift 键，然后拖动所选音频素材的拖柄，这样可在时间轴中延长此音频素材的时间，如图 5-53 所示。

(6) 淡入\淡出。淡入\淡出效果的设置通常用于创建逐渐开始和结束的背景音乐平滑地过渡。

项目五 多媒体素材制作与处理

图5-53 在时间轴上延长音频素材时间

7. 视频分享

视频编辑制作完成之后需要保存并导出，这个操作可以在会声会影的"分享"步骤中完成，用户能将自己的项目直接刻录为 AVCHD、DVD、VCD、SVCD 和 BDMV。

1) 创建并保存视频文件

在将整个项目渲染到影片文件之前，请选择文件中的"保存"或"另存为"命令，首先将其保存为会声会影项目文件 (*.VSP)。这样，就可以随时返回项目并进行编辑。

(1) 创建整个项目的视频文件。其创建方法如下。

① 单击"选项面板"中的创建视频文件，影片模板选择菜单随即打开，如图5-54所示。

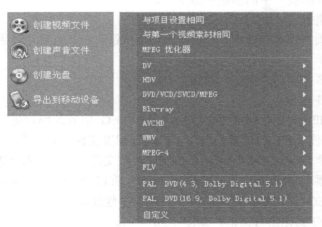

图5-54 影片模板选择菜单

② 要使用当前项目设置创建影片文件，请选择与项目设置相同，或者选择一个预设的影片模板。这些模板可以让用户创建适合于 Web 或输出为 DV、DVD、SVCD 或 VCD、WMV 和 MPEG-4 的影片文件。

注意：要检查当前项目设置，请选择文件"项目属性"。要查看由影片模板提供的保存选项，请选择工具制作影片模板管理器。也可以通过选择与第一个视频素材相同来使用视频轨上的第一个视频素材的设置。

③ 为影片输入所要的文件名，然后单击保存。影片文件随后将保存并放入视频素材库。

提示：要节省渲染时间，请对源视频(例如，捕获的视频)、会声会影项目和影片模板使用相同的设置。还可以局部渲染项目，智能渲染可以仅渲染有变化的部分，因此当项目只做了轻微改动时，无须重新渲染整个视频序列。

(2) 创建预览范围的视频文件。

① 单击时间轴上方的标尺以确保未选择任何素材。

② 使用修整拖柄选择一个预览范围，或者沿着标尺拖动三角形，然后按 F3 和 F4 来分别标记开始和结束点，如图 5-55 所示。

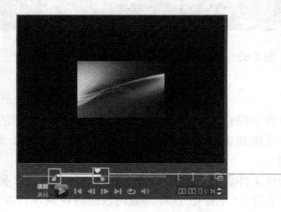

图 5-55　标记开始和结束点

③ 单击"选项面板"中的创建视频文件。

④ 选择影片模板。

⑤ 在创建视频文件对话框中，单击"选项"按钮。在"选项"对话框中，选择预览范围。单击确定。

⑥ 输入文件名并单击"保存"按钮。

2) 优化 MPEG 视频

会声会影的 MPEG 优化器使得创建和渲染 MPEG 格式的影片更加快速。它分析并查找要用于项目的最佳 MPEG 设置或最佳项目设置配置文件。具体方法如下。

(1) 在"分享"步骤选项面板中，单击创建视频文件，然后选择 MPEG 优化器。

选择 MPEG 影片模板时，"MPEG 优化器"将自动启用。要阻止在选择 MPEG 影片模板时显示 MPEG 优化器对话框，请不要选中参数选择。

(2) 显示 MPEG 优化器对话框，如图 5-56 所示。

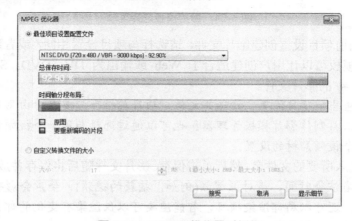

图 5-56　MPEG 优化器对话框

(3) 输入要输出的文件大小。"视频和音频设置"会根据所指定的文件大小自动进行调整。

(4) 单击"接受"按钮。

3) 制作视频网页

(1) 制作 RM 影片。单击"分享"标题菜单进入"分享"操作步骤，然后单击"创建视频文件"按钮，在弹出的下拉菜单中选择"流媒体 Real Video 文件"命令，在弹出的对话框中输入合适的文件名和保存文件夹后开始渲染。

(2) 查看影片。创建完影片之后，影片文件在存到所选目录的同时，将被放入视频素材库中。单击"素材库"中的该文件缩略图，该影片将显示在预览窗口中，单击"播放"按钮可以观看影片。

(3) 选取刚才制作的 RM 视频文件，单击"导出"下拉列表按钮，并选取"网页"选项，在弹出的"浏览"对话框中输入网页的文件名，然后单击"确定"按钮，单击"扫描"按钮可以查看该文件夹的所有网页文件。

(4) 打开一个"网页"对话框，在打开的对话框中单击"是"按钮，可以将视频素材插入网页中，并包含播放素材的控件，这样只需将该网页放到网上，就可以在网上浏览了。

【课堂演练】

请以"我在出版与发行等你"为主题，向即将入学的学弟学妹们制作一个专业介绍视频，请你策划一个富有创意的视频拍摄和编辑制作的实施方案。

项目实训实践　制作给定主题的视频文件

1. 实训名称

制作"鲁迅生平"视频文件。

2. 实训目的

(1) 能合理选取素材，能合理进行素材搭配。
(2) 能完成视频的创作、编辑和制作。
(3) 能添加编辑转场和滤镜效果等特殊效果。
(4) 能编辑制作标题。
(5) 能配备合适的背景音乐和旁白。
(6) 能分享视频。

3. 实训内容

(1) 根据确定的主题"鲁迅生平"在网上搜集与主题相关的文本、图像、音频、视频素材。

(2) 根据搜集的各种素材，进行鉴别和筛选，确定文字材料，依据文本内容，编辑录制解说词。根据解说词的时间和内容，配以合适的画面及效果。此解说词作为视频素材中的音频部分。

(3) 制作视频。

4. 实训步骤

第一步：搜集与主题相关的文本、图像、音频、视频素材。

第二步：鉴别和筛选各种素材；确定文字材料，依据文本内容，编辑录制解说词。根据解说词的时间长度和内容配以合适的画面及效果。此解说词作为视频素材中的音频部分。

第三步：制作片头。片头内容由背景图片、鲁迅头像和标题文本三部分组成。

第四步：制作视频主体。视频主体内容是为解说词搭配恰当的画面。解说词放置在"语音轨"，画面主要放置在视频轨，由图片、文本、视频等组成。

第五步：添加字幕。在屏幕上显示需要突出的字幕。在屏幕下方，自左到右顺次出现。

第六步：制作片尾，表明文件结束。

第七步：保存文件。根据需要保存为所需的文件格式。保存文件为VSP格式，选择"分享"，选择"创建视频文件"，再选择保存视频的格式如RM或MPEG-1等格式。

第八步：将编辑完成的视频发布在360云盘、大学城空间或QQ空间。

5. 实训要求

(1) 上交采集的各种类型的原始素材不少于10份。

(2) 上交制作好的视频文件，并能在360云盘、大学城空间或QQ空间观看。

6. 考核标准

项　目	考核标准		
	优秀(90~100分)	良好(80~90分)	合格(60~80分)
考核标准 (100分制)	主题明确，素材代表性强，搭配合理，整合连贯，生动、完整、视觉冲击力强	主题明确，素材代表性较强，搭配合理，整合较为连贯，生动、比较完整、视觉冲击力较强	主题明确，素材基本符合主题要求，能按一定的线索进行搭配整合，结构基本完整
自评分			
教师评分			

注：未参与实训项目，在当次实训成绩中计0分。

课 后 练 习

一、选择题

1. 把搜集到的素材进行分类存放，文件夹结构如下图所示。

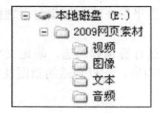

文件 act. avi 一般应放入的文件夹是( )。
   A. 音频　　　　B. 图像　　　　C. 文本　　　　D. 视频
2. 下列文件中一般属于视频文件的是( )。
   A. train.mpg　　B. train.txt　　C. train.jpg　　D. train.mp3
3. 小文准备了两段视频素材,一段是关于日落的场景(文件名为 sunset. mpg),另一段为忙碌的人群(文件名为 busyday. mpg),她通过会声会影软件对这两段视频素材进行如下操作:
① 新建一个项目;
② 分别将素材文件 sunset. mpg 及 busyday. mpg 导入到故事板的视频轨中;
③ 添加字幕"下班了",如下图所示。

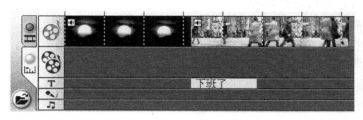

④ 创建视频文件,以 offduty. mpg 为文件名保存。
当播放 offduty. mpg 文件时,下列描述正确的是( )。
   A. 先出现字幕,然后播放 sunset. mpg 视频素材的内容
   B. 字幕与 sunset. mpg 视频素材的内容同时出现
   C. sunset. mpg 及 busyday. mpg 视频素材内容全部播放完后才出现字幕
   D. 字幕与 busyday. mpg 视频素材的内容同时出现

4. 小静准备了一幅鲜花图片(文件名为 flower. jpg),一段有关草原风光的视频素材(文件名为 meadow. mpg),她通过会声会影软件对这两个素材进行如下操作:
① 新建一个项目;
② 分别将素材文件 flower. jpg 及 meadow. mpg 导入到故事板的视频轨中;
③ 添加字幕"共度好时光",如下图所示。

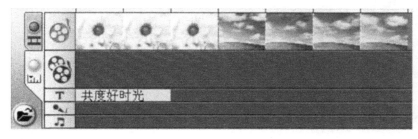

④ 创建视频文件,以 happy. mpg 为文件名保存。
   当播放 happy. mpg 文件时,下列描述正确的是( )。
   A. 先播放 meadow. mpg 视频素材中的内容,然后出现字幕
   B. 字幕与 flower. jpg 图像内容同时出现
   C. 先播放 flower. jpg 图像内容,再出现字幕,最后播放 meadow. mpg 视频素材

D. 先播放 flower.jpg 图像内容，再播放 meadow.mpg 视频素材，最后出现字幕

二、简答题

1. 简述音频的格式类型。
2. 简述视频的格式类型。
3. 简述 Windows 录音机提供的声音裁剪方法的步骤。

三、操作题

请以你个人的成长经历为主题，搜集相关素材，制作个人成长相册。具体要求如下：
(1) 使用即时项目中的模板。
(2) 替换素材，并调整素材区间。
(3) 编辑转场和滤镜效果。
(4) 编辑制作标题。
(5) 创建视频。

项目六　数字出版物的内容生成、策划与运营

【项目情境描述】

随着现代科学和信息技术的应用和发展，数字化处理技术使出版物的制作、存储和发行发生了翻天覆地的变化，信息传播技术的发展也促进了消费观念和消费习惯的改变。数字出版物的生产、经营方式所发生的革命性变化，引起数字出版物内容生成、策划与运营等出版经营活动的变化。数字出版的发展已由对自然资源和现实资本获得的依赖转向获取各种知识和智力创新成果的依赖，竞争的成败在更大程度上取决于内容资源的有效配置——即内容生成、策划与运营。

数字时代正在改变人们的阅读方式，"碎片化"阅读成为常态。因此，传统意义上的出版内容资源并非可以直接平移到数字出版领域，出版内容的解构与重塑是数字出版的基本行为，因此"内容资源"走向"产品设计"也是出版转型的必然选择。"产品设计"就如同传统出版的选题策划并包含着部分生产设计、制作与运营范畴。无论数字出版产业形态发展如何变化，数字出版过程中，内容生成、产品设计与策划及运营仍然是其生存王道和竞争法则。以数字技术的发展为助推力的数字出版，将打破传统出版的整个产业流程，无论是从数字出版物的编辑技术、产品运营、传播手段、营销渠道、消费群体，数字技术影响下的出版产业应该为用户提供更多形态的产品。出版人员要凭借对作者资源的掌控，集中力量进行数字出版策划并塑造精品内容。作为未来从事数字出版工作的学生，必须掌握数字出版物的内容生成方法、产品设计编排技巧、平台运营等知识和技能，从而更好地将数字出版物呈现给读者。

本项目将带领大家了解数字出版内容的生成方式、技术手段，以及数字出版内容的再生与整合；了解大数据时代数字出版内容资源、策划与运营的价值链挖掘的意义；掌握不同形态数字出版物选题的策划，对数字出版运营模式和盈利模式进行探讨，以对数字出版有一个动态而全面的认识，为本专业后续"网络编辑""出版物新媒体营销""网络书店经营实务"等课程和教材内容的学习打下基础。

【学习目标】

(1) 掌握数字出版物的内容生成方法。
(2) 了解数字出版的发展现状和趋势。
(3) 熟悉不同形态数字出版物选题策划。
(4) 充分认识数字出版运营的重要性。

【学习任务】

任务1　数字出版物的内容生成(建议：2课时)
任务2　数字出版物的策划(建议：2课时)

任务3 数字出版物的运营(建议：2课时)
项目实训实践 尝试在网上发布小说(建议：2课时)

任务1 数字出版物的内容生成

【教学准备】

(1) 具有互联网环境的实训教室。
(2) 指定可链接的网页如下。
- 中国出版集团公司(http://www.cnpubg.com/);
- 中文在线数字出版平台(http://www.chineseall.com);
- 富媒体数字出版平台——意派(http://www.epub360.com);
- 百道网(http://www.bookdao.com)。

【案例导入】

大数据时代数字内容价值的发现与整合

大数据时代最明显的特征无疑是内容生产数量的几何级倍增，全球每秒钟发送2.9百万封电子邮件，一分钟读一篇的话，足够一个人昼夜不息地读5.5年；每天会有2.88万个小时的视频上传到Youtube，足够一个人昼夜不息地观看3.3年；每天亚马逊上将产生6.3百万笔订单……我们被信息包围，被碎片化的生活所笼罩，信息过载造成了有价值的内容和冗余的信息裹挟而来。

在大数据时代来临之际，如何基于满足和贴近用户不断涌现出的个性化、社交化、本地化和移动化需求去梳理数字内容的价值链？移动互联网重构了内容形态(碎片化生存)、重构了内容消费时间(黄金时间、垃圾时间再定义)、重构了社会的组织形态(社交化)，信息在关系链流动中又重构了信息本身(内容再生产)，而我们的内容生产者和内容传播平台还远远没有根据现实满足用户需求、服务用户体验。大数据时代基于数字内容所拓展的平台和产品同纸质媒体、传统门户一样，要摆脱单一的流量经营和复本经济模式，同时也要有一种新的运营机制来防范海量数据带来的噪音，提升个性化内容的比例，增强用户获取信息的便利性，从而创造一种新的产品范式。

Zite是移动终端上一款免费的个性化杂志订阅应用。该应用通过采集用户的阅读行为，判断用户的兴趣，从而能够把一些用户感兴趣的新闻、资讯、图片、音乐、视频聚合起来呈现。ZAKER作为国内最流行的社会化阅读平台，除了提供高效、互动、有良好体验的阅读服务以外，还利用海量数据和特定算法创新广告模式。它可以根据人们的居住地点、浏览资讯的偏好，挖掘出哪些品牌的产品更受到哪一类群体喜欢，从而将品牌广告的投放范围、时间和差异化的资讯结合起来。LinkedIn作为全球最大的职业社交网站，为什么会钟情于阅读呢？毫无疑问，职业社交网站已经从人与人之间的"工具联系"进化到"资源和利益交换"。如何挖掘、整合由社交网用户规模化参与提供的信息和内容价值，使其成为优质并且丰富的内容源是 LinkedIn 关注的重点，社交和阅读的整合成为一个移动互联世界的新注脚。

从数字内容个性化的聚合、筛选、挖掘到推送，从用户参与内容生产、传播到用户评价背书成为一种新的盈利工具；从内容的跨界整合到精细化内容与用户的无缝对接；从传统的听说读写到借助可穿戴设备让阅读模式实现自我量化的反馈经济模式形成，这一切都围绕着大数据的思维和技术手段的运用，数字内容新的经营范式也在不断被改写和再造。如果我们深入理解大数据，那么我们就能在内容消费创新中找到一条独特而有潜力的价值发现与整合的路径。

(资料来源：屈辰晨. 数字出版在线. 2013-11-25)

【知识嵌入】

数字出版的内容生成是出版过程的关键环节，是数字出版的支点，其实质就是出版物内容精神生产的过程，与传统纸质出版的内容生成并无本质区别，即出版的选题开发和组稿阶段。没有内容的生成，数字出版就成为无源之水，内容是根本，是读者购买的核心需求，只是数字出版时代，内容的来源和渠道更加丰富。选题策划的概念也在逐渐嬗变，由"图书选题"转向"信息选题"。

一、内容生成在数字出版中的地位

1. 内容生成是数字出版的根本

数字出版是由"内容+数字技术"实现的。内容是数字出版的根本，数字技术是数字出版的工具，它是现代高新技术在出版行业的一个具体应用。简单来说，只要使用二进制技术手段对出版的整个环节进行操作，都属于数字出版的范畴，包括原创作品的数字化、编辑加工的数字化、印刷复制的数字化、发行销售的数字化和阅读消费的数字化等。就图书而言，其整个过程大体可分为内容生成、数字加工、网络运营三个环节。从这三个环节可以看出，数字化出版的特征，即数字化技术、网络技术的应用表现在第二、第三环节上，而在第一环节上，即在内容生成上，与纸介质出版在本质上是没有区别的。因此，数字出版过程的第一环节就是内容生成。出版内容的提供是所有环节的根本，离开这一环节数字出版就无从谈起。

2. 内容生成是传统出版进军数字出版的优势所在

传统出版单位有明确的出版选题计划和严格的出版工作流程，以保证出版物的内容质量。各出版单位都有自己的出版领域和一定的出版特色，对本领域的学术水平、科研动态、读者状况等有较深的了解，具有敏锐的市场反应能力，有既懂出版又懂专业且训练有素的编辑队伍，长期以来建立了庞大的作者群，这些都是传统出版单位从事内容生成的基础，是其他任何单位都无法比拟的。传统出版单位的核心竞争力来自于出版物知识内容的生产和出版物物质形态的制作。因此，传统出版凭借对作者资源的掌控、编辑能力的提升与市场运营的强化，将主要力量集中在对精品内容的塑造上，进而在互联网竞争中占据主导地位。

3. 数字内容生成的方式

数字内容的生成方式可以分为三个阶段，第一阶段是传统的纸质图书内容转换成数字出版内容，第二阶段是数字内容直接生成阶段，第三阶段是读者互动生成阶段。

(1) 传统出版物转换成数字出版内容。数字出版的浪潮推动着出版社积极思考与探索，纷纷转型，进军数字出版领域，很多出版社将出版过的图书通过扫描转换成PDF形式的电子书。商务印书馆、中华书局等将其辞典、经典内容纷纷转化成电子版本以积极争取版权贸易，开拓了图书的又一利润源。实质上这种转换是纸质内容向数字内容转换的过渡阶段，还只是纸质图书的电子版本，不能称为图书内容的数字化。

很多中小型出版社限于人力、物力有限，都处于过渡阶段。大多是进行简单化处理，主要做两件事：一是建网站，二是将正在出版或已经出版的纸书电子化打包出售。中小出版社图书品种少、网站规模小、更新慢，所以难以建成商业网站，无法提供在线电子书交易。中小出版社网上售纸书也不现实，因为规模小，人员成本、物流成本等都会使网上售书无利可图。而打包销售电子书，通常的做法是将纸书的电子版发给多家知名数字出版技术商，像中文在线、清华同方、方正等，但自身提供的产品数量少、内容品质不高，所以难以有收益。有了收益与作者分利也很麻烦，绝大部分品种收益低，这是普遍存在的实际情况。

(2) 数字内容直接生成。实力强大的出版社目前处于第二阶段，其数字出版内容是直接生成的，甚至数字图书比纸质图书先期出版，达到了真正的数字出版阶段。高等教育出版社就是一个典型例子，实现了从"做图书"到"做数字化内容"的变革。其内容加工按主题直接分成文字、图片、音频、视频等部件，建立数字内容资源库。同一文本，可以生成多种产品，印刷的、数字的、多媒体的，几种版本的内容不是完全一致，各有特点，满足了不同需求偏好、不同层次的读者。

出版社为数字出版提供的图书内容，最终是以二进制形式存储的文档在互联网、手机、专用阅读器等介质上呈现。只有知道内容如何更好地转换为读者价值的出版社，才能拥有"内容为王"的话语权。谁的内容资源具有更强大的集约整合能力，谁才能占有更大的市场份额，才能对市场有较大的控制力。

(3) 读者互动生成。这一阶段比第二阶段的数字内容生成更具有针对性。读者可以根据阅读需求提出自己的意见。同时，读者也可以与编辑和作者互动，产生新的选题灵感，读者还可以参与到内容的生产中来，成为作者。这一阶段需要出版部门有更多的人力资源、更好的技术要求来维持与读者的联系。

数字媒体的阅读交互性，不仅是指数字媒体具有检索、拷贝、打印等多种功能，而且意味着读者可以更加自由地根据自己的需要调整阅读过程，甚至对媒体提供的一切信息加以重组和利用。传统出版物的形式是固定的，阅读是静态的，而数字媒体具有相当强的可操作性。随着虚拟现实技术、人工智能技术引入数字媒体出版，阅读的交互化将更上一个新的台阶。

数字媒体不仅改变了大众传媒单向传播的特点，实现了双向互动功能，也改变了大众传媒信息受控的局面，使信息流通更为自由、信息更为海量。数字媒体还使受众也可以成为信息的发布者。互联网提供了"一人一媒体"的技术条件，不断创造出令人匪夷所思的网络媒体的神话和网络红人的故事。现实中的传播文化乃至社会生活，越来越凸显出网络文化的影响。

二、数字出版的内容再生与整合

1. 内容资源的数字化整合

在数字出版编辑工作中，其中有一项十分繁重而重要的基础工作就是如何将传统出版社的内容资源进行数字化整合。

数字出版借助传统出版社已有的出版资源的总量、特点、数字化原则，对已有出版资源系统地进行数字化整合，再次进行二次或者多次网络出版。这项工作往往需要既懂技术又懂出版的网络出版人才来完成。一方面，可以通过出版社的官网数字化来进行整合；另一方面，一些网站或网页也可以将传统出版内容进行编辑，将其转化成数字出版物。

数字出版时代，编辑除了担负有传统出版业中信息加工、改进文章的表达方式、润色文字、删改文章内容以满足传统印刷出版物严格的篇幅要求外，另一个重要的职能是对信息进行编辑加工。由于出版介质不同，网络编辑的工作与传统出版社的编辑工作存在着很大差异。其主要工作是内容分拣和页面制作，需要编辑具有一定的计算机操作能力和网络编辑常识。在数字化时代，编辑作为最专业的出版工作者，是业务和运行中占主导地位的中坚力量，不仅有其职能利益，也有自身的政治、文化或科技理念上独立的价值追求。

2. 数字内容的再创造

当前数字出版的主要问题是，数字出版版面普遍杂乱，各种广告条不断干扰读者的注意力、文字内容冗长，滥用了网络文章可以不限文字篇幅的特点，该精简的没有精简。网络编辑必须更多地站在读者的角度，想办法解决网络出版中存在的问题，为读者提供更好的阅读体验。

由于数字信息的传播特性结合了图书、报刊、广播、电视的传播优势，所以数字内容的编辑加工也体现出多媒体的综合性质。

数字出版的内容必须整合成符合人们在网上阅读的内容。在网上，人们很少一个字一个字地阅读，而是快速浏览，找出个别的词或句子，再点击阅读。因为要做到让读者在浏览时能迅速地了解一篇文章的主要内容，所以必须注意使用一些编辑技巧。例如：将信息进行分类，如分为文字、图片、动画、音频和视频等；突出关键字和关键内容，具体方法包括链接、字体变化和颜色变化等；使用有意义的小标题；像排行榜一样，将文章大意清楚地逐条列出，段落最初的几个词力求吸引读者的注意；采用倒金字塔模式，把最重要的内容放在最前面；内容尽量简短、清楚。

传统媒体是通过版面或时间语言反映信息内容，在网络信息传播中，可以从空间和时间两个角度体现网页编辑加工的意图。

1) 内容的空间编辑法

从空间角度看，计算机屏幕所展示出来的网页，看上去与平面的报纸颇为相似。因此，数字内容编辑有许多地方可以借鉴传统报纸的编辑技巧。传统报纸的编辑意图可以用多种多样的版面语言来表达，版面位置、空间大小、字体、字号、色彩、图片等都可以直接或间接地传达编辑对稿件的评价。通过阅读报纸成长起来的人们，习惯了以这种方式解读编辑的"潜台词"。人们在阅读网络新闻时，好像版面消失了，其实不然。网络编辑仍然需要编辑的主观评价，编辑意图可以通过多种方式表现出来。

(1) 页面的强势。强势是版面语言的重要概念，指版面吸引读者注意力的方式或能力，如位置、大小、标题、字体、色彩、排列方式、稿件集合等。在网络新闻中，强势仍然是重要的概念。在网络新闻中，标题与内容在空间上是分离的，如果没有采取一定的手段对读者进行提示，读者往往只能以标题的内容是否吸引人为标准，决定是否阅读正文。倘若标题与内容相偏离，就会对读者产生误导。因此，网页上的强势不但可以体现编辑的意图，还可以帮助读者分清主次。

(2) 字符的变化。传统印刷报纸与强势有关的手段有些也会在网络新闻的网页中起作用，如字符的大小和颜色等。报纸中重要信息往往采用大字、深色标题，有时还以套红的形式表现。这些手段在网页上也可以产生同样的效果，如在搜狐的新闻中，最重要的新闻标题的颜色是红色，在其他新闻蓝色标题的衬托下，显得格外醒目。

(3) 图片的作用。图片在报纸上总是比纯文字抢眼，网络新闻也是如此。为稿件配发图片可以吸引读者的视线，突出新闻的重要性，但图片数据量往往很大，传输很不方便。过多的图片也会给网络新闻带来麻烦。网络新闻应适度运用高质量的照片，可以在页面上放置一张较小的照片，与效果更好的同一张照片进行链接，由读者决定是否继续观看。

(4) 位置的作用。一般来说，处于屏幕左方和上方的信息较强势，因为这些部分的信息是最先出现在用户眼前的。另外，由于较少有人会使用下拉条看第一屏下面的内容，因此要尽量加大第一屏的信息量。新浪的新闻和中华网的新闻首页都有 30 条左右信息。

(5) 标题的作用。在网络信息中，文章的标题文字对形成强势也有较大作用。因为读者看不到正文时，只能通过标题文字是否吸引人来做初步判断。这时，放在印刷报纸上不起眼的信息可能由于标题做得好而会在网络版上显得抢眼。重要信息的标题要重墨浓彩，一般信息的标题则可适当轻描淡写，不应喧宾夺主。

(6) 重要新闻栏。由于网络信息是由很多的网页组成的，不同网页之间由一定层次结构组成。一些页面会先被读到，而另一些页面则只能较晚出现。主页往往是第一个被访问的页面，所以通常网络信息都在主页上设立重要信息栏，给予重要新闻最先被读者阅读的特权，读者能从这种阅读顺序中体会到稿件的重要性。

(7) 稿件的集合。网络信息还可以采用稿件集合形成群体优势表达编辑的意图。这种方式能更好地挖掘稿件之间内在的联系，提高信息服务的质量，增加某些稿件的吸引力，提高人们的关注度。现在，许多网站的新闻专题都采用稿件集合的方式。

2) 内容的时间编辑方法

从时间角度看，网络编辑在处理稿件时的做法更接近于广播和电视的编导。尽管报纸的编辑手段也可以通过时间这个因素来实现，但报纸采用时间因素表达编辑意图的局限性很大。广播电视的信息编排通过时间因素来展现可谓驾轻就熟。广播和电视每天都有多次新闻节目，每次新闻节目的内容都不尽相同。一般来说，稍晚时间段的新闻都会保留一些稍早些时间段内新闻的重要内容，而把一些相对不太重要的内容撤下，换上对新发生事件所做的新闻报道，这就产生了"滚动播出"的效果。

网络新闻不存在广播电视新闻"不易保留"的弱点，网络信息的编辑就可以借用广播电视新闻"滚动播出"的做法，将一些重要新闻做较长时间保留。有些内容可以几小时更新甚至随着事件的发展而即时更新，有些内容则可以在网页上存留几天甚至更久。这正是网络新闻的编辑表明自己对某一新闻事件重视程度的有效方法。

有人认为网络信息就是简单地转抄媒体新闻，也有人认为网络信息应当是一个绝对自由的地方。这些观点，无论是从理论上还是实践上看，都是行不通的。编辑意图仍然可以强烈地作用于网络信息，编辑提供什么信息、不提供什么信息，本身就是一种"把关人"的表态。

数字出版物从内容编辑到表现形式，对传统出版物形成创新与突破。数字出版物是多种内容综合、多种技艺交融、多种人才合作的成果。素材的编辑加工是电子出版物的基础工作，无论图文声像素材源于何处，都必须进行数字化处理并转换为标准格式。通过媒体设计和软件编程的整合过程，所有的媒体素材根据编创设计意图实现链接，从而形成完整的多媒体产品。数字出版物的设计制作兼有文化创作、软件工程与编辑出版的三重特点。

3. 数字内容的编排

内容是数字出版物的生命，内容的创意设计是数字出版物的灵魂。内容设计的重点在于把握好四方面的要求：①内容的选材和设计取决于选题定位或用户需求，不能一厢情愿或闭门造车；②多媒体应着重于表现一些重要而且生动的内容，特别是文字不能很好表现的内容；③内容表现形式要多姿多彩、跌宕起伏，表现风格要有整体的一致性；④内容设计和选择，应由熟悉内容的专业人员进行，并与技术人员和美术人员紧密合作。

数字出版物的内容表现方法一般有时间编排法、地理编排法、系统编排法等。

1) 时间编排法

按照时间顺序和事物过程表现内容，是各种出版物最常见的内容表现方式。数字出版物也常基于时间顺序演示一系列的事件，或准确识别特定的时刻，以及讲述相关的历史背景。大多数人很容易回忆起一次事件，但往往记不清具体的时间，所以采用多媒体技术手段，基于时间流组织信息内容，可以让用户从历史的进程中选择某些特定的年份以及相关的事件等。基于时间编创内容，关键是如何把时间和事件有机联系起来，必须在相应的时间线上标出事件的名称。如红军长征发生在1934—1936年间，当鼠标在这一段时间线上一挪过，可以自动弹出显示"红军长征"的图标或字样。基于时间编创内容，应尽量使用图形表示事件的轮廓、位置和与历史上特定点紧密相关的事物。

2) 地理编排法

用地理图形方式表现信息内容，非常符合数字出版物图文声像并茂的特色，适合文字信息超载、更受读图欢迎的市场需求。基于地理创编内容，是按照地理信息系统的二维或三维空间组织信息，即依赖于地图、平面计划，以及二维、三维表格来组织内容。地理系统不仅可以全面地展现主体内容，而且可以分层次展现，有利于用户按图索骥，不断深入，找到自己所需的特定信息。如用户面对一幅中国地图，当选中南京市时，用户不仅可以看到南京城市地图的全貌，还可以了解到南京的相关信息。进一步点击还能浏览城市内部的地形地貌、街道房屋，以及具体事物、相关资料等。基于地理编创内容，与按时间编创内容一样，需要把位置与时间、事物有机联系起来。时间线可以设置于地图之后，以展示相关事物的发展过程。如用户可以在地图上特定的位置单击鼠标，时间线将展示在那个地点或附近发生的事件的信息。

3) 系统编排法

按照事物的系统结构编排信息内容，不仅定义了物质世界的结构和作用，同时也定义了信息知识的结构和作用。大千世界的万事万物不是杂乱无章的，而是具有其自然或人为的系统结构。基于系统编创内容，通常采取分层次安排的层次目录结构，上一层引导进入下一层，下一层提供与目前所在层的相关信息。这种对系统的分解在信息内容的组织方面是非常有效的，它可以帮助我们方便、快速地访问或获取信息内容。但基于系统编创内容，也存在明显的矛盾和困难。因为用户首次进入系统时，不可能对产品所遵循的系统结构了然于胸，设计者必须为系统提供一个用户可以使用的索引框架，以便用户在定位信息时作为检索参考。组织是针对人群或公司的系统，按组织性编创内容通常也采用分层目录结构，使产品能够与现有的社会组织结构相吻合。

4. 数字内容编辑的创意设计

数字出版物与传统出版物的不同之处，在于它的图文声像并茂和交互式阅读。多媒体内容创意和互动性设计是数字出版物引人入胜的关键。精彩的创意不仅能为多媒体信息注入灵感与色彩，更能使原本呆板的内容变得生动活泼，提高数字出版物的易用性和欣赏性。数字出版物在进行创意设计时应着重处理好以下几个方面。

(1) 呈现与交互结合。要在多媒体有机结合的"呈现"上做文章，也要在用户与屏幕"交互"界面上下功夫。具有丰富多彩的表现形式和直观灵活的交互功能的电子出版物更具有吸引力。

(2) 时间与空间同步。多媒体信息不是简单地叠加，而是艺术融合。创意设计应注意各种媒体在时间和空间上的同步表现，即在空间与时间维度，立体构思多媒体内容的展现形式。

(3) 编剧与导演借鉴。数字出版物的编创制作，实际上是采用软件技术进行的类似影视作品的编导摄制工作。不仅借用技术术语，在屏幕设计过程中，对于标题、文字、图形、动画的空间布局，对于按钮、关键字、热键的控制调度，对于背景、音乐、解说、动作出现的时间序列，都要像影视编导一样事先设计出多种草图，经过对比讨论，择优付诸制作。

(4) 创意与实际兼容。数字出版物采用创新技术和虚拟表现可以增强多媒体效果，要充分考虑到创意设计所采用的编程环境或创作工具的功能与特点，特别是计算机资源的实用性，避免技术创意脱离实际应用水平。

(5) 灵感与讨论交流。数字出版物所涉及的图像、动画、音乐和效果设计，特别讲究艺术灵感，技术设计和美术设计人员的创作灵感可以决定效果的好坏。不要放过每个人迸发出来的各种奇思妙想，刹那间的灵感可能形成精彩的创意。数字出版物不单是个人创作，而是团队合作的集体智慧，召开不定期、无拘束的研讨会，展开专业人员之间的讨论交流，实现群策群力。

(6) 求新与扣题运作。数字出版物离不开创新，而创新又不能离开电子出版物内容和形式的规定性。数字出版物的创意设计要注意紧扣主题，切忌一味追求新、奇、特，更不能玩弄技术、搞噱头，或过多使用与主题无关的媒体，以防画蛇添足的败笔。

【课堂演练】

(1) 通过上网查找资料，深入了解高等教育出版社是如何生成数字内容的。

(2) 上网查找相关麦格劳·希尔公司的概况，再着重了解麦格劳·希尔在教育出版领域的内容信息化方面有什么特点。

任务 2　数字出版物的策划

【教学准备】

(1) 具有互联网环境的实训教室。
(2) 指定可链接的网页如下。
- 起点中文网(http://www.qidian.com);
- 红袖添香(http://www.hongxiu.com);
- 新浪中文网(http://vip.book.sina.com.cn);
- 小说阅读网(http://www.readnovel.com);
- 看书网(http://www.kanshu.com);
- 17k(http://www.17k.com)。

【案例导入】

浙江出版集团数字传媒有限公司：数字出版转型浪潮中的领跑者

浙江出版集团于 2009 年 12 月投资成立浙江出版集团数字传媒有限公司，是浙江出版集团从事数字出版的专门机构，承担着浙版图书数字化工程、为集团整体数字化升级转型探索可行路径的任务。

浙江出版集团依托已积累的丰富内容和文化内容生产力，放眼全局，探索出一条浙江模式的数字化转型路径。浙版图书数字化工程于 2010 年 6 月开始启动，整个工程包括数字资源管理系统研发、全品种书目数据整理、历年出版图书数字化加工及各社图书电子文档收缴和版权管理规范建立。目前成功研发了博览数字资源管理系统，完成了 1951—2012 年集团版 10 多万条图书书目的收录和整理工作，实现了近 2 万种图书电子文档的入库工作，对集团图书数字出版内容结构化、碎片化，以满足碎片化阅读、主题性阅读和定制推送的要求，为各项数字出版业务提供内容支撑。2010 年完成的自有品牌"博库"手持阅读器的开发，建设电子书销售平台"i博库"，依托博库书城的网络优势，构建了"内容+终端"的电子书销售模式。把握媒介融合趋势，寻找和探索传统出版在媒介融合背景下的新兴数字内容产业形态格局中的角色和定位，一方面与电信运营商、终端厂商、互联网平台等寻找或建立多样化的数字产品销售体系，另一方面探索适合各类销售通道和平台的产品形态，实现从图书生产商到数字内容提供商的转型。

浙江出版集团数字传媒有限公司在版权运营、教育平台、特色数据库三大业务主线驱动下探索数字教育与数字阅读平台的商业模式，从集团新课程多媒体教学资源库建设、数字教育产品的开发和教育服务网站的建设等方面，探索基于内容资源库的个性化的教育服务方式，逐步实现教育产品、服务形态的多元化，如"题库系统""名师大讲堂""周末课堂""一起学网络社区"等已吸引几百所学校的订购。在对内容深度加工和整理的同时，浙江出版集团数字传媒有限公司还着重探索了特色数据库的建设。依托集团各出版社长期以来汇聚的国内一流的浙江经济文化研究专家学者和每年出版的数百种浙江文化类图书等丰富的浙江文化核心出版资源，浙江出版集团数字传媒有限公司开发了大型的浙江文化资源数据库，提供信息检索、网络阅读、内容定制、移动增值等多元化功能的电子商务服务。

(资料来源：唐秉花，传统出版数字化转型的困境与突破研究，湖南科学技术出版社，2013.7)

【知识嵌入】

一、数字出版物选题策划常识

1. 选题策划与论证

选题策划仍然是数字出版物开发的首要阶段。由于数字出版项目开发投入有时会更大，因此，选题的策划尤为重要。好的策划是项目成功的基础，而不恰当的选题策划注定会失败。

目前，数字出版环境鱼龙混杂，大量数字出版物质量不容乐观。有些数字出版物缺乏必要的前期选题策划和市场调研，结果造成最终的内容产品不适合读者要求和市场需要。有些网络出版物没有经过合格编辑出版人员把关，结果造成网络出版物内容粗糙的现象。有些网络出版机构缺乏版权意识和法律法规观念，屡屡出现侵权行为，甚至还出现了违反相关法律法规的问题。因此，传统出版社必须以高度的责任感，利用出版社的专业优势，积极开展网络出版业务，为读者提供更多更好的网络出版精品。

根据选题设想和市场目标对数字出版物进行市场调查论证，是出版任何产品都必不可少的环节。即使是出版单位不自行开发，而是采用对外组稿或征求半成品的方式，也要对数字出版物的制作市场进行调查，了解是否有合适的稿件或半成品，并掌握其编辑制作进度、完成时间、成本投入等情况。

策划就是试图在事前对将要开发的产品进行描述。策划报告虽然是静态描述，但非常重要。策划报告在项目实施的操作过程中，不仅对将要发生的情况提出见解，而且需要对项目进度实施有效的动态管理，展开跟踪监督，以确保制作任务完成。策划报告通常涉及七部分内容。

(1) 产品目标：产品的内容版本、产品的使用对象、产品的出版目的。
(2) 资源条件：有哪些资源易用、有哪些条件易用、要多长时间完成。
(3) 技术手段：如何使用媒体表现、如何使用硬件和软件来开发产品。
(4) 人员设备：如何配置人员和设备，优化产品的设计、制作、测试和出版环境。
(5) 时间进度：每项主要工作和相关工作进度，以及任务之间的互动关系。
(6) 经费预算：做出切实可行的预算，以控制成本，提高资金的使用效率。
(7) 风险控制：预测项目的困难和风险，制定相应的措施，防患于未然。

数字出版物的设计和制作与影视作品一样，不仅有剧作者和导演，还要有美术、音乐、动画等各种类型创作人员的参与，是集体智慧的结晶。其设计也和影视作品一样，选题评估与可行性论证是十分重要的工作。数字出版物的选题定位要准确、清晰，必须对下列问题进行调研，进行认真分析和严格论证。

(1) 产品的主要用户：包括用户的消费能力、计算机应用水平，用户的购买动机、购买方式、使用场合，基本用户之外还有哪些可扩展用户等。

(2) 产品主体内容和主要功能：包括产品的资料来源、规模和容量，并针对基本用户的需求特点和使用风格进行调查研究等。

(3) 产品使用及设备要求：包括硬件基本装备、多媒体软件环境、需要什么辅助设备、有无特殊需要以及提供其他技术条件支持等。

(4) 产品表现手段和策略：包括产品开发的技术水准、所提供信息的使用价值、多媒体数据的使用频率等。

(5) 产品成本和效益：包括产品的设计、制作、时间、人力、资源等方面的成本投入，产品所用的资源和资金的来源以及有无赞助等，产品的发行量、价格策略，产品的市场潜力、市场竞争力，产品投资回报率以及增值效益等。

(6) 技术执行能力：包括产品设计制作中涉及的软件、硬件技术的成熟度和可操作性，总体流程设计中涉及的多媒体元素以及组织结构等。

(7) 论证目的：市场调查和分析论证的目的在于确定用户对象和要求，确定技术应用系统和表现方式，确定产品结构和建立设计标准。根据市场调研和选题论证报告，有的放矢地编写数字出版物的创意设计大纲以及技术制作脚本。大纲和脚本的编写应注意科学与美学、思想与价值、结构与链接、检索与交互、媒体与表现等范畴的对立统一，整体把握效果，精心安排细节。编写大纲和脚本还要注重实用性，避免大而粗、小而全，避免泛游戏化。

2. 选题的资源整合

数字出版物编辑人员必须按照出版社的办社宗旨和出版方针，进行选题的策划和组稿工作。选准适合数字出版物表达特点的题材和资源是首要任务，因为并不是所有内容都适合数字出版物的表现形式。适合数字出版物表达特点和资源主要涉及以下几方面的内容。

(1) 教育学习类：提供各种专门的文化科技知识，用于教学、教辅和培训领域。

(2) 素材资料库：以图片、音频、视频和动画资料为主，具有检索和利用的方便性。

(3) 应用软件类：满足各种实际用途的计算机应用软件。

(4) 娱乐游戏类：各种休闲娱乐内容，或者娱乐性节目和电子游戏，具有交互性的体验。

(5) 宣传介绍类：以多媒体形式生动介绍有关内容，或用以进行商业广告宣传。

对于出版社而言，数字出版物的选题策划和组稿重点，应该是以具有本地经济、文化特色的出版资源为主，以能够在国内外产生良好影响的出版资源为主，以符合本社的办社宗旨和出版方针的出版资源为主，同时适当地引进国外的优秀电子出版物。

对于符合出版方针的选题必须进行优选，进行出版资源的有效整合，并从社会效益和经济效益以及可操作性等方面，对数字出版物的选题进行充分的市场和用户调查以及经营环境论证，做到心中有数。

二、不同类型数字出版物的选题策划

1. 网络专题策划

1) 定选题

着眼突发事件、关注民生热点。网络新闻专题的策划包括确定选题、把握角度、内容及形式等方面的谋划与布局。"凡事预则立，不预则废"，找选题是网络新闻专题策划的前提。热点事件和突发性事件应成为网络编辑在选题时考虑的重点，但是并非每天都有重要的突发事件被作为网络新闻专题。日常生活中原创性主题的发现和策划也是不能忽视的。这种主题虽然不是热点事件，但是贴近百姓、贴近生活，非常有意义，而且容易引起网友的关注和讨论。在实际操作中，网络编辑对新闻专题策划的选题主要集中在以下五类重大新闻。

(1) 国际问题热点。如国际会议、国际事务等。

(2) 重大"天灾""人祸"。如四川汶川地震、青海玉树地震、王家岭矿难等。

(3) 国计民生热点。涉及国家经济建设和人民生活，党和国家的大政方针、经济结构和各群体利益，这样的重大新闻往往受到广泛关注，形成热点。

(4) 领导人动态和重大纪念活动。如新中国成立60周年、世博会等。

(5) 大众文化焦点。文化娱乐界动向、体育赛事等。

网络编辑可以通过多种方法来获得新闻专题的选题。首先可与传统媒体合作，利用传统媒体的资源发现新闻点，其次可在网络上进行受众调查，查看网民的即时留言，最后可在网络论坛等各种载体中发现好的选题。

2) 选角度

从"精"和"新"两方面培养网络专题策划的思维能力。网络专题的容量虽然很大，但它并非是一个无所不装的"筐"。要让专题策划形成自己的亮点与特色，就需要为它找到最佳报道角度。同样的新闻事件，不同人看信息的侧重点是不一样的，网络编辑要在相同中求得不同，就要从好的角度来报道新闻。一个好的新闻角度选取能让新闻报道脱颖而出，使其不落俗套，这是整个新闻专题策划的灵魂，直接决定着网络编辑专题策划的质量水平。作为网络编辑如何才能形成自己独特的视角呢？可从"精"和"新"两个方面加以培养思维能力。一方面是要"精"，即首先要注重学习传统媒体策划深度报道组稿的精髓，分析梳理不同的传统媒体编辑对同一选题内容不同的切入方向，把握网络专题策划的目标应该要能够最大限度地引发网民的关注，激发网民的阅读兴趣。另一方面是要"新"，即要多从大量的新闻资源中发现新闻价值高的"富矿"，并且要善于从旧的题材中寻找到新的切入点，辟出新思路，发现新亮点。

3) 定标题和设栏目

专题策划的"灵魂"和"骨架"是标题制作，这是网络新闻专题策划的视觉刺激。如何根据新闻内容提炼一个好的标题直接决定着网络专题策划的传播效果。首先，网络新闻专题策划应以实题为主，突出网络新闻专题策划主题的核心要素。一个好的网络新闻专题策划，需要一针见血的标题，点出专题策划最核心的要素，揭示整个专题策划所蕴含的最深度的"灵魂"。其次，网络新闻专题策划栏目的设计，是整个新闻专题策划的"骨架"，应该用发散性的思维,从新闻实质出发把思路外延。好的形式与好的内容进行配合才能产生好的效果。选题和角度确定之后,网络编辑必须思考如何对信息进行安排,准备哪些栏目,安排栏目在网页的什么位置等。新闻专题策划的构架多种多样,但一个最基础的准则是要分清各个栏目的主次,然后按照主次合理地安排各个栏目的位置。

4) 汇聚资料

对专题策划进行延伸性挖掘。随着网民素质的提高和阅读要求的提升,简单的专题策划已经不能满足网友的需求,需要了解更多事件的来龙去脉、时代背景等。这就需要网络编辑积累一个庞大的数据库,进而做一些有益的提升和引导。另外,还需对网络专题策划采取"跟随"式的报道策略,对所关注的对象进行"贴身"报道,并着重表现事件发展的过程性和连续性,试图呈现和还原事件每个发展阶段的即时情景,从而使受众获得完整的信息认知。在突发事件的报道中,大多数事件性新闻专题策划都会着眼于当前的新闻事实以及未来走向,这样侧重于过程与结果的报道,不容易形成自己的特色。如果将眼光放到新闻事件发生之前,通过对事件发生的背景做出深入、透彻的分析,就能帮助网友更好地理解当前发生的新闻事实。这样的专题选择策划角度也能体现出网络编辑的水平。

5) 融入多媒体

利用 Web 2.0 展开立体化的报道。当前,随着多种媒体报道形式的衍生,网络的互动性给了网络编辑可以上下挥舞的 Web 2.0 版"大刀"。论坛、博客、微博、微信、应用程序直播、在线调查和评论,一切可以网聚人的力量工具,都是网络编辑在制作专题策划中创造内容形式、汇集人气、收集观点的"武器"。多媒体能充分地利用人的各种感官,达到最生动、最有效地进行信息交流的目的,也使新闻专题策划的传播呈现出前所未有的崭新局面。

2. 电子书策划

电子图书策划与传统纸质图书策划并无多大差异,策划过程中紧紧围绕市场需求与不同读者的需要做文章,才能达到预期目标。

1) 注意策划好五个"点"

(1) 卖点。所谓"卖点",应该是产品最吸引读者的地方,它使图书一上市就能吸引读者、抓住读者、征服读者、激发读者的购买欲。卖点也是图书选题策划的关键。图书没有卖点,就等于没有读者;没有读者,就没有市场;没有市场就没有效益;没有效益,就等于是一堆废纸。卖点可以来自很多方面,不同类型的书有不同类型的卖点。比如作者的社会影响力、书名的时代感、内容的感召力等,甚至图书封面的抢眼度、广告语的煽动力等,都可以算作图书的卖点。

(2) 亮点。所谓"亮点",即一本书的优势所在,也就是最能唤起读者、感召读者的地方。只要选题确定,出版消息一发布,就能引起读者的极大关注、市场的热烈追捧。这就是图书的闪光之处,它们要么是当前的社会热点问题,要么是大众极为感兴趣的问题,要么是国家极为重视将来重点发展的方向问题,要么是特别具有神奇色彩的问题,要么是影响读者升迁、就业、生产盈利、发家致富、生活健康、防病治病、增长知识等方面的问题,等等。这些图书的亮点,都能吸引读者眼球,唤起读者购买欲。所以,我们在策划选题、组织书稿的时候,一定要找到书的亮点,抓住了亮点,就等于抓住了读者。

(3) 特点。所谓"特点",就是本书的特色之处,或者说与同类书比较,本书所独有的个性。一本没有自身特点的书,是不可能有生命力和市场影响力的,尤其是没有内容特点、结构特点、语言特点和装帧特点的图书。在成千上万种同类书中,只有那些具有鲜明特点、鲜明个性的书,才能受到不同读者的青睐进而引导他们购买。那些人云亦云、盲目跟风的书,是无人问津的。

(4) 盲点。所谓"盲点",是指图书策划考虑不当或不周之处。一本图书一旦有了盲点,往往会导致滞销,即成为我们平常所说的"死书",或者说一上市就是卖不出去的书,即使能发出去几本,也会遭退货的书。图书出版的盲点是多方面的,或者是图书的内容有缺陷,或者是市场定位不准,出版时机不当,或者是宣传营销缺乏针对性和力度。等等。比如,有些编辑在策划书稿时,总希望把书做成男女老幼、各行各业、城乡读者都能看的作品,但事实恰适得其反。那种认为什么人都能读的书,实际上什么人都不会读(大众科普除外)。所以,做编辑工作、策划选题、组织书稿、编辑加工、宣传营销,要特别注意防止盲点,确保每本书都能在市场上"畅通无阻"。

(5) 难点。所谓"难点",就是在做书时,为确保"卖点",抓住"亮点",做好"特点",杜绝"盲点"的困难之处。做编辑工作,要把一本书做好不容易,这就要求我们在策划选题和书稿时,首先要想到把书做成功的难处,找到其难点。只有这样,才能下功夫去克服困难,着力排除难点,如加强调研,策划到位,精心组稿,认真编稿,注重版式设计,合理定价,适时应市,等等,都是实现出好书、多出书、创双效等目标的重要环节。

2) 运用多种思维方法策划编辑图书,使产品多样化,避免低水平重复。

聚合与发散,是两种对应的思维方法。运用聚合思维,就可以把各方面的智慧和成果集中起来,选择新的"突破口"。发散思维带有明显的多向性和转移性,当一个思路不通的时候,就另辟蹊径,运用发散思维,有助于克服单一僵化的定式,避免"一根筋"毛病。

(1) 顺向与反向,这是两种有关联的思维方法。顺向思维是沿着他人的思路往前走,而且走得更远更广一些。相比之下,反向思维或称逆向思维,其价值比顺向思维更高些。反向思维和求异思维有共通之处,是从普遍的思维习惯跳出,作相反的思维活动。反向思维还有另外的一个含义,就是通过否定达到肯定,这在科学史上是带规律性的现象。但在编辑实践中,我们讲得更多的是超越,而且主要是超越自己。从哲学上讲,超越即否定,敢于正视自己的短处和弱点,不满足已有的成绩,不断超越以往,才能编出更高水平的作品来。

(2) 灵感和顿悟,这是思维活动的奇特现象。二者虽有区别,但都是在一瞬间突然产生的意识。同时,这种"突然"又都是以平时的积累和能力为"必然"的。例如阿基米德发现浮力定律,就是看到水从浴盆溢出得到启发,获得了灵感,彻悟了其中的道理。编辑实践中,灵感和顿悟也会发生,应抓住那一瞬间的思维点,及时进行梳理,并落实到工作中。

(3) 系统思维。运用系统思维方法,打造特色鲜明的图书工程系统思维,视外界事物为一个整体,由各个子系统及各部分组合而成。每个系统都处在变化之中,各个部分层次和功能分明又相互关联,共同体现其价值。

3. 电子期刊策划

以网络为代表的数字时代的来临,给人类带来了一个突破性的进步,各行各业的发展已不再过多地受时空的制约，传统期刊无疑将受到网络的深刻影响。制定面向时代的发展战略，找到传统期刊与网络的结合点，充分利用网络的互动优势，使期刊焕发出新的生命力，电子期刊应运而生。电子期刊的策划，要注意以下几个方面的能力要求。

1) 准确的定位及策划能力

面对期刊传统印刷版、电子版、网络版三种形式共存的新形势，作为期刊编辑应尽快找到本刊的准确定位，认准期刊的分类职能范围，保证办刊宗旨的稳定性，更重要的是把自己期刊所应发挥的作用更加充分地发挥、表现出来。策划是对定位的各个方面一次次巧妙精彩实现的具体设计。策划涉及期刊工作的方方面面，包括选题、组稿、约稿、社会活动、编辑出版等各个环节。策划要围绕期刊定位，突出期刊特色，以吸引更多的读者和作者，突出期刊的功能，发挥更大的信息传递交流作用，突出读者需要，使读者产生浓厚的欲望。

2) 敏锐的信息能力

网络时代信息资源空前丰富，网络使信息获取更方便快捷，但因信息流动量太大导致信息过载，面对来源不同、取向不一的大量无序信息，人们往往难以辨别和取舍。网络化带来信息来源和传播手段的多元化，但也使信息的可靠度下降。期刊编辑怎样在浩如烟海的信息中获取对自己的期刊有用的信息？首先要对所编期刊的专业发展有正确的预测和判断，必须了解目前的前沿信息是什么，国内外领先水平是什么，与本期刊相关的新兴信息的发展动态是什么等，只有这样，才能在选题、组稿中做到有的放矢。另外，期刊编辑对编辑出版业的发展也要有正确的推测和判断，以便采取相应的对策。

3) 锐意进取的创新意识

在数字化信息技术条件下，编辑理念的更新与传承要求编辑具有很强的创新意识。通过选题结构、编辑形式和编辑手段的创新，使期刊从整体的统筹安排到外在形象的创意，再到具体的审稿和编辑加工，都要充分展现自身的风格和特色，体现出鲜明的编辑思路和办刊理念。期刊是对最新信息的记载和传递，编辑也许并不像作者那样要做许多原创性很强的工作，但编辑过程确实也是对作品的再创造，编辑的创新意识对期刊质量的提高是至关重要的。编辑创新意识的能动性体现在出版理念、业务管理，渗透于编辑出版流程的各个方面。

(1) 观念创新。观念创新是一切创新的基础，是在思想深处摒弃墨守成规的传统观念，观念创新依赖于对创新的准确理解和对期刊历史使命的准确把握，体现在办刊理念之中。编辑创新意识的能动性表现在整理与优化创新信息的同时，使信息方面的阐述更加充分和准确，使创新成果不仅能很快发表且能尽快在较大范围传播，并能促进其及时转化为现实生产力。

(2) 质量创新。期刊的质量创新包括期刊内容质量的创新和编辑出版质量的创新。其中内容质量的创新是期刊的根本。内容质量的创新要求编辑了解国内外的重大信息内容，密切跟踪其进展，抢先发表原创性强的重大成果。质量的创新还表现在传播方式、内容及版面设计方面。

4) 科学素质

编辑应精通编辑出版专业知识。编辑出版专业知识对于期刊编辑是同等重要的。编辑学虽是一门年轻的学科，但如今已取得了许多成果。编辑不但要熟悉编辑工作的整个工艺流程、精通编辑学涉及的有关内容，还要熟悉编辑出版中的有关法律法规和有关编辑出版方面的政策。

(1) 熟练掌握外语和现代化手段。首先，应当有较好的外语水平。数字时代世界各国之间科技交流更密切、更频繁，熟练的外语水平对期刊的编辑显得更加重要。其次，是熟练的计算机的应用能力。随着信息技术的发展，目前的编辑出版从收稿、审稿和作者联系都在网上进行，来稿管理、编辑校对和发行工作都在计算机上进行，这就要求期刊编辑有熟练的计算机应用技能和网络知识。这就要求期刊编辑经常阅读相关专业的期刊和信息，同时积极参加各种社会活动，甚至进行一定的短期培训，随着科学技术的发展不断进行知识更新。只有这样才能担负起新时代期刊编辑的重任。

(2) 不断完善自我的能力。数字时代信息技术和知识经济的发展带来了科学和经济的空前繁荣，一方面新的知识不断涌现，带动了信息知识的高度分化和综合；另一方面新的形势要求期刊编辑必须与时俱进，不断地进行自我完善和调整自己的知识结构。

【课堂演练】

(1) 查阅相关资料，说说在数字出版时代，作为一名策划编辑，需要具备哪些方面的能力。
(2) 根据某出版社的出版范围和特色，试着策划一个数字出版选题，并向该出版社投稿。

任务3　数字出版物的运营

【教学准备】

(1) 具有互联网环境的实训教室。
(2) 指定可链接的网页如下。
- 起点中文网(http://www.qidian.com)；
- 红袖添香(http://www.hongxiu.com)；
- 新浪中文网(http://vip.book.sina.com.cn)；
- 看书网(http://www.kanshu.com)。

(3) 尝试了解并下载以下客户端：
- 中国移动阅读手机客户端；
- 中国电信天翼阅读；
- 中国联通沃阅读。

【案例导入】

国家数字出版基地——上海张江带动盛大文学、中文在线等内容企业的涌现

迄今为止，原新闻出版总署已批复建立了13家国家级数字出版产业基地，分别为：上海张江、重庆北部新区、杭州、中南(湖南)、华中(湖北)、天津、广东、西北(西安)、江苏、青岛、北京(丰台)、杭州、江西。

项目六　数字出版物的内容生成、策划与运营

　　数字出版是新兴业态,也是我国新闻出版产业发展的战略重点,集群式发展有助于促进产业资源的整合及产业链融合。

　　目前,我国数字出版产业基地的差异化、区域化定位已初见成效,产业集群化效益日趋显现。在基地模式兴起之初,数字出版产业基地存在产业发展定位不清、布局结构趋同等问题。然而,随着集群化的逐渐深入、数字出版产业的急速发展,现阶段我国各家数字出版产业基地已基本实现了由获批挂牌逐步向差异化、特色化发展的阶段性过渡,在基地定位上更加清晰、明确。如上海张江的网络游戏和超算服务,天津和重庆的云计算技术服务,杭州的移动阅读和网游动漫,江苏扬州园区的数字教育(电子书包)和电子(纸)阅读器等,都彰显出各自的特色与优势。然而,我国数字出版的产业集群化模式仍处于起步阶段,第一家上海张江国家数字出版基地从获批至今也仅有几年的时间,大多数基地成立时间尚短。基地建设仍然普遍面临着诸多困难和问题,如产业链企业集中度低,资源配置不尽合理,资源分散和地区封锁严重,传统业态向新兴业态转型迟缓,企业创新能力不足,数字出版人才队伍匮乏和经营管理水平欠缺等。同时,我们需清晰地意识到,产业集群化不仅仅是产业在地域方面的聚集,更需要的是产学研的市场结合,上下游企业间的高度互联合作,龙头企业的引领,创新型企业的孵化,促进技术交叉和产业融合,从而基于内力发展带动区域经济乃至产业的高速发展。

　　上海张江国家数字出版基地是我国第一个国家数字出版基地。自2008年7月在张江成立以来,聚集了盛大集团、北大方正、中文在线、世纪创荣等一批代表性企业,推动了"内容"价值增值的技术应用。

　　目前基地产业方向明确,重点发展以数字出版为核心,网络游戏、动漫、影视为重点,广告、娱乐等其他文化创意类行业为外围的产业推进体系,支持传统新闻出版企业的数字化、网络化转型,为大型传统出版社、期刊杂志社引进数字出版技术,改造传统出版流程,打造现代化的全复合出版模式;支持以电子阅读器、平板电脑等新载体的技术开发、应用和产业化;支持数字文化领域新商业模式的探索,通过引进风险投资、政府扶持基金、资源对接等方式,鼓励创新性商业模式的应用。

　　基地以休闲网络游戏、民族原创游戏、手机游戏、互动娱乐游戏等为重点,大力发展游戏三维制作技术、游戏运行新型技术、游戏展示交易、游戏产品二次开发;基地以影视动漫、手机动漫、广告动漫以及相关衍生品为重点,完善基于互联网、通信网的动漫产品公共服务平台。在张江,既拥有盛大文学、世纪创荣等内容服务提供商,也出现了以易狄欧、盛大、创新科技和科泰世纪等为代表的终端制造销售商、软件开发服务提供商,积极推动数字出版产业链上下游的融合、扩张和延伸,推动张江电子书综合大平台建设,共同打造全国教育出版和移动阅读基地,同时适时引进数字阅读终端龙头企业和国内外重大内容龙头企业,数字阅读产业链初见雏形。

　　如盛大文学通过整合国内优秀的网络原创文学力量,构建国内最大的网络原创文学平台,已成为中国移动阅读基地最大的付费内容提供商;中文在线以出版社、知名作家、网络原创作者为正版数字内容来源,进行内容的聚合和管理,以互联网、手机、手持阅读器、数字图书馆等终端数字设备进行全媒体出版,目前已成为中文电子图书最大的正版内容提供商,每年通过中文在线获得在线阅读的网民以200%的速度快速增长。

(资料来源:唐乘花.传统出版数字化转型的困境与突破研究.湖南科学技术出版社,2013.7)

【知识嵌入】

一、大数据时代的出版运营

1. "大文化"时代的"大出版"

1) 科技发展促进内容传播形式的创新

人类的出版传播经历了从摩崖石刻到数字出版等历史时期，科技进步虽然给每一个历史时期带来新的出版手段、出版工艺和物质载体的变化，但出版形式的变化不能取代文化内容的价值。文化建设与文明传承始终是出版的核心工作。出版产业的本质是文化，我们应该积极应对科技进步带来的出版形式变化并改革出版形式，顺应读者阅读习惯的变迁，通过创新内容传播形式，以多种途径和多样化形态来满足受众(读者)对传播内容多样化的要求，以使出版内容更完美地呈现并实现其文化价值最大化。

2) "大文化"时代需要"大出版观"

技术变革使得传统出版业正在发生着从单一内容的平面出版向多媒介立体的"大出版"蜕变，对出版产业链的重组、经营模式的创新、组织架构的再造、业务功能的拓展等已带来巨大而深远的影响。"大出版"是指运用所有传播手段和媒介平台构建的复合型出版体系，已完全超越了传统的编、印、发、供等流程，其内涵和外延都发生了根本性的变化。

因此，树立"大出版观"是每一个出版工作者首先应该转变的出版观念。"十二五"文化规划最显著的特点是体现了"大文化"的规划新思路，建立文化"大创作"体制、创新文化"大生产"方式、构建文化"大传播"体系、打造文化"大消费"格局、开创文化"大贸易"局面。出版产业本质上属于文化产业，传播渠道、生产方式都影响居民对文化消费的规模。我们曾经见过的不少影视同期畅销书就是充分的例证，如《大腕》《闯关东》《梅艳芳菲》《乔家大院》等通过影视改编的小说，如"百家讲坛"的《于丹说〈论语〉》，纪录片栏目整理的《大国的崛起》《复兴之路》等图书，新闻调查或谈话类节目的《新闻调查》《鲁豫有约》等曾经红极一时。《喜羊羊与灰太狼》是近几年流行起来的文化品牌，其内容包含了影视剧、图书、玩具、杂志、游戏、食品等。较之传统出版的单形态、单平台特征，"大出版"是综合运用文字、声像、网络、通信等多种传播手段，打造全媒体出版产业链，构建复合型出版体系。

3) 行业整合为"大出版"创造了条件

随着各种文化新载体、新业态的不断涌现，新闻出版与其他文化产业门类的行业界限越来越模糊，这种跨行业的整合，必将对出版业务运作的整体模式与策略产生影响。在未来，出版需要与广电影视和新媒体进行整合已是一种必然的趋势。这种整合包括内容版权的合作、推广营销资源的共享等，这种多元内容、多元渠道、多元收入的整合，给"大出版"创造了条件。2013年3月新闻出版总署与广播电影电视总局的合并，不仅仅是一个很好的例证，无疑为出版与其他传媒产业的混业经营和跨行业整合开启了政策大门。"大文化"时代的"大出版观"也许会通过跨行业整合来迅速实现。

2. 从"文本编辑加工"到"全媒体产品开发与编创"

传统意义上，编辑工作对象主要是各种体裁和形式的文字。文本编辑加工与把关是传统编辑的基本功能，了解读者和市场并根据读者需要开发选题、协助营销，是编辑工作的另一重要范畴。传统的编辑工作范畴主要集中在对选题的策划与实施、稿件的修改和编校加工上，其核心工作任务就是"文本编辑加工"，一般不直接协助作者写作，也不参与信息互动、开发和编创环节工作。

数字出版带来的媒介有机融合打破了长期以来媒介间的介质壁垒和机构格局，让传统编辑角色焕发新的活力，编辑的内涵和外延应向"信息互动开发编创"等方面进行转型。编辑人员的工作范畴已不仅仅局限于"编"，还向兼具"创"扩展。例如编辑要对海量信息资源进行筛选、整理和再创作，为读者创造更有价值和意义的信息，要求编辑由"编者"向"创者"转型。任何传统图书内容都并非简单平移到新媒体载体，必须经过编辑对内容的再创造才能达到让读者轻松阅读和无缝体验的目的。编辑要以符合文本内涵为原则，对原文本的信息传达架构注入视觉化、艺术化、个性化编辑的意识。出版内容生产流程中，对出版素材和内容进行创作、联结、集成、再创，编辑工作既扩大到写作范畴，又扩展到产品设计、排版设计与技术应用领域等"编创"层面。例如，编辑根据不同层次的产品形态进行深度加工，如识别、拆分、标注、校对、格式转换、内容整合等，均涉及产品设计与技术应用；对书籍形态、叙述层次、阅读节奏、体例设定、图像表现、色彩情绪、纸张个性、工艺物化等一系列把握时间与空间的视觉信息传达语言进行全方位的重新思考和创意性再设计，以实现对原文本信息传递的增值效应，达到书籍阅读的全新语境。

3. 选题内容多元化出版和发布

数字背景下什么是出版产品？出版界如何利用不同媒体之间的良性互促效应创造更好的产品呢？这不仅仅是一个观念的问题，也是出版理论和实践的重要问题。产品是为特定的人群在特定环境场景下满足特定需求的某种功能应用的集合，数字技术带来的媒介融合促进了出版产品阅读的多元化、欣赏媒介的分散和出版物统领地位的削减，在现代社会多元化的出版产品发布格局中，选题内容的运用也是多种趋向的。

2010年1月4日，新闻出版总署发布了《新闻出版总署关于进一步推动新闻出版产业发展的指导意见》，提出要"打破出版载体界限，以互联网为平台，以图文、音频、视频等形式，对出版资源进行全方位、立体式、深层次开发和加工，实现一次性生产、多媒体发布"。随着现代传播技术的不断发展，编辑工作的流程正在被改变，书刊等作品的阅读载体已突破纸张的限制。不管我们情感上愿不愿意接受，年轻人对电脑、手机、PAD、电子书阅读器的兴趣远大于纸质图书已形成不可逆转的趋势。

在内容载体形式、受众阅读方式变化的时代，出版变革必然会对以纸质书为核心的编辑思维方式产生影响。传统编辑的最大压力就是其对选题内容的多元化出版设计的理解是否到位。比如畅销书《蜗居》、电视剧小说《媳妇的美好时代》等都开通了手机版、移动视频版以及SP短信通道和二维码形式等。出版是以内容为自己的核心产品和核心价值，但从传统出版到数字形态，必然要经历一次次创造性的"内容处理"，每一次内容处理就是产品的设计过程，"内容资源"在数字化处理过程中被赋予了全新的内涵，选题内容正朝着多元化发布的方向发展，图书产品的形态已越来越远离单一的纸质模式。主导地位正在被动摇的传统出版社，其拥有的内容资源只有加入产品设计才算优势，从资源阶段转入产品阶段，才是适合传统出版集团发展数字出版比较稳妥的路径。内容整合、再开发能力才是传统出版的关键优势。国外在数字出版产业中占据主导地位的传统出版强社，无一例外不是依靠内容整合和再开发取胜，充分发挥内容优势，有效地与技术结合，并成功实现转型。因此，要求编辑必须转变产品观，做到同一个选题内容多元开发。

4. 基于"用户中心"的产品设计

"读者"的概念在传播者与受众之间越来越模糊的界限中显得已不适当，尤其是互联网、移动互联网、电子商务等对出版的广泛渗入，"用户"显然更能诠释信息接收、交流、发布、传送、吸收、利用和创造的媒介融合出版中读者的身份和地位。作为媒介融合背景下的编辑也不是仅仅作为专门的传播者而出现，应作为网络信息服务的提供者，树立"用户"的观念和服务意识。从"读者"到"用户"，区别的不仅仅是一个概念，更是传播模式、传播者思维模式的变化。我们要充分地认识到：在这场媒介融合格局变化中，助推或滋生了个性化内容需求的消费群体，用户更关注所消费的内容范围及表现方式。个性化定制、一次创建多次使用、强大而准确的搜索和链接功能、交互功能等以用户为中心的各种功能已经成为媒介融合趋势下数字出版区别于传统出版的特点与优势。

我们要充分地认识到：媒介融合形成的出版转型新格局助推或滋生了特定的用户群体，这种特定的用户群体消费行为只有编辑以用户为中心对完整的内容进行拆分、重组和调整，以适应不同媒体平台传播的需求，通过个性化产品设计作为支撑以满足用户的多元化和个性化现实需要。

基于"用户中心"进行产品设计是现代编辑应当具备的基本读者观念，也是传统出版转型的必然选择。做好产品设计，体现产品的内容价值，打造核心竞争力，成功实现传统出版向数字出版转型，开发创建出适合个性需求的出版物和服务以满足消费者需要。比如，目前正在广泛试用的各类电子书包，就不能简单地理解为"把书装在电脑"里，其产品功能除了涵盖各课程内容教材的全部知识点、练习题库外，还涵盖了收发通知、账号管理、班级管理、收发消息、发布作业、发布成绩、考勤管理等。这就是基于"用户中心"解构和重塑优质内容资源、针对不同对象(学生、家长、教师以及管理者)设计针对性内容产品的典型案例。

二、数字出版运营模式

相对于数字出版而言，传统出版经营的产品都是单一媒体，如图书、杂志、报纸、光盘或网站等。随着传统出版向数字化转型的深入，在对数字内容创建、存储、传输、再现和管理的过程中，数字内容日渐增长。数字出版是大势所趋。数字出版运营模式是数字出版产业的发展蓝图，各种类型的数字媒体正在渗透到出版中来，改变着人们的阅读习惯，同时也改变着出版方式。传统出版在向数字化转型过程中，曾探讨过一系列的运营方式，如最初级的"书配盘"方式——即把纸质图书和光盘放在一起出版和销售；"书配卡"的出版方式——把图书与网站内容相结合。随着手持阅读终端、个人数字助理 PDA，甚至 PS2、XBOX、GBA 掌上游戏机、DS 电视接收器、PSP 掌机等终端用户的成熟，出版社完全可以根据用户类型的不同考虑使用不同的设备或阅读介质，定制发布内容，到那时出版业将进入一个全方位的、个性化的数字出版时代。

1. 数字出版运营模式设计

面对数字出版浪潮，我们必须对其运作模式进行全新的设计。我们认为数字出版是对数字内容的一种整合，即对数字内容管理、数字沟通和数字交易的整合。这实际上涵盖了跨媒体出版、数字传播和电子商务众多领域。上海世纪出版集团总裁陈昕先生在考察了美国的数字出版后，界定数字出版最基本的特点有三个：第一个就是具有数字记录、储存、呈现、检索、传播、交易的特点；第二个是在网络上运营，能够实现即时的互动以及在线检索等功能，具有创造、合作、分享的特点；第三个特点就是要能够满足大规模定制个性化服务的需要。

1) 数字出版产业链

数字出版产业链包括：内容源→内容创建→内容管理→内容发布→应用集成(技术服务、系统集成商)→多种运营接入(电信、网络服务)→用户。在数字出版产业链中，除了出版业之外，电信业、系统集成商、应用开发商、软件开发商、网上银行等通过提供各种服务也都加入了产业链，形成了出版传媒业、通信业和广电业共同参与的局面。一个良好的产业生态，应该是在企业群落内形成一个合理的分工链条，这个链条上的每个环节都有自己专注的领域，合起来才能形成整体优势。从技术上分析，出版传媒业、通信业和广电业相互渗透形成新的产业形态并不存在技术障碍。2006年9月，基于128位编码技术的IPv6互联网协议通过国家验收。由于128位编码技术的IPv6互联网协议具有强大的ID编码资源，这为基于内容管理的数字版权保护提供了可能——可以解决数字内容加密、多媒体水印等数字版权使用的跟踪和版权中的诸多问题。近年来以网络教育、网络游戏和电子图书为代表的数字出版产业迅速发展，成为出版业新的亮点和增长点。媒体间的相互融合已成为一种趋势，报纸、期刊、广播、影视在互联网上都分别以文字、图片、音频和视频的方式来集中展现。出版传媒业、通信业和广电业的融合为数字出版的运作提供了一个广阔的平台。

2) 数字出版运营主体

内容、技术和资本将构成数字出版产业的主要组成部分。出版产业的本质是通过激励创作者和传播者用技术手段将创意内容转化成为具有实用价值和交换价值的多种形式出版物或作品，通过市场机制实现其价值，并通过资本运作形成再创造与再生产的经济产业链。在这条产业链上，传统出版单位将成为数字出版产业的主体，技术提供商只是产业链中的重要组成部分。技术壁垒对出版产业发展来说是暂时的，谁对内容资源拥有更强的整合与拓展能力、谁能提供更好更高更专业的个性化服务，谁才能拥有真正的核心竞争力，才能掌握市场，在权益的制衡中拥有主动地位。并且，从国外数字出版产业的主体构成来看，占据主导地位的还是原有的传统出版强社，它们充分发挥了其内容优势，并有效地与技术结合，成功实现转型。但基于现代信息与网络技术在数字出版中的重要地位，技术提供商以其拥有的技术优势，也将在未来产业链中占有一席之地。国外转型成功的出版商或者是委托技术提供商为其研发平台，或者是直接并购技术提供商巩固其在数字出版领域内的竞争优势。例如，2006年培生教育集团先后收购了学生信息软件公司Chancery，以及苹果公司的PowerSchool网络教育软件，以获得在教育软件出版领域的领先地位。

2. 数字出版的商业模式

对于传统出版商来说，单纯依靠出售纸质图书的数字版权，并非迈向数字出版的稳健之路。数字出版的出版物内容、出版形态以及商业模式根本上是基于互联网的特性而来，数字出版虽然需要传统出版给予一定的支撑，但已经走上了完全不同于传统出版的新路。

数字出版的电子商务需要盈利模式的创新，数字出版的电子商务技术应用期待着盈利。然而，电子商务技术有其自身的复杂性，数字出版的盈利模式同样可能千变万化。比较成功的盈利模式有以下几种。

1) 威立的互动原创模式

Wideplus 是威立公司高教部门在数字出版领域的拳头产品。与其说这是一项完整形态的数字出版物，不如说是一个针对在校教师和学生的教育平台。这一平台完全以教学和学生"客户"为中心，最初是在纸质版的电子图书中增加些如 CD、PPT、视频等多媒体手段。到 2004 年，这一平台升级换代，威立出版的图书不仅都提供在线版和纸质版两个版本，而且将 CD、PPT 等多媒体手段直接整合到电子图书中。电子图书也不再是传统的课程目录、图书内容，而是以"教学活动"为形式，以学生学习中的"问题"为联结点，将教师、学生、教科书、作业等结合到一起。Wideplus 将所有的教学因素整合到一个平台，又将这一平台作为新型的"数字出版物"进行销售。坦率地说，Wideplus 是互联网时代的数字出版物中最为典型的一种形态，不仅充分体现了数字出版物的多媒体交融特性，而且体现了数字出版物的交互功能。目前，在威立公司所有数字出版物的销售收入中，Wideplus 占据一半以上。威立这一模式，在国内的人民教育出版社、高等教育出版社等教育类专业出版社中已广泛采用。

2) 电子阅读器的收费下载模式

电子阅读器经历的发展历史虽然短暂，但成就斐然。从 1997 年的第一代"火箭书"开始，目前国际市场上流行的索尼阅读器、亚马逊阅读器，也已经推出了多代产品。近些年来，与电子阅读器性质相类似的手机、PAD，更成为数字出版的领先性设备。手机与电子阅读器合二为一，已经成为潮流。从数字出版的商业盈利模式来看，由于手机等阅读器出版利益分配机制是基于平台技术的盈利模式，平台技术商掌握着出版物定价和利润分配的主动权，内容创造者、内容提供商获利能力较低，这严重影响了他们对内容原创的积极性；由于用户"付费"消费观念不成熟，用户对内容付费下载额外埋单意愿弱，坚持"原创"得不到应有的回报。只有建立基于内容的盈利模式，建立收入与原创内容相关的分配机制，才可以有效地刺激内容提供商原创积极性，如图 6-1 所示。由此，引导读者付费下载消费行为，将使得专为电子阅读器开发的电子图书成为众多出版商新的出版方向。

3) 以徐静蕾的"开啦"、起点中文网、榕树下为代表的网络原创模式

与国外相比，国内由传统出版者开发的数字出版显得落后，但由网民所开发的数字出版则显出相当的优势，而且已经探索出较为成功的商业模式。徐静蕾的"开啦"属于多种媒体手段、多种媒体形态的内容共同超链接的电子杂志，因其本人的强大影响力和电子杂志巨大的点击率，"开啦"赢得了众多广告商的青睐，广告成为其主要的收入。起点中文网同样属于网民原创作品汇集的"社区"，尽管这些作品仍然以文字为主，质量参差不齐，但号称 10 万种作品的庞大数量，使起点中文网拥有丰厚的资源。当盛大网络风险投资将起点中文网收购后，这里的原创作品在主题上出现"升级"，开始配合盛大网络的游戏开发

而成为游戏产品的脚本。起点中文网的收入主要来自风险投资和游戏脚本的版税。与起点中文网面向游戏开发不同,老牌的原创文学网站榕树下则向传统出版靠拢,2006 年以来凭借大手笔购置王朔、韩寒等人的图书版权,而成为兼跨传统与数字出版的一匹"黑马"。但让传统出版者真正注意的应该是徐静蕾和起点中文网,他们将传统出版引向了亟须迈进的数字出版方向,同时又融进了互联网的内容要素,包括广告、风险投资等的资本要素。

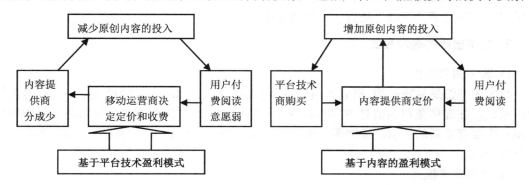

图 6-1　付费下载盈利模式对原创内容的影响

4) 以谷歌图书搜索为代表的广告模式

谷歌搜索引擎在全世界为广大用户使用。谷歌图书搜索的目标则定位在为用户提供一个可以搜索内容的平台,而不是成为内容的独家拥有者或独家促销商。进入谷歌平台的传统图书,既包括"长尾"中的"尾部"产品,即动销弱的、库存的、绝版的产品,也包括"长尾"中的"头部"产品,即动销能力强、畅销的图书,为其提供宣传。谷歌录入的图书内容,包括书目信息、内容摘要等,也希望以"关键词"为代表录入部分章节。谷歌对使用搜索的客户主要采用免费方式,但凭借强大的搜索能力和全世界众多的用户,谷歌对广告商产生了极大的吸引力,其收入也主要来自广告。不过,针对传统出版者提供的一些特殊产品,如视频、畅销书,谷歌则将广告与这些内容相链接,传统出版者可以从广告收入中按比例分享。这一商业模式给传统出版者提供了利益,即"尾部"图书的信息传播引导读者到地面书店购买,而"头部"畅销图书的免费宣传以及广告收入分配,传统出版者给付的成本则非常少。谷歌这一盈利模式,在国内外基于网络平台的数字出版中已经广泛采用,如新浪读书频道等。

5) 亚马逊的按需印刷模式

库存和销量较少的图书一直是出版社的"老大难"问题,对亚马逊来说则是天大的商机。亚马逊先做书目数据,将无限多的图书书目信息发布到网络上;接着,亚马逊开辟网络销售渠道;最终的目标则是由单纯的网络展示商、销售商转变为数字出版商。2008 年 4 月,亚马逊成立了专业公司"书浪",专门做绝版图书、弱动销图书的按需印刷业务。亚马逊还要求,凡是进入其网络宣传或通过其网络销售的电子图书,按需印刷业务都要由"书浪"而不是原出版商承担。亚马逊这一举动引发了众怒,从英国到美国诸多出版商表示要对亚马逊公司进行起诉。这从反面证实了按需印刷业务给亚马逊公司带来的效益,也同时给传统出版商提出了警示:原有的技术提供商在数字出版领域中正代替传统出版商的位置。但不可否认的是,传统出版商以按需印刷为业务形式,开辟按需印刷版的电子图书正成为潮流。国内这方面的业务主要在印刷行业展开,传统出版商方面,有 110 年历史的商务印书馆则首先在这方面迈出了步伐，正将百年历史中的绝版图书通过按需印刷的方式进行二次创造。

当然，在这些商业模式之外，以 CNKI 期刊网、方正阿帕比为代表面向图书馆等机构客户的商业模式早已开拓，也为大众所熟知。兰登书屋专门拓展的 GoSpoken "听书"业务，哈铂·柯林斯专门成立的有声书公司以及牛津大学出版社出版的"起飞"系列 MP3 格式的"听书"，开启了"听书"类数字出版商业模式新潮流。

3. 数字出版的盈利模式

1) 数字图书馆模式

数字图书馆是科研机构、研究人员以及图书馆员在利用 Internet 的过程中一直在努力探索的模式，在提供免费的信息访问时有着天然的优势。数字图书馆在免费服务和保护版权方面是需要有重新的认识，数字图书馆利用网站、数据库和 E-mail 提供商业服务和技术是完全可行的。

2) 自由软件模式

自由软件模式是计算机软件行业存在的一种网络出版现象，程序或软件系统的设计者向用户提供免费的下载和免费的试用。而成千上万的计算机软件公司和程序设计员也开始利用这种模式，允许用户免费使用一些功能受到一定限制的版本，对于功能完整的版本则采取收费或者注册登记的手段进行经营。

3) 信息交易模式

信息交易模式在 Internet 环境下把一些机构信息销售给其他的公司或个人，而且根据用户的偏好提供定制的产品。Internet 的新闻媒体网站则采用这样的模式。

信息交易模式还包括所有电子出版物经由数字传送方式进行的经营模式，它有别于电子出版物的物理传送。比如，CD-ROM 节目中的内容通过 Internet 的信息服务，包括 Web 访问、FTP 传送、联机数据库以及 E-mail 等直接传送到最终用户的计算机。

4) Internet 数据中心模式

Internet 数据中心模式是 Internet 服务提供商 ISP 所采用的免费提供或者出租 Web 空间、FTP 空间、电子邮箱以及各种数据服务等的方式，同时还可以通过网络广告来获取利润。

5) 会员访问模式

会员访问模式就是在网络信息服务的某些方面严格限制非会员的登录，而作为会员则在内容访问方面具有优先权，会员制可以实施定期付款的机制，并在支付机制上采取灵活的手段。

随着数字出版的内容和形式更加丰富和多样，会员制的赢利空间也在不断地扩大。订阅制可能由于电子支付手段的滞后、读者阅读习惯的延续、规模效应的过高预期等因素，使得电子商务过程受到制约。

6) 邮件订单模式

邮件订单模式为众多的电子商务网站所采纳，用户从网站购买"商品"，通过信用卡和借记卡支付邮件订单来完成交易活动。此时，"商品"一般通过物理的手段发送给用户。

7) 出版中介模式

出版中介模式为大多数免费网站和搜索引擎网站所采用。一般采用网幅广告，这种广告可以超链接的方式直接访问广告主的网站和电子商务系统。网站的利润来自网络广告主。目前，许多国际著名的出版社开辟了自己的网上站点，并免费向网民提供。

8) 订阅模式

订阅模式允许用户在较短的时期内免费订阅，用户据此可以决定是否长期或者固定订购。订阅模式包括对一般内容收费、特殊内容收费以及数据库检索收费。美国的《华尔街日报》、英国的《经济学人》周刊就对网站一般内容收费；《ESPN运动天地》的网站"内幕会员"要收费，其他普通的新闻采取开放策略，就属于特殊内容收费；数据库检索收费的网站把数据库作为赢利的来源，如《纽约时报》把在线存放一年以上的数据以篇次计费的方式提供给读者浏览。

9) 邮件营销模式。

邮件营销模式通过 E-mail 对产品和服务进行促销。这种模式的缺陷就是有可能在网上流转大量的垃圾邮件。

10) 奖励刺激模式

这是一种在网站经营中结合网络广告以及一些彩票、获取免费物品等的奖励刺激活动。

【课堂演练】

(1) 请上网查找国家数字出版基地，了解其成立时间、落户地区、主要成效。

(2) 了解中国移动、中国联通、中国电信三大移动运营商的阅读基地，收集三大运营商的主流数字阅读产品，分析这些产品运营成功的要素，并对比分析三大运营商的运作模式、版权优势。

(3) 查阅相关资料，以国内任一家数字出版开展较成功的出版企业为例，分析其商业模式和盈利模式。

(4) 关注某微信公众平台，并模仿它策划一个公众平台，并尝试注册、运营。

项目实训实践　尝试在网上发布小说

1. 实训名称

如何在纵横中文网上发布小说。

2. 实训目的

(1) 能够通过调查分析，了解当前具人气的原创网站。
(2) 能够深入了解纵横中文网。
(3) 能够顺利注册纵横中文网用户。
(4) 能够尝试在纵横中文网发布小说。

3. 实训内容

(1) 调查分析，了解当前具人气的原创网站。
(2) 注册成为纵横中文网用户。
(3) 尝试发布小说。

4. 实训步骤

第一步：在百度上搜索纵横中文网。

第二步：单击纵横中文网主页右上角的"注册"按钮，注册成为该小说网站用户的通行证，请保管好账号和密码，如图6-2所示。

图6-2 在纵横中文网主页开始注册

第三步：在注册页面填写基本信息，确认注册，成为用户，如图6-3所示。

图6-3 注册纵横账号，并确认注册

第四步：纵横账号注册成功之后，单击"去申请作者"按钮；进入申请作者页面之后，单击"立即申请"，如图6-4所示。熟读《纵横中文网作者注册投稿协议》并单击"同意"按钮，如图6-5所示。转入新页面下填写基本资料，其中有些是必填的，有些是选择填写，填写完毕即申请成功，如图6-6所示。

图6-4 申请成为作者

图 6-5 作者注册投稿协议界面

图 6-6 成功申请为作者

第五步，申请成功后，可以按下列流程发布小说：提交申请→添加作品→操作作品→新建章节→上传章节。

注意：不是上传就立刻能够在网上看到，第一次上传大概要 3000 字，上传后等待编辑的审核，审核时间 2～7 天。

5. 实训要求

(1) 以全班为单位，统计全体同学注册成功的账号。
(2) 发布小说的同学，分享至全体同学。
(3) 分析当前比较火的原创网站，从出版专业角度指出网站的优势和不足，以小组为单位在全班同学中进行分享。

6. 考核标准

项 目	考核标准		
	优秀(90～100 分)	良好(80～90 分)	合格(60～80 分)
考核标准 (100 分制)	调查方法恰当，有详细的调查过程记录；调查结果分析到位。成功注册账号，并尝试发表小说者另行加分	调查方法恰当，调查分析结果具有价值。成功注册账号，并尝试发表小说者另行加分	能及时完成调查和注册。成功注册账号，并尝试发表小说者另行加分
自评分			
教师评分			

注：未参与实训项目，在当次实训成绩中计 0 分。

课 后 练 习

1. 如何理解"图书选题"和"信息选题"，两者有什么异同点？试分别举一两个出版实例加以说明。

2. 延伸阅读：
(1) 唐乘花. 浅谈"产品设计"与传统出版数字化转型. 出版发行研究，2012.11.
(2) 唐乘花，刘为民. 此生未完成：人际索引博客传播的启示. 出版参考，2013.3.
(3) 唐乘花. 论手机出版的内容管理与编辑创新. 科技与出版，2013.7.

项目七　电子书、电子杂志的制作

【项目情境描述】

一杯清茶在手、慢慢翻阅印刷精美的杂志，是一种快乐。如今，打开制作精良的电子杂志，人们一样可以在鼠标轻轻滑动的美妙瞬间，享受多媒体阅读。现在的电子杂志在形式上保留了纸质杂志的封面、目录、封底，甚至做出了中折痕以及翻页效果。更让人惊叹的是，它们融入了声音、图像、动画、视频等手段，让杂志的可视性、交互性达到前所未有的高度。

数字出版时代，顺应读者的阅读方式的改变，内容提供商及编辑除负有传统出版业中信息加工的职责，担当改进文章的表达方式和润色文字、删改文章内容以满足不同介质出版物严格的篇幅要求外，还涵盖了从策划、采编、版式设计、产品制作等多个环节的编辑加工。由于出版介质不同，编辑的工作较以前存在着很大差异，主要工作是内容分拣整合、页面设计和产品制作，需要编辑较强计算机操作能力和网络编辑常识。在数字化时代，编辑作为最专业的出版工作者，是业务和运行中占主导地位的中坚力量，不仅有其职能利益，也有自身的政治、文化或科技理念上独立的价值追求。

本项目将带领大家了解电子图书、杂志的构成与制作流程，掌握数字文本转换、页面排版设计、版面美化及产品生成与发布的相关知识，并以小组为单位，策划一本电子图书或杂志进行成品制作，从实训过程及体验中掌握方正 Apabi Maker 和 iebook 数字出版物制作类软件的使用，为将来从事数字出版物策划、编辑加工、产品制作和生成等相关岗位打下基础。

【学习目标】

(1) 了解电子图书的构成要求，熟悉电子图书的制作流程。
(2) 掌握方正 Apabi Maker 软件的运用方法，能运用方正 Apabi Maker 制作电子图书。
(3) 了解专业的电子杂志制作软件，掌握电子杂志制作的基本步骤和技巧。
(4) 深入学习杂志的美化技术，能运用 iebook 软件进行电子杂志的编创和制作。

【学习任务】

任务1　方正 Apabi Maker 软件的运用(建议：4课时)
任务2　iebook 软件的运用(建议：4课时)
项目实训实践　《我的大学生活》编创电子杂志(建议：4课时)

项目七　电子书、电子杂志的制作

任务 1　方正 Apabi Maker 软件的运用

【教学准备】

(1) 具有互联网环境的实训教室。
(2) 安装有方正 Apabi Maker 的计算机。

【案例导入】

方正阿帕比获中国数字出版博览会两项大奖

2013 年 7 月 8 日至 10 日，由国家新闻出版广电总局、科学技术部、工业和信息化部、中国科学院为支持单位，中国新闻出版研究院为主办单位的"第五届中国数字出版博览会"在北京国际会议中心盛大开幕。方正阿帕比喜获"第五届中国数字出版博览会"两项大奖，分别是创新企业奖和最新技术奖。

据年会主办方介绍，举办此次推选的初衷，是在数字出版高发展、出版技术日新月异、竞争日趋激烈的背景下凸显先进，鼓励创新。方正阿帕比凭借自身在数字出版方面的不断突破与创新，从来自全国数字出版行业的数千家数字出版单位的评选竞争中脱颖而出。方正阿帕比荣获 2013 年度数字出版创新企业、最新技术两项荣誉，其中获得最新技术奖项的为方正阿帕比 CEBX 技术。该技术早前已于 2013 年 2 月 28 日被评定为我国新闻出版行业标准《数字阅读终端内容呈现格式》的基础格式。

业界分析人士认为，方正阿帕比是此次年会名副其实的大赢家。这些奖项的获得，是对方正阿帕比在数字出版领域勇于进取、不断创新的肯定，同时也充分表明方正阿帕比在推动中国数字出版产业发展中所进行的有益探索和非凡意义。

数字出版的跨越性发展拓展了数字出版事业的广度和深度，方正阿帕比紧跟形势和社会各阶层的实际需求，大胆创新，勇于进取。目前，方正阿帕比已经拓展了包括移动阅读、触摸屏综合展示平台、专业知识服务等在内的新型数字出版展现形式，将数字出版变革推向了一个新高度。方正阿帕比连夺两项大奖，充分体现了其在中国数字出版领域的旗舰地位和技术实力。

【知识嵌入】

Apabi Maker 是一款将其他格式的文档转换生成 CEB/CEBX 文档的桌面软件。CEB/CEBX 格式文档具有原版原式的呈现特点，设备自适应性好，且文件的内容不易被篡改。CEBX 是方正集团最新推出的具有自主知识产权的新一代版式文档技术，完全基于 XML 结构化描述，相对现有版式文档具有更高的数据压缩率、更快的解析效率和更丰富的描述能力。

一、Apabi Maker 的主要功能和特性

1. Apabi Maker 的主要功能

Apabi Maker 主要功能有如下特点。

(1) 支持多格式转换。方正 Apabi Maker 支持将 PS、PDF、DjVu、DOC/DOCX、PPT/PPTX、XLS/XLSX、WPS、ET、DPS、EPS、EIO、JPG、PS2、S2、S72、S92、S10、MPS、RTF、TIF、TXT 等格式的文件转换为 CEB 文件格式。同样也支持将 CEB、PDF、TIF、JPG、TXT、DOC/DOCX、PPT/PPTX 转换成 CEBX 文件格式。

(2) 符号转换支持良好。方正 Apabi Maker 能够更好地支持方正系列排版软件，处理特殊符号、特殊字效和图案底纹。支持多种字符集，比如 GBK 、 GB18030 等，并支持 pfi 补字和 Windows 补字程序。

(3) 支持批量转换。方正 Apabi Maker 提供批量转换功能，用户可以进行批量作业，大大提高了工作效率。

(4) 兼容性良好。在对最常用的 Word 文件进行转换时，方正 Apabi Maker 能将 Word 文档中的文档结构图转换成 CEB 的目录，Word 文档中的目录跳转链接转换成 CEB 后仍然保持可用。

(5) 其他特色功能。支持灵活设置文本水印或图像水印，强大的文档安全保护功能，支持添加附件到 CEB 文档，支持多种压缩算法，提高图像质量。

2. Apabi Maker 的主要特性

1) 形式多样的转换

(1) 一对一转换。将源文件一对一地转换成 CEB 或 CEBX 文件，如图 7-1 所示。

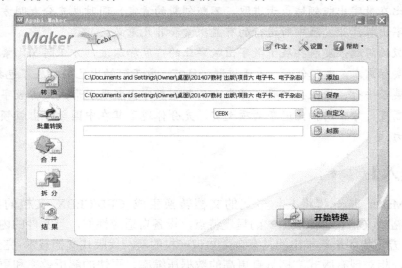

图 7-1　转换界面

(2) 多对一转换——合并。将多个源文件合并转换成一个 CEB 文件，且源文件的起止页码以及合并的顺序均可灵活设置，还可以为每个文件设置转换模板。

(3) 一对多转换——拆分。将一个源文件转换并拆分成多个 CEB 文件，拆分得到的文件的起止页码可设置。这个功能可以很方便地制作分册电子书。

2) 灵活的文档加密策略

CEB、CEBX 文档相对 Word 等文档来说本身就具备较好的防篡改性，Apabi Maker 又为转换的目标文件设置灵活的加密策略。

3) 设置并管理参数模板

Apabi Maker 提供了许多标准模板，用户还可以在此基础上创建更加个性化的模板，如图 7-2 所示。

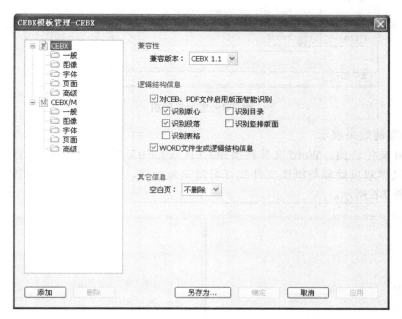

图 7-2 CEBX 模板管理界面

4) 点击按钮或菜单轻松转换

在 Microsoft Office 和 WPS Office 中直接单击按钮，或者从 Apabi Maker 菜单中选择子菜单项即可开始转换，如图 7-3 所示。

图 7-3 工具栏按钮

5) 提供虚拟打印机

从打印机列表中选择 Founder CEB Converter 或 Founder CEBX Converter 选项可以直接将当前文档转换成 CEB/CEBX 文件，如图 7-4 所示。

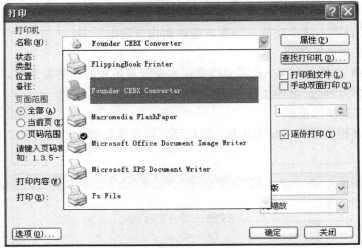

图 7-4 虚拟打印机

6) 转换案例效果展示

(1) Word 文件转换。Word 文件转换成 CEB 或 CEBX 后,不仅具有书脊、厚度以及翻页效果,而且单双页处理与纸质文件装订习惯完全相同,逼真地还原了纸书的阅读体验,如图 7-5 和图 7-6 所示。

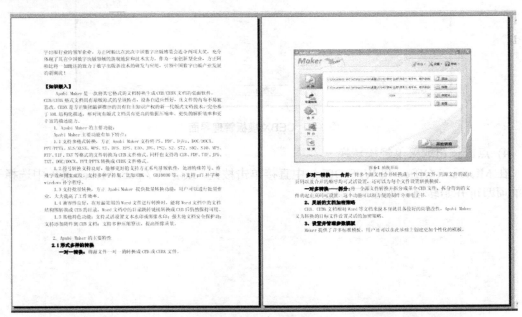

图 7-5 转换前(Word 文件)

项目七 电子书、电子杂志的制作

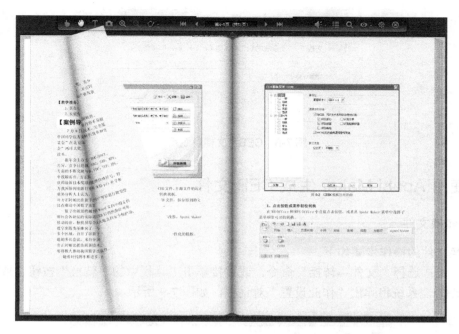

图 7-6 转换后(CEBX 文件)

(2) 添加封面。为制作的电子书配上贴切的封面，让电子书看起来更加专业，如图 7-7 所示。

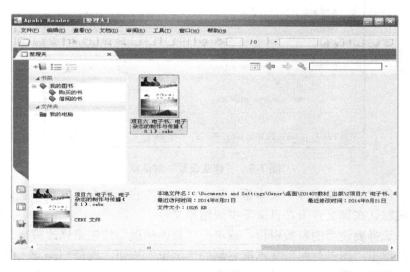

图 7-7 添加封面效果

(3) 加密效果。可以为转换后的 CEBX 文件设置管理员密码和普通用户密码，根据读者输入密码的正确性决定文件是否可以被打开，根据密码的级别赋予用户相对应的操作权限。还可对 CEBX 文件进行分段加密，使文档的保护更加巧妙和灵活，如图 7-8 所示。

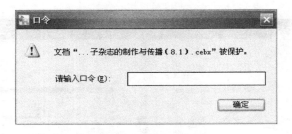

图 7-8 CEBX 文档口令输入

二、使用 Apabi Maker 生成 CEB 文件

1. 转换文件

转换文件的操作步骤如下。

第一步：选择"文件→转换"命令，或直接单击工具栏中的"转换"按钮，或使用快捷键 Ctrl+O，系统将弹出"作业设置"对话框，如图 7-9 所示。

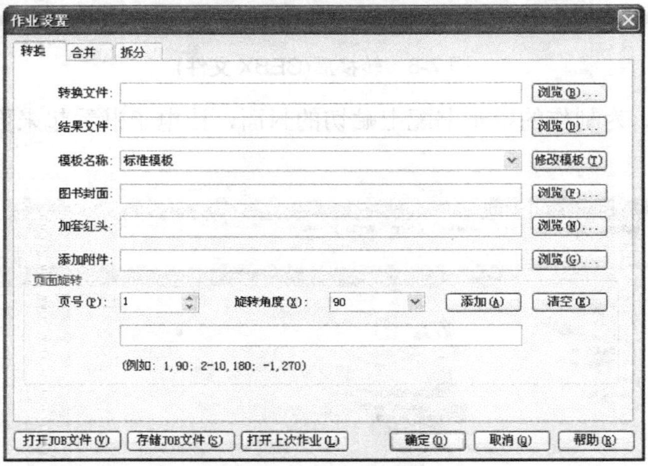

图 7-9 "作业设置"对话框

第二步：通过"转换文件"文本框右侧的"浏览"按钮选择源文件。通常转换文件选择好后，系统默认在源文件所在目录下生成结果文件。

第三步：选择要佢用的参数模板，或单击"修改模板"按钮来修改模板。

第四步：单击"图书封面"文本框右侧的"浏览"按钮，选择*.jpg 或*.tif 格式的图片文件。此图为图书内页封面，同时会抽取本图片文件作为 Apabi Reader 文档管理器中图书的封面显示。若不选择此项，则从当前模板默认的封面图片路径为文档管理器中的图书选择一个同文件名封面。

提示：建议作为封面的图片的分辨率设为 72dpi，且图片大小与正文的版心相同。

第五步：已经制作好的红头文件的版式可以直接使用，而不用每次都排相关的红头版面。单击"加套红头"文本框右侧的"浏览"按钮，可以选择的文件类型有 PS、PDF、DjVu、DOC、PPT、XLS、WPS、ET、DPS、EPS、EIO、JPG、PS2、S2、S72、S92、S10、

MPS、RTF、TIF 和 TXT 格式。

提示：① 红头文件必须和正文文件的版心一致。

② 转换的结果文件的第一页(不算封面)内容与红头文件内容合并为一页，实现在公文内容上套印红头的功能。

③ 虚拟打印方式转换时也可以选择红头文件，但只能是 Photoshop 格式。

④ 红头文件可以使用书版排版制作，也可以使用 Word 制作。

在 Word 中制作完成后，选择"文件→打印"，选择使用 Founder CEB Converter 虚拟打印机，并选中"打印到文件"复选框，如图 7-10 所示。

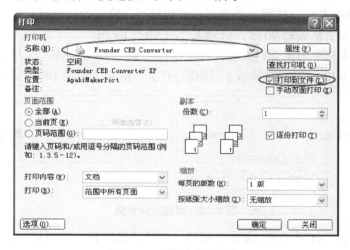

图 7-10 "打印"对话框

单击"确定"按钮后，在弹出的"打印到文件"对话框中将保存类型设置为"所有文件(*.*)"，并设置保存文件的文件名为*.PS 格式，如图 7-11 所示。

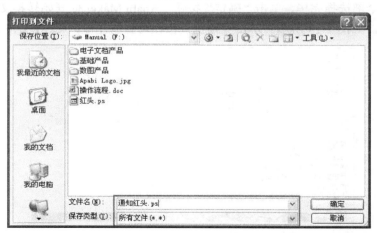

图 7-11 "打印到文件"对话框

第六步：单击"添加附件"文本框右侧的"浏览"按钮，选择添加到 CEB 的附件文件，然后单击"打开"按钮即可。附件可以是任何格式的文件，在 Reader 中打开带有附件的 CEB 文件，可以单击工具栏中的附件按钮保存 CEB 文件中的附件。

第七步：在"页面旋转"选项组中，选择将要旋转的页号和旋转的角度(90、180 或 270)。如想多页旋转，则对"页号"和"选择角度"进行多次选择，点击"添加"按钮即可；单击"清空"按钮清除所有所选的旋转页号和旋转角度。

页面旋转支持以下三种操作。

① 单页旋转一个角度。在页号和旋转角度处做出选择，单击"添加"按钮即可；也可手动填写，格式为：页码+逗号+旋转角度+分号。

② 使连续多页旋转同一角度。手动填写，格式为：起始页码+减号+终止页码+逗号+旋转角度+分号。例如，若想使第 2～8 页旋转 90 度，则输入"2-8,90;"。

③ 可以使整本书都旋转同一个角度。手动填写，格式为：-1+逗号+旋转角度+分号。例如，若想使整本书都旋转 90 度，则输入"-1,90;"即可。

提示：不能实现中间某页到最后页的旋转，例如："5- -1，90"这种方式不被支持。

综上，如图 7-12 所示，表示第 1 页旋转 90 度，第 4 页旋转 180 度，第 5 到第 50 页旋转 270 度。

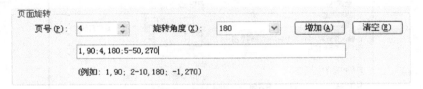

图 7-12　页面旋转举例

第八步：单击"打开 JOB 文件"按钮，在弹出的"打开"对话框中，选择一个*.job 或 Apabi Maker 2.0 存储的*.xml 格式的脚本文件，单击"打开"按钮即可。单击"存储 JOB 文件"按钮，该脚本文件被保存成一个*.job 文件，以后转换该文件会调用此次转换所使用的参数。单击"打开上次作业"按钮，可以直接修改上次转换时选择的各项参数。

第九步，全部选择完毕，单击"确定"按钮，Apabi Maker 便开始转换文件。转换过程中有信息提示，如图 7-13 所示。单击"预览"按钮可查看生成的 CEB 文件。

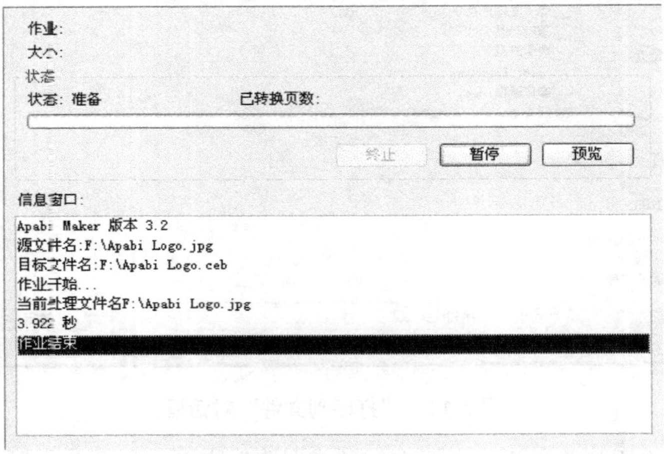

图 7-13　文件转换信息提示

2. 合并文件

合并文件指将两个或两个以上的文件(PS、PDF、CEB、DjVu、DOC、PPT、XLS、WPS、ET、DPS、EPS、EIO、JPG、PS2、S2、S72、S92、S10、MPS、RTF、TIF 和 TXT 格式)合并成一个 CEB 文件。此项功能对于把分开排版的多章节文章进行合并提供了极大的方便。

合并文件的操作步骤如下。

第一步：选择"文件"→"合并"命令，或直接单击工具栏中的"合并"按钮，系统弹出"作业设置"对话框，如图 7-14 所示。

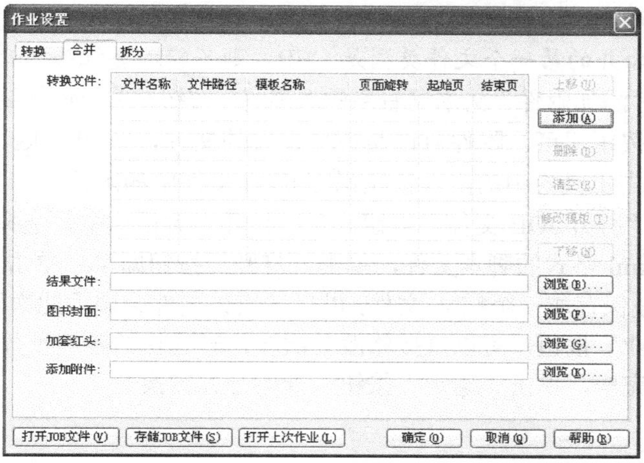

图 7-14 "作业设置"对话框

第二步：在图 7-14 中，直接单击右侧的"添加"按钮，或在"转换文件"列表框中单击鼠标右键，在弹出的快捷菜单中选择"添加"命令，如图 7-15 所示。可供选择的类型有：PS、PDF、CEB、DjVu、DOC、PPT、XLS、WPS、ET、DPS、EPS、EIO、JPG、PS2、S2、S72、S92、S10、MPS、RTF、TIF 和 TXT 格式，如图 7-15 所示。

- "上移"：向上移动选中的文件。
- "下移"：向下移动选中的文件。
- "删除"：删除选中的文件。
- "清空"：清除所有选择的文件。
- "修改模板"：修改参数模板的设置。

图 7-15 右键菜单

显示的"文件路径"为添加的文件的路径，默认的"参数模板"为上一次转换时使用的参数模板，可以单击右侧的"修改模板"按钮，或者双击该模板，在下拉列表框中进行选择即可，如图 7-16 所示。

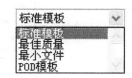

图 7-16 参数模板的选择

选中一个文件，单击鼠标右键，可以对该文件进行上移、下移、添加、删除、清空和修改模板操作。可以双击设置"起始页"和"结束页"，以抽取合并文件中的部分页进行转换。默认结束页为"-1"表示文件的最末页。

第三步：单击"结果文件"文本框右侧的"浏览"按钮，在"存储合并为CEB的文件名称"对话框中，选择要保存的CEB文件，然后单击"保存"按钮。

第四步：单击"图书封面"文本框右侧的"浏览"按钮，在"打开合并为CEB后的封面图片名称"对话框中，选择一个*.jpg或*.tif格式的文件。此图为图书内页封面，同时会抽取本图片文件作为Apabi Reader文档管理器中图书的封面显示。若不选择此项，则从当前模板默认的封面图片路径为文档管理器中的图书选择一个同文件名封面。

第五步：单击"加套红头"文本框右侧的"浏览"按钮，可以选择的文件类型有PS、DjVu、DOC、PPT、XLS、WPS、ET、DPS、EPS、EIO、JPG、PS2、S2、S72、S92、S10、MPS、RTF、TIF和TXT格式。

提示：如果被合并的第一个文件类型是CEB，则不能加套红头。

第六步：单击"添加附件"文本框右侧的"浏览"按钮，选择添加到CEB的附件文件，然后单击"打开"按钮即可。附件可以是任何格式的文件，在Reader中打开带有附件的CEB文件，可以单击工具栏中的附件按钮保存CEB文件中的附件。

第七步：单击"打开JOB文件"按钮，在"打开"对话框中，选择一个*.job或Apabi Maker2.0存储的*.xml格式的脚本文件，单击"打开"按钮即可。单击"存储JOB文件"按钮，该脚本文件被保存成一个*.job文件，以后转换该文件会调用此次转换所使用的参数。单击"打开上次作业"按钮，可以直接修改上次转换时选择的各项参数。

第八步：选择完毕，单击"确定"按钮，开始合并转换。

3. 拆分文件

拆分文件指将一个文件(可供选择的类型：PS、PDF、CEB、DjVu、DOC、PPT、XLS、WPS、ET、DPS、EPS、EIO、JPG、PS2、S2、S72、S92、S10、MPS、RTF、TIF和TXT)拆分为多个CEB文件。此项功能对于将一篇文章拆分为多个章节很方便。操作步骤如下：

第一步：选择"文件"→"拆分"命令，或直接单击工具栏中的"拆分"按钮，系统弹出"作业设置"对话框，如图7-17所示。

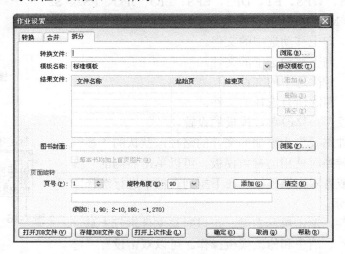

图7-17 "作业设置"对话框

第二步：单击"转换文件"文本框右侧"浏览"按钮，在弹出的对话框中选择一个要拆分的文件,然后单击"打开"按钮。

第三步:在下拉菜单中选择参数模板,还可通过单击"修改模板"按钮来修改模板。

第四步,在图 7-17 中,单击"结果文件"文本框右侧的"添加"按钮,或在"结果文件"列表框中单击鼠标右键,在弹出的快捷菜单中选择"添加"命令,会弹出"添加拆分后的 CEB 文件名称"对话框,可以使用默认文件名,也可以根据转换文件名进行设置,还可以根据需要修改目录和文件名。要拆分成多个文件,则多次单击"添加"按钮。可以选中一个结果文件,单击右侧的"删除"按钮删除该文件;也可以单击"清空"按钮进行全部清空。

双击"起始页"和"结束页",输入页码数。"-1"表示文件的最末页,如图 7-18 所示。

文件名称	起始页	结束页
F:\操作流程-1.ceb	1	10
F:\操作流程-2.ceb	11	20
F:\操作流程-3.ceb	21	30
F:\操作流程-4.ceb	31	-1

图 7-18 拆分页码的选择

提示:(1)起始页与结束页的页码不允许有重复交叉。

(2)起始页码的默认值与上一文件的结束页码连续。

第五步:单击"图书封面"文本框右侧的"浏览"按钮,在弹出的"打开拆分后的 CEB 的封面名称"对话框中选择一个封面图片(*.jpg 或*.tif 格式);可以根据需要选择"每本书均加上首页图片",这样拆分后的每本书都有了封面,使得封面操作更加简便。

第六步:"页面旋转"参考"第 216 面转换文件"中关于页面旋转的阐述。

第七步:单击"打开 JOB 文件"按钮,在弹出的"打开"对话框中,选择一个*.job 或 Apabi Maker2.0 存储的*.xml 格式的脚本文件,单击"打开"即可。单击"存储 JOB 文件"按钮,该脚本文件被保存成一个*.job 文件,以后转换该文件会调用此次转换所使用的参数。单击"打开上次作业"按钮,可以直接修改上次转换时选择的各项参数。

提示: Apabi Maker 3.2 只可以拆分没有进行安全性保护的 CEB 文件。

4. 使用 Apabi Maker 批量转换多个 CEB 文件

批量转换是指那些被设定为批量转换目录下的所有 PS、PDF、DjVu、DOC、PPT、ET、WPS、XLS、EPS、EIO、DPS、JPG、PS2、S2、S72、S92、S10、MPS、EPS、RTF、TIF、和 TXT 文件。可以把需要转换的文件都转移到批量转换目录下,并将此目录设置为批量转换目录,对这些文件进行转换。

当需要转换的文件较少,可以用"转换"来逐一打开文件。但是当需要转换的文件较多时,可以将这些文件都转移到批量转换目录下或设定批量转换目录,对这些文件进行转换,而不需要逐一操作,可节约时间。

方正 Apabi Maker 可以设置 Photoshop 等源文件的路径名,也可以设置生成的 CEB 文件的路径名,Photoshop 等源文件移动到存放 CEB 文件的路径下或被删除。转换的文件类型可以任意选择,从而避免转换时,如果存在一个文件包含有外部文件的情况导致可能转换结果不理想的现象。同时,可以将 Photoshop 等源文件的路径下的目录树结构保持原样地复制到存放 CEB 文件的路径下。从而，用户按照自己的习惯存放 Photoshop 等源文件，而生成的 CEB 文件存放方法也符合用户的习惯，有效地加快作业流程，提高工作效率。

1) 设置批量转换选项

通过"设置"→"批量转换设置"菜单命令来设置批量转换选项，如图 7-19 所示。

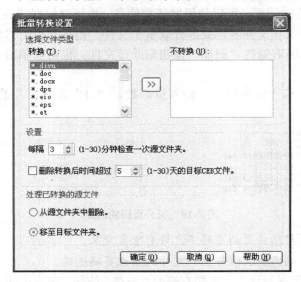

图 7-19　"批量转换设置"对话框

"选择文件类型"选项组，可以把需要转换的文件类型和不需要转换的文件类型分开。

在"批量转换"中，通过对每多少分钟检查一次目录的设置可以设置浏览目录的时间间隔。对于转换后的被转换文件处理应该有两种方式：一种是从所在目录中删除被转换文件，另一种是将被转换文件移动到目标目录下。当转换出错时，除了生成 CEB 文件外，还生成一个后缀为 LOG 的文件，记录转换的信息，例如，开始时间、结束时间、文件名、错误信息等；当转换中出现缺图、缺字现象时，还会生成*.abs 文件，记录所缺文字编码、字体名称、补字采用的方法、缺字字符位置、所缺图片的名称、的缺图片的位置和大小等。

对于批量转换目录下的 CEB 文件可以始终保留，也可以通过设置删除批量转换目录中的时间超过多少天的文件检查框来决定生成多长时间的 CEB 文件应该被删除。

对于已转换的源文件可以设置为从源文件夹中删除或移至目标文件夹。

2) 批量转换

第一步：选择"文件→批量转换"命令，或按快捷键 Ctrl+B，弹出如图 7-20 所示的对话框。列表中会列示系统中已经存在的批量转换源路径、目标路径和参数模板。

第二步：单击"添加"按钮，弹出"选择"对话框，如图 7-21 所示。

源路径指要进行批量转换的文件所在的路径，目标路径指转换后生成的 CEB 文件和转移的被转换文件放置的路径，参数模板指批量转换时使用的参数模板。可以通过"浏览"来选择路径，也可以手工输入路径名。

提示：源路径和目标路径不能相互包含。

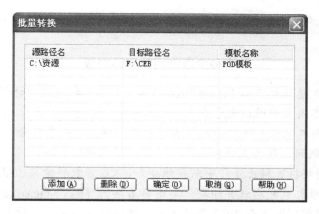

图 7-20 "批量转换"对话框

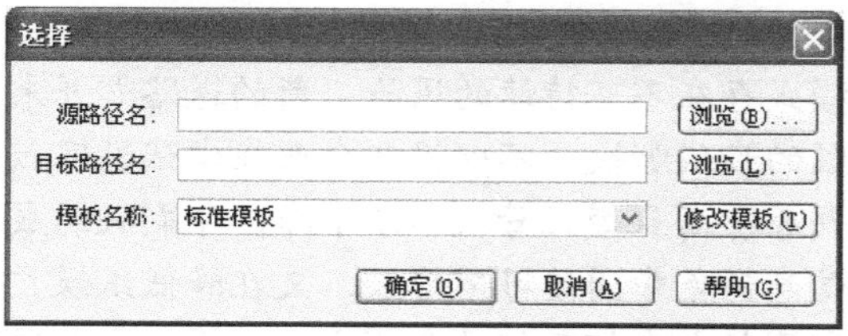

图 7-21 "选择"对话框

单击"修改模板"按钮可以进入模板管理器界面修改转换模板参数。

第三步：在图 7-21 中，双击转换模板(例如，双击"最佳质量"模板)，在下拉列表框中可以选择其他转换模板。若要删除路径和参数模板的对应关系，请先选中编辑框中的此条目，然后单击"删除"按钮，再单击"确定"按钮后，即可删除已有路径和参数模板对应关系。

第四步：选择完毕，单击"确定"按钮。这样，所选路径与参数模板对应起来，Apabi Maker 即开始批量转换。

【课堂演练】

请自选一本图书的电子文稿，将其编辑加工为符合规范的 CEB 文件，要求字数不少于 1 万字，有封面封底、目录等。

任务 2　iebook 软件的运用

【教学准备】

(1) 具有互联网环境的实训教室。
(2) 安装有 iebook 电子杂志制作软件的计算机。

【案例导入】

有多少杂志将放弃印刷版

《计算机世界》总编辑 Scot Finnie 2014 年 6 月表示，印刷版《计算机世界》将在月底停刊，改版后的杂志内容将通过电子杂志、网站呈现。这是一本有着 47 年历史的知名科技杂志，Scot Finnie 与其他放弃纸质印刷版本的同行一样，虽心有不舍，但转型数字渠道只是国外纸媒应对互联网、移动互联网技术变革连锁反应中的一环。

最早，《西雅图邮报》停止了印刷版报纸发行，《基督教科学箴言报》、《美国新闻与世界报道》、《纽约时报》也先后放弃印刷；英国著名杂志《Sky Magazine》停刊印刷版，走过 80 年后的《新闻周刊》也于 2013 年停止出版印刷版。这一切，均预示着印刷版杂志行业渐渐衰落。2009 年法兰克福图书展上，曾有 840 位出版业内人士预测，用纸张印刷的书籍将在 2018 年消失。

虽然纸媒原有商业模式存在不可持续的风险，新的道路却并未开辟出来，但事实上报刊企业放弃或缩减印刷版的步伐加快，不少报刊企业在尝试数字版后逐渐放弃了印刷版。究其原因，一方面是报刊原有商业模式营收不断下降，印刷版的成本越来越高；另一方面读者通过电子设备获取信息的免费阅读习惯形成，又在降低纸媒广告效益。

我们无法肯定报刊印刷版本在何年何月会消亡，但报刊企业通过缩减或取消印刷版是在迅速发展的数字时代求生的唯一办法。技术的发展，使得现在的电子杂志在形式上保留了纸质杂志的封面、目录、封底甚至做出了中折痕以及翻页效果，特别是 iebook 超级精灵电子杂志制作软件做的杂志更是让人惊叹，目前比较流行的纸质杂志都有电子杂志，名人和普通人也纷纷开始制作自己的电子杂志，各大电子杂志服务商也闻风而动。

【知识嵌入】

电子杂志，又称网络杂志，互动杂志，目前已经进入第三代，以 flash 为主要载体独立于网站存在。电子杂志是一种非常好的媒体表现形式，它兼具了平面与互联网两者的特点，且融入了图像、文字、声音、视频、游戏等相互动态结合来呈现给读者，此外，还有超链接、及时互动等网络元素，是一种很享受的阅读方式。电子杂志延展性强，未来可移植到 PDA、MOBILE、MP4、 PSP 及 TV(数字电视、机顶盒)等多种个人终端进行阅读。

设计电子杂志之前，需要大量汇集资料和素材，经由过程主题内容来确定杂志的整体风格。所以，内容编纂也是整个设计过程中的主要环节。在拥有大量资料的基础上，我们就可以考虑电子杂志的整体风格设计了。首先包罗封面、封底、徽标 LOGO、颜色选择等多方面的元素。

设计封面时，可以选择 Photoshop、CorelDraw 等专业图像软件。以"夜照"为例，该封面包含了多个设计元素。在设计的过程中，使用上下分割常规版式，简洁明晰，在封面的上方，利用排列组合方式设计包含了杂志的刊头、期次、条形码等，并大幅留白衬托封面要素的节奏。在封面图片的对比上，经由过程虚实联系的表示手法，凸起人物的动感风格。在颜色选择上，采用了同色系色块予以统一，表现了杂志的"古朴"特色，如图 7-22 所示。

项目七 电子书、电子杂志的制作

图 7-22 学生作品《夜照》封面

iebook 电子杂志制作软件

iebook 软件是飞天传媒于 2005 年 1 月正式研发推出的一款互动电子杂志平台软件，iebook 以影音互动方式的全新数字内容为表现形式，集数码杂志发行、派送、自动下载、分类、阅读、数据反馈等功能于一身。iebook 现有注册用户近 200 万，并保持每日 30 万以上的活跃用户，iebook 杂志总下载数超过 1000 万，iebook 是最具规模的互动电子杂志发行平台，如图 7-23 所示。

图 7-23 iebook 超级精灵标准组件界面

1. 认识 iebook 界面分区

iebook 界面分区如图 7-24 所示。

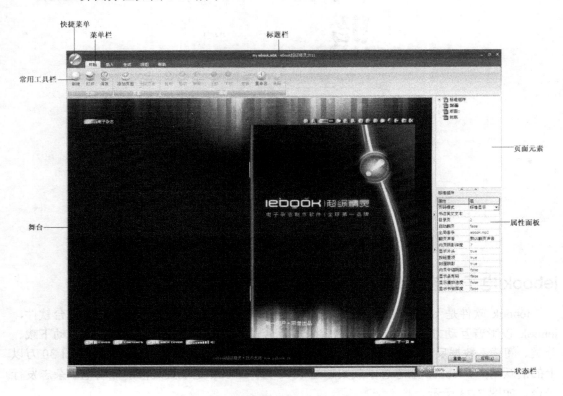

图 7-24　iebook 标准组件界面分区示意图

(1) 标题栏。标题栏位于窗口的最上方，显示软件的名称、软件版本号及杂志名称。

(2) 菜单栏。iebook 超级精灵包含五个命令菜单：开始、插入、生成、视图、帮助。

(3) 常用工具栏。常用工具栏位于菜单栏的下方，iebook 超级精灵将常用的命令以图标按钮的形式组成了一个常用工具栏，如图 7-25 所示。

图 7-25　常用工具栏

(4) 页面元素。罗列出当前电子杂志组件的所有页面元素，并进行级别分类，在使用时一目了然。

(5) 属性面板。此面板可以设置整本杂志的属性，及单页面属性选项。如图 7-26 所示。

(6) 状态栏。状态栏可以调整舞台显示比例，及显示软件运行缓存进度条，如图 7-27 所示。

项目七 电子书、电子杂志的制作

图 7-26 属性面板

图 7-27 状态栏

(7) 图片编辑对话框。iebook 超级精灵图片编辑功能升级后操作更加简单化，效果专业化，如图 7-28 所示。

图 7-28 图片编辑对话框

(8) 文字编辑对话框。iebook 可以对文字进行更改字体、字体大小、字体颜色、左对齐、居中对齐、右对齐、加粗、倾斜等操作，如图 7-29 所示。

图 7-29 文字编辑对话框

2. iebook 菜单功能

1)"插入"菜单

插入菜单具有插入皮肤、片头、目录、组合模板、页面背景、图文、文字模板等功能。

(1) 皮肤。更换电子杂志皮肤,包括按钮风格模板、背景风格模板、封面风格模板、封底风格模板,等等。

(2) 片头。添加电子杂志片头动画模板文件。

(3) 目录。在新建页面添加电子杂志目录模板及目录组合模板文件(可以用目录组合模板自由创作更炫更酷电子杂志目录)。

(4) 组合模板。在新建页面添加首创组合式模板,改变传统的模板变化少、死板等缺点。iebook 组合模板可以任意进行移动、放大、缩小、旋转、复制、粘贴等,让用户拥有更自由的设计和想象空间。组合模板包括杂志内页系列、作品展示系列、页面风格系列、个人功能系列、企业形象系列、产品展示系列、行业模板系列等类别。

(5) 页面背景。在当前选中页面添加电子杂志页面背景底图素材。包括纹理系列、平铺系列、艺术设计、植物、节日、静物、主题、人物、风景等类别。

(6) 图文。在当前选中页面添加电子杂志图文模板。内置多种类型图片模板,让用户轻松组合多款个性电子杂志页面。图文模板包括两张切换、三张点击、四张展示、五张循环、六张点击、多图片展示等类别。

(7) 文字模板。在当前选中页面添加电子杂志文字模板,分标题文字模板和内文文字模板。这里有最常用的文字排版,也有最时尚、最流行的标题组合文字模板。

(8) 多媒体。在当前选中页面添加电子杂志 flv 视频模板、flash 游戏模板、测试模板、调研表模板等汇聚为多媒体模板包。

(9) 装饰。在当前选中页面添加电子杂志页面的小装饰文件,为用户的杂志添色。装饰模板包括主题设计、照片背景、艺术设计、节日氛围、礼物礼品、卡通造型、边框相框、常用物品、体育运动、大自然等类别。

(10) 特效。在当前选中页面添加 iebook 特效模板和 Flash(swf)特效文件库。

2) 视图菜单

视图菜单包括页面元素、属性、隐藏工具条、音乐同步等功能,如图 7-30 所示。

图 7-30　视图菜单

（1）页面元素。iebook 超级精灵电子杂志制作软件元素资源管理器，罗列出电子杂志所有页面元素。

（2）属性。iebook 电子杂志制作软件"属性"面板。

（3）隐藏工具条。此功能适合电子杂志制作高级用户，在其对软件布局有一定了解的情况下可以使用此功能。隐藏工具条后常用工具栏将自动隐藏，鼠标经过时显示。双击任何菜单按钮也可以将工具条隐藏。

（4）音乐同步。设置电子杂志音乐文件是否同步播放，"是"同步播放背景音乐及动画文件内的音乐，"否"暂不播放所有音乐。

（5）片头同步。设置电子杂志片头文件在编辑状态下是否同步播放。

（6）背景颜色。设置背景色。用户可以设置其中意的颜色为软件编辑状态下的背景色系。

（7）软件设置。对 iebook 超级精灵电子杂志制作软件进行颜色主题、同步播放、工具栏、背景颜色、升级等相关功能进行设置。

3.利用 iebook 超级精灵创作电子杂志

下面以制作亲子杂志宝贝为例，带领大家使用 iebook 超级精灵制作电子杂志，如图 7-31 所示。

图 7-31　制作一本《宝贝》电子杂志范例

1) 封面、封底及整体布局

(1) 新建标准组件。替换片头模板：页面元素区域，打开"标准组件"前的"+"显示多级菜单，替换文本，再依次替换准备好的背景和书脊。

(2) 封面。插入装饰——花朵；插入特效——纸风车；替换先前设计好的封面图 JPG 文件。

(3) 封底。插入特效——千纸鹤。

2) 制作前言和目录

(1) 执行"开始"→"添加页面"→"单个页面"命令，插入当前页面背景图，或是选择"图文"菜单，选择喜欢的图文模板，在文字模块中输入前言文稿，如图 7-32 所示。

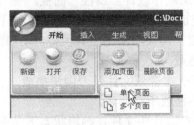

图 7-32 添加页面制作前言

(2) 制作目录。选择"插入"菜单，在"目录"菜单中选择"精选目录"命令，替换好图片，制作好目录中的标题。

3) 编辑内容

执行"开始"→"添加页面"→"多个页面"命令，在"页数对话框"中输入要批量添加的页面数目，最多可添加 100 面。比如本范例制作 3 面，则输入"3"，如图 7-33 所示。分别命名为"内容 1"、"内容 2"和"内容 3"。

(1) 内容 1 的编辑。

第一步：选择页面背景。使用背景文件。

第二步：插入文本。四个角拖动工具分别是自由缩放、绕边角旋转、比例缩放、绕中点旋转；双击文本，修改文字及字体颜色与大小。

第三步：插入特效。选择"飘落的叶子"特效。

(2) 内容 2 的编辑。插入多媒体，执行"视频模板"→"长江七号"命令，对其模板进行需要的修改，可进行背景图片替换、flv 视频文件替换和文字替换。

(3) 内容 3 的编辑。

第一步：页面背景。使用背景文件，如图 7-34 所示。

第二步：插入图文→多图片展示→精美图片集合 16 张。

第三步：插入文字模板→标题→文字标题 05，修改文字→华文行楷。生成的页面元素如图 7-35 所示。

注意：页面顺序调换：右键－上移；图片文字替换：双击进行替换。

4) 生成电子杂志

(1) 目录设置与链接。

第一步：在标准组件属性设置中将目录页设置为 3，如图 7-36 所示。

第二步：将目录页上的三个标题分别链到相应页面 6、8、10。

项目七 电子书、电子杂志的制作

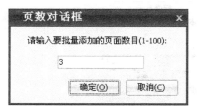

图 7-33 页数对话框 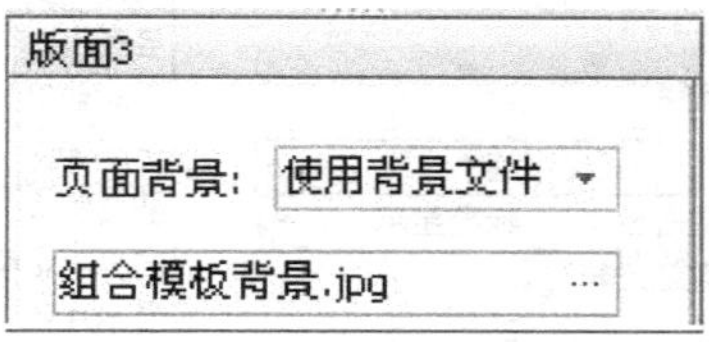　　图 7-34 页面背景 　　图 7-35 页面元素

(2) 生成电子杂志。

在"生成"菜单中对"杂志设置"进行文件名和播放的相关设置,最后选择"生成 exe 杂志",完成电子杂志的制作,如图 7-37 所示。

5) 添加设置影音

iebook 超级精灵强大的多媒体编辑功能,让用户轻松地在杂志中添加背景音乐、动画、视频,真真正正制作一本有声音的杂志、有动画的杂志、有电影的杂志。

(1) 全局背景音乐设置。

启动 iebook 超级精灵后,首先在右上角的页面属性框中选中"页面元素"→"标准组件";在组件"属性"面板中,"全局音乐"默认为 iebook 主题曲,单击下拉菜单中的"添加音乐文件"选项,如图 7-38 所示。

出现"音频设置"对话框,单击"添加"按钮,如图 7-39 所示。

图 7-36 目录页数设置

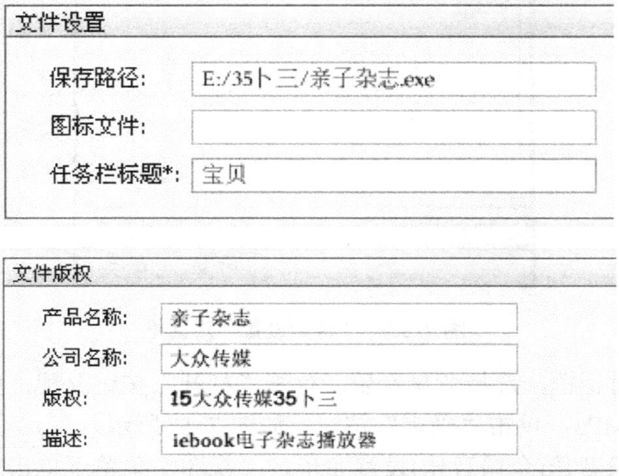

图 7-37 文件名和播放设置

225

图 7-38 在全局音乐下添加音乐文件

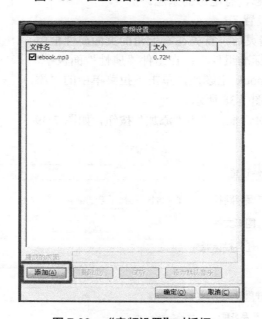

图 7-39 "音频设置"对话框

弹出"打开"对话框,选择背景音乐。单击"打开"按钮继续,如图 7-40 所示。

勾选你需要的 MP3,单击"确定"按钮,如图 7-41 所示。

电子杂志主背景音乐(全局音乐)设置完毕,"视图"菜单下单击"音乐同步"按钮可以试听导入的音乐,如图 7-42 所示。

图 7-40　打开背景音乐

图 7-41　选取"舞动中国.mp3"作为全局音乐

图 7-42　同步音乐可以试听

(2) 设置单页背景音乐。

除了在电子杂志组件"属性"对话框中设置全局音乐(整本杂志的背景音乐)外,还可以选中单个页面进行背景音乐设置。有设置单页音乐、同默认背景音乐(此页面不做更改,播放全局背景音乐)、无背景音乐(设置此页面不播放背景音乐)、在列表中选择背景音乐(在列表中选择在此页面上播放的背景音乐)等多项操作选择,如图 7-43 所示。

(3) 添加视频动画。

首先把要添加的视频文件转换成 FLV 格式,FLV 格式是目前多媒体工具常用的视频格式,可以利用视频转换工具把其他格式的文件转换成 FLV 格式。

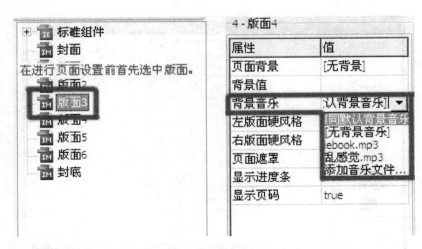

图 7-43 单页背景音乐设置选项

在"插入"模板类中单击电子杂志"多媒体"模板按钮,弹出已经安装的电子杂志"多媒体"模板列表,单击"多媒体"模板预览图即可将模板导入到指定版面(页面)。在"页面元素"列表框内选中 FLV 视频,单击鼠标右键,在弹出的快捷菜单中选择"替换"命令,弹出"打开"对话框,选择要替换的 FLV 视频文件,就可完成视频文件的添加,如图 7-44 和图 7-45 所示。

图 7-44 多媒体模板选择

(4) 设置翻页声音效果。

添加翻页声音效果使一本杂志在阅读的时候更有感觉。选中"页面元素"—"标准组件",弹出电子杂志组件"属性"设置界面,在属性对话框中选择翻页音效,iebook 超级精灵默认三首不同类型电子杂志翻页声音供选择。如果觉得默认电子杂志翻页声音不能完全满足想要的效果,也可以自定义翻页声音;还可以取消电子杂志翻页声音,如图 7-46 所示。

图 7-45 选择要添加的视频文件

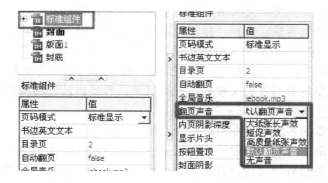

图 7-46 杂志翻页声音效果选项

同时，在属性对话框中还可以对该杂志组件进行页码模式、目录页、自动翻页、全局音乐、翻页声音、内页阴影深度、显示片头、按钮置顶、封面阴影、内页中缝阴影、显示条形码、显示播放进度、显示书脊厚度等进行设置。

【课堂演练】

回忆上述《宝贝》电子杂志操作步骤，运用下发素材，重温操作。

项目实训实践　《我的大学生活》编创电子杂志

1. 实训名称

使用 iebook 制作指定主题的电子杂志。

2. 实训目的

(1) 了解并运用专业的电子杂志制作软件。

(2) 掌握电子杂志制作的基本步骤和技巧。

(3) 能运用 iebook 软件进行电子杂志的编创和制作。

(4) 能对电子杂志的进行深入美化。

3. 实训内容

编创电子杂志

主题：我的大学生活

版面：10 P 以上

4. 实训步骤

第一步：策划杂志栏目及采集图文，同时开始设计封面与封底。

第二步：新建杂志，替换杂志封面，在新建的杂志中，程序默认提供了一个相册封面，此时，你可以单击工具面板中的"封面"按钮，并且从打开的对话框中选择需要的图片作为杂志封面。

提示：同样的方法，可以更改杂志的背景图片和封底图片。

第三步：添加背景音乐。选择"插入"菜单，单击"音乐"按钮，在打开的对话框中选择 MP3、MIDI、WAV 和 WMA 等格式的文件作为杂志背景音乐。一般来说，建议在更改好封面之后就添加音乐，这样别人在欣赏杂志时能够从开始就有悠扬乐曲的伴随。

第四步：通过新建页面及图文模板，根据目录页和序页常规结构依次制作"序"及目录页面。

注：目录中文章的各标题可在内页设计完成后再添加和做好链接。

第五步：制作杂志内页。设定好序和目录页之后单击"添加页面"按钮来添加杂志的页数，此时按事先规划好的页数进行多页增加操作。在增添的空白页面开始制作图文，可以依次选择"文字模板"和插入"图片""特效""装饰""多媒体"等按钮自己设计页面，也可通过"组合模板""图文模板"的添加应用，替换模板中的图文等多媒体素材。

第六步：选择合适的页面添加"多媒体"文件，按要求设定其播放效果。在其他页面也可以通过"特效"按钮来添加 Flash 动画文件，页面的动静结合会让杂志的效果更出色。如果需要在杂志页面中添加一些辅助性的文字说明，只需单击"文字"按钮，接着就可以直接进行输入了。在输入文字之后能够针对字体、字号、加粗等方面进行设置，经过合理的设置之后能够让文字和背景图片融为一体。

第七步：生成电子杂志，所有的页面设置完成之后，单击"生成"按钮，并且在打开的对话框中设置好目标文件存放路径，完成电子杂志格式的保存。

5. 实训要求

(1) 每人制作一份电子杂志。

(2) 电子杂志应按正常杂志的要求要素齐全(要设置目录链接)，要求撰写杂志栏目策划方案。

(3) 每份电子杂志需要设置 10 个版面，每 2 个版面的模板不能相同。

(4) 电子杂志版面内容要有不少于 3 000 字的文字，版面内容也要有图片，文字、图片鼓励原创，酌情加分。

(5) 电子杂志设置合理的视频、音频效果。

6. 考核标准

项 目	考核标准		
	优秀(90～100 分)	良好(80～90 分)	合格(60～80 分)
考核标准 (100 分制)	能根据项目要求很好地完成电子杂志的制作并具有独创性	能根据项目要求完成电子杂志的制作	能根据项目要求基本完成电子杂志的制作；上交及时
自评分			
教师评分			

注：未参与实训项目，在当次实训成绩中计 0 分。

课 后 练 习

1. 编创电子杂志

主题：同一个世界

版面：4 个以上

要求：

(1) 片头、皮肤、封面、封底作适当修改，使风格统一、主题突出。

(2) 充分利用所给的素材。

(3) 目录页链接正确。

(4) 杂志设置：版权为班级＋姓名。

2. 编创电子杂志

主题：抗震救灾

版面：4 个以上

要求：

(1) 片头、皮肤、封面、封底作适当修改，使风格统一、主题突出。

(2) 充分利用所给的素材，以及 iebook 中自带或新导入的模板、特效等。

(3) 目录页链接正确。

(4) 杂志设置：版权为班级＋姓名。

《数字出版基础操作教程》课程授课计划表(72 课时)

项目与任务		学习目标	建议课时
项目一 认识数字出版	任务 1 什么是数字出版	掌握数字出版相关概念；了解数字出版发展趋势	2
	任务 2 数字出版物	熟悉数字出版物的形态；能充分认识数字出版转型的必然性和传统出版与数字出版的共存性	2
	项目实训实践 区域内数字出版现状大调查	能够制订调查方案，设计制作调查问卷，顺利完成调查；能够整理和分析调查资料；能够撰写调查分析报告	2
项目二 文本信息的采集与编辑	任务 1 文本信息的采集	掌握文本信息采集的方法和步骤；熟悉文本信息的采集标准；能采集文本信息，对文本信息的内容进行鉴别、筛选和分类	2
	任务 2 文本信息的审读、整合与内容编辑	掌握文本信息内容编辑加工的方法，掌握文本信息编辑加工的要点；能对文本信息进行编辑加工，使之达到出版要求	2
	任务 3 使用 Word 2007 编辑文本	掌握 Word 2007 软件的几种常用编辑工具使用方法；能运用文本编辑软件对文本信息进行形式编辑；能运用 Word 2007 为文本信息添加水印	4
	项目实训实践 网络日志的编创与发布	能运用 Word 博客文章的编辑功能建立博客账号；能够编创、编辑和发布博客文章	2
项目三 图表与图片的编辑处理	任务 1 图表的制作	熟悉图表的主要类型和选择原则；掌握图表制作的软件及其使用要点；能运用图表制作软件进行图表设计制作	4
	任务 2 图片的处理	熟悉图像的概念和图形图像的基本格式；掌握 Photoshop 处理图片的基本工具使用方法；能运用 Photoshop 处理图片	4
	项目实训实践 图片的合成处理	掌握"选择工具"中的"套索工具"和"移动工具"的使用方法；能按指定图片效果要求进行图片处理	2
项目四 版式设计与排版	任务 1 认识版式设计与排版	熟悉排版设计的内涵和原则；掌握排版设计的基本程序	2
	任务 2 方正飞腾的安装与基本工具的应用	熟悉方正飞腾排版软件基本工具的使用方法；熟悉方正飞腾的界面布局	2
	任务 3 方正飞腾的文字处理	掌握方正飞腾文字排版的方法；能运用方正飞腾排版软件进行文字的排版	4

《数字出版基础操作教程》课程授课计划表(72 课时)

续表

项目与任务		学习目标	建议课时
项目四 版式设计与排版	任务4 方正飞腾的图文组合排版	熟悉图文组合的方式;掌握图文组合排版的方法;能进行图文组合排版	4
	项目实训实践 报纸版式设计与排版	能按指定开本设计报纸版式并进行报头制作、报纸版面图文排版	2
项目五 多媒体素材制作与处理	任务1 音频素材制作与处理	了解音频常见的文件格式;掌握 Windows 自带录音功能录制声音的基本操作;能使用 Windows 自带录音功能录制声音	4
	任务2 视频素材制作与处理	了解视频文件格式;了解视频素材的采集方法;掌握 Video Studio 视频采集、编辑与处理基本操作	6
	项目实训实践 制作给定主题的视频文件	能采集、筛选多媒体素材;能按主题需要制作视频	2
项目六 数字出版物的内容生成、策划与营运	任务1 数字出版物的内容生成	掌握数字出版物内容生成方法;了解数字出版发展现状和趋势	2
	任务2 数字出版物的策划	熟悉数字出版物策划工作流程,理解不同形态数字出版物选题策划方法	2
	任务3 数字出版物的运营	能充分认识数字出版物运营的重要性;关注当前数字出版运营模式和商业模式	2
	项目实训实践 尝试在网上发布小说	掌握网络作者注册方法,了解原创网络平台的优劣势,尝试在网上发布小说带来的成就感,提升文学写作和文字应用能力	2
项目七 电子书、电子杂志的制作	任务1 方正 Apabi Maker 软件的运用	了解电子图书的构成要求;熟悉电子图书的制作流程;掌握方正 Apabi Maker 软件的运用方法;能运用方正 Apabi Maker 制作电子图书	4
	任务2 iebook 软件的运用	了解专业的电子杂志制作软件;掌握杂志制作的基本步骤和技巧;深入学习杂志的美化技术;能运用 iebook 软件进行电子杂志的编创和制作	4
	项目实训实践 《我的大学生活》编创电子杂志	能策划并制作电子杂志,并达到有声阅读和翻页效果	4

参 考 文 献

1. 唐乘花. 数字出版基础[M]. 长沙：湖南科学技术出版社，2012.
2. 杜奇华. 国际技术贸易[M]. 北京：对外经济贸易大学出版社，2007.
3. 纪良雄. 图形图像制作技术[M]. 北京：清华大学出版社，2007.
4. 吕宇国. 图形图像设计与制作[M]. 北京：中国铁道出版社，2008.
5. 吴瑛，韩雪涛. 平面图形图像设计制作综合实训[M]. 北京：中国水利水电出版社，2005.
6. 陈伟，林燕，兰坦. 图形图像设计与制作[M]. 北京：清华大学出版社，2008.
7. 李绯. 多媒体素材的采集与处理[M]. 北京：清华大学出版社，2005.
8. 王巍. 多媒体素材采集[M]. 北京：高等教育出版社，2006.
9. 赵建保. 多媒体素材制作项目教程[M]. 北京：清华大学出版社，2011.
10. 杨海岳. 多媒体制作技术与素材采集[M]. 北京：国家行政学院出版社，2008.
11. 赵美惠，陈正东. 多媒体素材与采集[M]. 北京：化学工业出版社，2005.
12. 陈海林. 多媒体素材的采集与处理[M]. 北京：清华大学出版社，2004.
13. 柳斌杰. 中国版权相关产业的经济贡献[M]. 北京：中国书籍出版社，2010.
14. 匡文波. 电子与网络出版教程[M]. 北京：中国人民大学出版社，2008.
15. 周荣庭. 网络出版[M]. 北京：科学出版社，2004.
16. 高萍. 方正飞腾 4.1 排版应用教程[M]. 北京：科学出版社. 2010.
17. 谢新洲. 电子出版技术[M]. 北京：北京大学出版社，2006.
18. 陈明生. 数字出版理论与实践[M]. 北京：人民教育出版社，2009.
19. 赵东晓. 网络出版及其影响[M]. 北京：中国人民大学出版社，2008.
20. 包鹏程. 电子出版物[M]. 武汉：华中科技大学出版社，2010.
21. 郭亚军. 基于用户信息需求的数字出版模式[M]. 上海：上海世界图书出版公司，2010.
22. 周海英. 数字新媒体论[M]. 长沙：湖南师范大学出版社，2009.
23. 陈昕. 美国数字出版考察报告[M]. 上海：上海人民出版社，2008.
24. 昝辉. 网络营销实战密码——策略、技巧、案例[M]. 北京：电子工业出版社，2009.
25. (美)克雷格. 网络新闻学：新媒体的报道、写作与编辑[M]. 北京：中国时代经济出版社，2010.
26. 刘心美. 网站设计基础与实例教程(职业版)[M]. 北京：电子工业出版社，2010.
27. 王宜. 赢在网络营销：经典案例与成功法则[M]. 北京：人民邮电出版社，2010.
28. 金力，刘路悦. 网络编辑实训教程[M]. 北京：北京大学出版社，2010.
29. 新闻出版总署科技与数字出版司. 实践·探索·启迪——数字出版案例选编[M]. 北京：中国书籍出版社，2011.
30. 唐乘花. 传统出版数字化转型的困境与突破研究[M]. 长沙：湖南科学技术出版社，2013.

31. 唐乘花. 基于创业导向的《数字出版基础》教学方法与手段的探索[J]. 教育教学论坛，2012(2).

32. 唐乘花. 以《数字出版基础》为例探讨基于创业导向的高职课程评价[J]. 教育与职业，2012(5).

33. 唐乘花. 浅谈"产品设计"与传统出版数字化转型[J]. 出版发行研究，2012(12).

34. 徐景学，秦玉莲. 数字出版人才培养策略研究[J]. 出版发行研究，2012(11).

35. 陈志华. 中国网络十大疑案[J]. 焦点，2000(7).

36. 钱钧. 浅析网络环境下著作权的保[N]. 科技创新导报，2011(28).

37. 施勇勤等. 数字版权保护技术的概念、类型及其在出版领域的应用[J]. 科技与出版，2012(3).

38. 张立. 数字出版编辑实务教程. http：//blog. sina. com. cn/s/blog_4b0920d60100i6hb. html.

39. 林东清，资讯管理 e 化企业的核心竞争能力[M]. 台北：智胜文化事业有限公司. 2008(7).

40. Tetsuya Iwata Takehito Abe'Kiyoshi Ueda Hiroshi Sunaga. A DRM system suitable for P2P content delivery and the study on its implementation. Communications，2003. APCC 2003. The 9th Asia-Pacific Conference on Volume 2，21-24 Sept. 2003. Vol. 2 2003：806-811.

41. 葛存山，张志林，黄孝章. 数字出版运作模式研究[J]. 科技与出版，2008(9)：51-55.

42. 周丽. 论传统出版社应对营销渠道变革的措施[J]. 现代出版，2011(6)：25-28.

43. 唐乘花. 数字时代实体书店核心竞争力探析[J]. 《出版发行研究》2012.7.

44. 张炯. 试析数字出版营销的战略创新[J]. 今传媒(学术版)，2010，18(10)：49-50.

45. 排版设计程序. 满江红艺术网，www. 899art. com，2010-5-8.

46. 赵爽英，党明辉. 数字时代的报纸版面设计[J]. 人民网，www. people. com. cn，2010-5-28.

47. 唐乘花. 论手机出版的内容管理与编辑创新[J]. 科技与出版，2013(7).